MÉLANGES

DE

MYTHOLOGIE

ET DE

LINGUISTIQUE

PARIS. — IMPRIMERIE DE É. MARTINET, RUE MIGNON, 2

MÉLANGES

DE

MYTHOLOGIE

ET DE

LINGUISTIQUE

PAR

MICHEL BRÉAL

Membre de l'Institut
Professeur de Grammaire comparée au Collège de France

PARIS
LIBRAIRIE HACHETTE ET Cⁱᵉ
79, BOULEVARD SAINT-GERMAIN, 79

1877

PRÉFACE

Si les morceaux qui composent ce volume ont un mérite, c'est celui d'avoir toujours exactement marqué l'état de la science, et peut-être de lui avoir fait faire quelques pas. En les réunissant pour les rendre plus facilement accessibles, j'ai cru devoir leur laisser à peu près la forme qu'ils avaient dans le principe, au risque de petites inégalités qui sont dues à la marche progressive de ces recherches. Le dernier morceau est celui qui représente la dernière étape parcourue; les questions qui y sont traitées me paraissent d'une importance assez grande pour que je croie devoir y appeler l'attention particulière du lecteur.

Les études de mythologie et de linguistique ont depuis plusieurs années chez nous leur public spécial auquel mon livre s'adresse naturellement en première ligne. Mais en même temps je le crois aisément intelligible pour tous ceux qui, sans être ni mythologues ni linguistes, veulent se tenir au courant de ces intéressants problèmes. Un ou deux morceaux s'adressent plus spécialement à nos professeurs, à cause des questions pédagogiques qui y sont discutées : l'affinité de la mythologie avec la linguistique, et de celle-ci avec l'enseignement pratique des langues, est trop étroite pour que le lien qui unit entre elles les différentes parties ait besoin d'être expliqué.

Mon souhait, en finissant, est que ce livre contribue à répandre de plus en plus le goût des recherches historiques appliquées à la religion et au langage, et qu'il leur attire de nouveaux disciples.

31 août 1877.

TABLE DES MATIÈRES

	Pages.
Préface...	V
Hercule et Cacus. Étude de mythologie	1
Le mythe d'Œdipe	163
De la Géographie de l'Avesta	187
La Légende du Brahmane converti par Zoroastre	201
Sur la composition des livres zends	207
De la méthode comparative appliquée à l'étude des langues	217
De la forme et de la fonction des mots	243
Les progrès de la grammaire comparée	267
Les idées latentes du langage	295
Quelle place doit tenir la grammaire comparée dans l'enseignement classique	323
L'enseignement de la langue française	347
Les racines indo-européennes	375
Index analytique	413

FIN DE LA TABLE DES MATIÈRES.

HERCULE ET CACUS

ÉTUDE DE MYTHOLOGIE (1).

I. — DES MYTHES EN GÉNÉRAL.

L'interprétation du mythe d'Hercule et de Cacus n'est pas le seul objet de ce travail : notre but est, en outre, d'exposer suivant quelles lois cette fable s'est développée et de parcourir la série de ses transformations, en remontant jusqu'à sa naissance. Après en avoir recherché l'origine, nous nous proposons de suivre l'histoire du mythe chez les différents peuples qui l'ont reçu, soit par héritage, soit par emprunt : nous examinerons comment il s'est modifié et a pris les aspects les plus divers, selon l'esprit particulier des religions où il est entré. De même que l'histoire de certaines familles se confond avec l'histoire générale des nations auxquelles elles ont appartenu, et en offre une image abrégée, les destinées du mythe que nous essayons d'étudier pourront nous faire apercevoir les caractères essentiels des religions dont il a fait

(1) 1863.

partie. Nous voudrions enfin donner un exemple de la méthode philologique appliquée aux recherches de mythologie, et faire voir que l'étude comparée des langues ne fournit pas seulement le moyen de retrouver le sens primitif des fables, mais qu'elle permet, en même temps, d'en expliquer la formation.

Jusqu'à ces dernières années, la mythologie a été regardée comme étant uniquement une science d'interprétation : on cherchait bien l'idée contenue dans ces contes merveilleux qui semblaient trop bizarres pour ne pas renfermer quelque signification cachée; mais ce qu'on croyait le sens intime d'un mythe, une fois découvert, on ne pensait pas qu'il fût possible d'aller plus avant, et de déterminer pourquoi cette idée avait pris telle forme mythique plutôt que telle autre. En effet, les fables étaient considérées comme le produit, soit réfléchi, soit spontané, de la raison ou de la fantaisie : or l'intelligence d'un peuple, pas plus que celle de l'individu, ne livre le secret de ses opérations. Il paraissait aussi impossible d'expliquer pourquoi une conception avait revêtu précisément tel déguisement merveilleux, que de rendre compte du mouvement instinctif qui présente telle image plutôt que telle autre à l'esprit d'un poëte ou d'un orateur. On se demandait bien ce qu'annonçaient et ce que renfermaient ces nuages capricieux qui flottaient à l'horizon de l'histoire et formaient, en quelque sorte, le ciel poétique de la Grèce; mais comment ils s'étaient amassés et d'où ils venaient, c'est ce qu'il semblait interdit à l'homme de savoir. Les recherches mythologiques restèrent donc bornées à un système d'herméneutique : la clef de cette écriture inconnue une fois supposée trouvée, on ne se demanda pas quelle raison avait fait attribuer à chaque signe la valeur qu'il avait : on aurait cru perdre son temps à un problème insoluble. Nous essayerons de prouver qu'il est possible de surprendre les mythes au moment même de leur éclosion et de rendre compte de la forme qu'ils adoptent.

On peut aller plus loin : l'interprétation est un système trompeur, car il fait supposer que la fable est comme un vêtement jeté sur la vérité pour laisser à l'esprit le mérite de la découvrir. Tel n'est pas, à notre avis, le vrai caractère de la mythologie. Les fables (nous parlons seulement des plus anciennes, et non pas de celles qui, par imitation, ont été inventées par les poètes), les fables ne contiennent aucun mystère ; elles ne sont ni des faits historiques déguisés, ni des allégories, ni des métaphores, ni des symboles. Nous ne croyons pas que l'homme y ait enveloppé des idées trop abstraites pour être comprises sans image, ni trop hardies pour être exposées à découvert, ou de trop grand prix pour sortir de l'enseignement des sanctuaires et être livrées à la foule. Elles ne sont pas l'expression d'une antique sagesse ; elles n'ont à nous apprendre aucune vérité profonde, ni physique, ni morale. Elles ne sont pas davantage le fruit de l'imagination poétique d'un peuple inventant des contes afin de satisfaire son goût pour le langage figuré, pour les allégories et pour les paraboles. Un mythe de création populaire, pris à un moment donné de son développement naturel, ne signifie pas autre chose que ce qu'il dit en effet, et la meilleure, ou, pour mieux dire, la seule manière de l'expliquer, c'est de remonter, à travers la série de ses métamorphoses, jusqu'à son origine, et d'en écrire l'histoire.

Pendant longtemps la science a considéré l'homme primitif comme un être à part, obéissant à des lois dont rien, dans la société moderne, ne peut donner l'équivalent. Tantôt on le supposait trop grossier pour saisir une conception sortant quelque peu du monde matériel; on s'imaginait dès lors que la mythologie est un ensemble de signes destinés à lui rendre compréhensibles les idées qu'il n'eût pu saisir sans ce secours. Tantôt on plaçait au berceau de l'humanité une époque de science sacerdotale : les fables seraient un écho affaibli de cette sagesse des anciens temps. En dernier lieu, quelques critiques, prêtant aux premiers hommes un amour singulier de la métaphore, ont pris la mythologie pour une langue poétique dont s'amusait le genre humain dans son enfance. Toutes ces explications se touchent par un point : elles séparent l'idée de son expression; elles placent à l'origine de la mythologie la distinction du sens propre et du sens figuré. Rien, ce semble, n'est plus opposé à l'ordre naturel des choses : l'homme primitif trouve un terme pour chacune de ses conceptions; et il est difficile de comprendre pourquoi, en possession d'une idée, il l'aurait obscurcie à plaisir.

Les symboles, c'est-à-dire les significations cachées attachées à des mots ou à des représentations graphiques, n'ont pu exister qu'à des époques de réflexion, chez un petit nombre d'hommes réunis par une croyance, des intérêts ou des habitudes à part. Tels ont été les signes qu'on trouve dans les catacombes de Rome et qui ont servi aux premiers chrétiens; tels sont les emblèmes figurés sur les monuments mithriaques. Les symboles se retrouvent aussi dans les beaux-arts : la statuaire et la peinture, par impuissance d'exprimer autrement une foule d'idées qui leur échappent, ont imaginé d'y faire allusion par des signes de convention; les monnaies, obligées de resserrer dans un petit espace une quantité de renseignements nécessaires, nous offrent, chez les anciens, un exemple de véritable symbolique. Les hiéroglyphes de l'Égypte ont la même origine. On voit enfin des symboles se former à certaines époques, quand l'exégèse d'un texte sacré ou l'interprétation d'anciennes croyances étant l'occupation générale des esprits, l'allégorie devient, en quelque sorte, une façon naturelle de penser. Mais qu'il y a loin de ces artifices, qui tous supposent une culture avancée, à la création populaire du langage! Transporter les raffinements de l'allégorie à l'époque où l'homme a eu, pour la première fois, conscience de lui-même, c'est renverser l'ordre des temps et tenir peu de compte des lois véritables de l'intelligence. Loin de chercher le mystère, le langage primitif le repousse; il donne à chaque chose son nom, et ce nom, il le choisit d'après la qualité saillante de l'objet qu'il doit désigner. S'il impose aux idées abstraites des appellations matérielles, c'est qu'il ne peut faire autrement : les idiomes modernes en font tout autant. Nous ne prenons pas pour des symboles les termes concrets qui nous servent à exprimer des conceptions morales.

C'est à dessein que nous rapprochons l'origine de la mythologie de l'origine du langage : la question, au fond, est la même. Hérodote (1) raconte que les Pélasges adoraient des dieux et leur adressaient des prières, mais qu'ils ne pouvaient les nommer; les Égyptiens leur auraient appris les noms des divinités à qui ils rendaient hommage sans les connaître. Cette anecdote, dont la philologie peut aujourd'hui démontrer aisément la fausseté, résume assez bien le sentiment des mythologues : ils cherchent les dieux inconnus que les hommes n'ont pas su nommer; ils essayent, par leurs explications, de venir en aide à l'insuffisance du langage primitif. Nous croyons, au contraire, que s'il était possible de connaître l'idiome parlé par le premier groupe d'hommes de chaque race, la nature des dieux qu'ils adoraient nous serait révélée par les noms qu'ils leur donnaient, et le simple énoncé des mythes en serait en même temps l'explication.

Pour apporter dans cette question de l'origine de la mythologie la clarté nécessaire, il faut distinguer avec soin les *dieux*, qui sont un produit immédiat de l'intel-

---

(1) *Hist. II*, 52.

ligence humaine, des *fables*, qui, comme nous le verrons plus loin, n'en sont qu'un produit indirect et involontaire. La race indo-européenne fit des forces de la nature ses premières divinités : elle adora le Ciel, le Soleil, l'Aurore, la Tempête; elle leur prêta une âme, une intelligence, une volonté libre, des sentiments d'amitié ou de haine pour les hommes. Mais, tout en leur rendant hommage comme à des êtres supérieurs, on ne perdait pas de vue leur caractère physique. Les poëtes qui chantaient *Dyaus* savaient parfaitement qu'il est le ciel déployé sur nos têtes; en célébrant la sagesse de *Mitra* et de *Varuna*, *dont la volonté est inébranlable et dont la pensée ne varie jamais*, ils faisaient l'allusion la plus claire à la succession constante du jour et de la nuit. Pour le temps où le nom de ces dieux était encore le nom même du phénomène, il ne peut être question de symbole : c'est la nature qu'on adore, non pas la nature inerte, mais la nature animée et douée par un peuple naïf des sentiments dont il est plein lui-même.

Qu'est-ce, d'autre part, que ces récits romanesques, fantastiques, souvent contradictoires, qui ont charmé l'enfance de la Grèce et de l'Inde, et nourri leur poésie? S'ils ne sont pas des allégories, faut-il croire que ces fictions sur la naissance, les amours, les guerres et les rivalités des dieux, ces contes dont la bizarrerie frappa de bonne heure les philosophes et les poëtes, et dont les Pères de l'Église réprouvèrent l'immoralité, ont été, à leur origine, autant de croyances véritables? Assurément non. Jamais le genre humain, dans son enfance, si vifs et si poétiques qu'aient pu être les premiers élans de son imagination, n'a pu prendre la pluie qui arrose la terre pour le lait des vaches célestes, ni le nuage dont les flancs recèlent la foudre pour un monstre vomissant les flammes, ni le soleil dardant ses rayons pour un guerrier divin lançant des flèches sur ses ennemis, ni le grondement du tonnerre pour le bruit de l'égide secouée par Jupiter, ni les premières ardeurs du soleil du printemps pour la pluie d'or tombant sur Danaé. D'où viennent donc ces images qui se retrouvent dans la poésie primitive de tous les peuples de race arienne? Du langage, qui les crée spontanément, sans que l'homme y prenne garde. L'influence du langage sur la pensée, peu observée en général, inaperçue dans l'antiquité, n'en est pas moins considérable : on peut comparer le langage à un verre que traversent nos conceptions, mais en s'y colorant de ses nuances. Habitués à cet intermédiaire, nous y faisons si peu attention que, même avant d'exprimer une pensée, elle se teint dans notre esprit des couleurs du langage.

Aujourd'hui même, avec nos idiomes rompus à l'abstraction, nos mots usés et nos verbes auxiliaires vides de sens, nous faisons de continuels sacrifices aux exigences de la parole. Nous n'exprimons pas une idée, quand même elle désigne une simple qualité, sans lui donner un genre, c'est-à-dire un sexe; nous ne pouvons parler d'un objet, qu'il soit considéré d'une façon générale ou non, sans le déterminer par un article ; tout sujet dans la phrase est présenté comme un être agissant, toute idée comme une action, et chaque acte, qu'il soit transitoire ou permanent, est limité dans sa durée par le temps où nous mettons le verbe. Nous sommes habitués à redresser en nous-mêmes les effets de cette sorte de réfraction : mais combien a dû être grand l'empire du langage dans un temps où chaque mot était une image, chaque substantif un être animé, chaque verbe un acte physique ! Il était impossible que les idées les plus simples, exprimées par des mots aussi significatifs, ne prissent pas aussitôt un éclat extraordinaire : les phénomènes de la nature, reflétés par la langue, prenaient l'aspect de scènes dramatiques. Rapportés à des êtres qu'on supposait doués d'une vie analogue à celle de l'homme, traduits dans un idiome où chaque mot parlait aux yeux, les spectacles de la nature paraissaient être les actes d'un drame immense dont les personnages, divins par l'origine, étaient semblables à nous par le cœur.

Ceux qui virent les mythes se former de la sorte ne furent pas les dupes de cette illusion du langage : ne soupçonnant pas la force mystérieuse qui changeait toutes leurs pensées en images, ils se complurent à ses enchantements sans y croire. Nous voyons clairement par les védas que les poëtes savaient la signification des fables qu'ils répétaient. Mais il n'en fut pas de même pour l'époque suivante. A mesure que certains termes vieillissaient, que le sens étymologique des mots s'oblitérait, la langue perdait de sa transparence : les noms des forces de la nature devenaient des noms propres, et dès lors les personnages mythiques commencèrent à paraître. *Dyaus* est le ciel pour l'époque védique : mais il n'en est pas de même pour les Hellènes qui ont emporté ce nom avec eux; Ζεύς ou Ζήν est en grec un nom propre. Il en est de même pour *Jupiter* ou *Janus* en latin. On peut dire d'une façon générale que, pour qu'un dieu prenne de la consistance dans l'esprit d'un peuple, il faut que son nom soit sorti du langage usuel. *Ouranos* n'est jamais devenu une divinité bien distincte, parce que son nom est resté un appellatif : *Varuna*, au contraire, qui lui correspond en sanscrit, s'est élevé au rang d'un dieu personnel, son nom ayant cessé de rien représenter à l'intelligence.

Il ne fallait que ce premier changement substituant de prétendus personnages aux phénomènes, pour que les faits énoncés au sujet des forces de la nature prissent l'aspect d'actions merveilleuses : on reporta dans un lointain idéal la date des événements dont le caractère permanent ou périodique n'était plus compris. C'est ainsi que les fables se formèrent. On peut dire à la rigueur que l'homme n'y est pour rien; ce sont des causes situées en dehors de lui, c'est la langue avec ses variations qui est le véritable auteur de la mythologie; ou plutôt c'est l'homme qui, en créant les catégories et les formes grammaticales, en employant pour exprimer sa pensée des termes énergiques et colorés, en créant son langage, non pas seulement avec sa raison, mais avec son imagination, a préparé du premier coup tous les éléments de la mythologie : il n'eut pas besoin d'inventer les fables une à une; jetées dans le moule poétique de la langue, ses idées s'animèrent d'elles-mêmes et n'attendirent qu'une occasion pour devenir des mythes.

Je ne veux pas dire pour cela que l'homme ait assisté en simple spectateur à l'éclosion de ce monde de merveilles. On voit les poëtes védiques modifier, arranger, pétrir en tous sens la matière encore malléable de leur mythologie : il n'est pas impossible qu'ils aient inventé certaines fables et donné à d'autres un tour nouveau. Mais c'est la Grèce surtout qui a révélé pour la première fois son génie dans l'ordonnance et le choix qu'elle a fait de ses richesses : elle a su allier la précision à la fantaisie, et éviter la sécheresse où est tombée l'Italie, tout en se préservant du désordre où se perdit l'Inde. Elle a su, par un art dont elle a gardé le secret, conserver assez le sens de sa mythologie pour s'en approprier le langage. Pendant longtemps les poëtes grecs, sans toucher au fond de leur religion, mais se jouant avec grâce à la surface, inventèrent des généalogies, arrangèrent et coordonnèrent des fables, et ajoutèrent à la tradition d'ingénieux et brillants développements. La mythologie fut pour eux comme une langue dont ils ne savaient ni les lois ni l'origine, mais qu'ils parlaient naturellement avec justesse et avec esprit. Pindare qui, de tous les poëtes grecs, a poussé cet art le plus loin, en donne naïvement le précepte : « La grâce, qui fait de toutes choses un miel aux humains, donne de l'autorité à l'erreur et fait croire l'incroyable... Mais il convient à l'homme de ne rien dire que de beau sur les dieux : la faute alors est moindre. » (*Olymp. I*, str. 2.)

Mais ce qui a été ajouté par l'homme ne peut pas entrer en balance avec la masse de fables produite par le travail latent et continu du langage. On reconnaît d'ailleurs aisément les créations de l'homme à un air de raison qui manque aux enfants capricieux de la parole. On peut rapporter l'origine des fables de cette dernière espèce à trois modes de formation que nous allons examiner rapidement (1).

Cette surabondance de sève et cette prodigalité qui caractérisent les idiomes jeunes, leur font employer, pour désigner un seul objet, une quantité souvent surprenante de synonymes. Le soleil, par exemple, est nommé dans les védas de plus de vingt façons différentes. Il ne faudrait pas croire que ce fussent de purs équivalents; chaque terme le prend à un autre moment de sa carrière, lui prête une autre attitude physique et un autre caractère moral. Il est tour à tour le Brillant (*Sûrya*), l'Ami (*Mitra*), le Généreux (*Aryaman*), le Bienfaisant (*Bhaga*), Celui qui nourrit (*Pûshan*), le Créateur (*Tvashtar*), le Maître du Ciel (*Divaspati*), et ainsi de suite. Au moment où l'homme créa tous ces noms, comme on prodigue à un

---

(1) M. Max Müller a décrit deux de ces causes, avec la science et avec l'éclat qui lui sont habituels, dans son *Essai de mythologie comparée*.

être chéri les termes d'affection et de tendresse, il ne craignait pas de n'être point compris; la même passion naïve remplissait toutes les âmes. Mais, une fois que le premier âge de l'humanité fut passé, l'époque suivante, étonnée, chercha à mettre de l'ordre dans ce chaos. Elle supposa que tant d'appellations ne pouvaient appartenir à un seul objet, et elle commença à distinguer *Mitra* de *Sûrya*, *Bhaga* de *Tvashtar*, *Divaspati* d'*Aryaman*. Néanmoins, comme toutes ces figures avaient un air de parenté, et comme souvent on les voyait se substituer l'une à l'autre, on se tira d'embarras en faisant d'elles le père et le fils, ou bien des frères, et en les réunissant toutes dans une seule et même famille. Ainsi commença la théogonie, œuvre des prêtres et des poëtes; elle rassembla en un système un monde de figures qui jusque-là flottaient au hasard, et, par une conséquence nécessaire, en dressant des listes généalogiques, elle introduisit artificiellement la chronologie dans la fable, et mit sur divers plans les dieux qui jusque-là, comme les saints dans les tableaux des écoles primitives, étaient tous placés au premier rang.

Mais cela ne suffisait pas : il fallait expliquer pourquoi le dieu suprême s'appelle tantôt d'un nom, tantôt d'un autre. Comme on croyait qu'il s'agissait d'êtres différents, on inventa les dynasties célestes, les révolutions violentes de l'Olympe, Ouranos renversé par Kronos, Kronos par Zeus, tous ces événements tragiques qui invitèrent plus tard les esprits à la réflexion et frappèrent l'imagination d'Eschyle. On remplit le passé mythologique de cataclysmes imaginaires, en y plaçant, comme autant de rois déchus, les synonymes vieillis des divinités actuelles. Tout ce travail s'est fait avec plus ou moins de perfection dans chaque mythologie : la facilité avec laquelle les peuples oublient leurs origines sera toujours un sujet d'étonnement. Les anciens mots les embarrassent autant que les vieux monuments et les vieilles coutumes; ne pouvant ni les comprendre, ni les oublier, toutes les explications qui en rendent compte leur semblent bonnes.

Au temps d'Homère, ce travail de classification et de coordination était déjà en grande partie terminé pour la Grèce. Hésiode, plus tard, nous l'expose d'une façon didactique. Tous les dieux, tous les êtres fabuleux ont leur généalogie : tout est réglé et expliqué. Les Titans sont soigneusement distingués des Géants; la Gorgone n'est pas la même que la Méduse. Typhaon, en s'unissant à Échidna, devient le père de Cerbère, de l'Hydre, de la Chimère et d'Orthros, lequel lui-même, en s'unissant à sa mère, engendre le Sphinx. C'est (on peut le dire à la lettre) un même monstre qui renaît continuellement de lui-même. La généalogie des dieux n'a pas plus de raison d'être. La plupart des dieux secondaires sont des attributs détachés des dieux primitifs, ou des surnoms qui, après avoir été usités dans une seule tribu, furent insérés plus tard comme des êtres distincts dans la nomenclature générale.

Un second mode de formation vient de la confusion des différents sens d'un seul et même terme. Cette cause a produit un moins grand nombre de mythes, mais elle les défigure davantage. La fable des pommes d'or des Hespérides, où μῆλον, *chèvre*, a été pris dans le sens de μῆλον, *pomme*, n'est pas autre chose, au fond, que l'histoire de la toison d'or. L'histoire des écuries d'Augias repose sur une méprise dont la suite de ce travail nous donnera le mot, mais que nous pouvons indiquer dès à présent : Augias (Αὐγείας) est un surnom du soleil ; si nous voulons savoir ce qu'il faut entendre par ses écuries, il faut nous rappeler le double sens du mot *go*, qui, dans la langue védique, désigne à la fois la vache et le nuage, et par suite la double signification de *gotra*, qui marque à la fois dans les védas l'écurie et le ciel. Le changement d'Argus en paon vient de la confusion des étoiles célestes avec celles de la queue de l'oiseau, et le mot *sahasrâksha* (qui a mille yeux), appliqué à la nuit en sanscrit, nous laisse entrevoir comment a dû se former la fable. Les Métamorphoses d'Ovide, qu'on pourrait appeler le répertoire des homonymes mythologiques, nous fourniraient, au besoin, beaucoup d'autres exemples. Mais nous voulons indiquer une preuve frappante de l'influence qu'une erreur de sens peut exercer sur un mythe. Le nom de Prométhée, Προμηθεύς, vient, comme l'a démontré M. Kuhn, du védique *pramantha*, c'est-à-dire qu'il désigne celui qui introduit et tourne un bâton dans le creux d'une roue, pour produire le feu par le frottement. Mais la racine *math, manth*, qui désigne un mouvement physique dans la langue de l'Inde, a été détournée de ce sens en grec pour marquer le mouvement de l'esprit, de la même façon que *cogitare* en latin. Une fois que μανθ, μηθ, signifia *penser, savoir,* Προμηθεύς devint le dieu qui connaît l'avenir. De là le Prométhée d'Eschyle, prédisant aux dieux le sort qui les attend. On voit combien les accidents ou les modifications de la langue sont intimement liés à la mythologie : une simple erreur de sens peut produire toute une série nouvelle de fables.

L'étymologie a été, de son côté, la source d'un très-grand nombre de mythes. Le peuple est un philologue qui veut se rendre compte des noms qu'il entend, et qui, grâce à son imagination, trouve aisément une histoire pour expliquer un nom propre. Plus même le conte qu'il invente est bizarre, plus il s'y attache, et bientôt il cite le nom comme preuve à l'appui du récit. Voici un exemple de ce mode de formation.

La naissance d'Athéné, sortie armée de la tête de Zeus, a tout l'air d'être une allégorie : cette image tant de fois reproduite par les arts, et qu'on a prise tantôt pour le symbole de la foudre éclatant dans le ciel, tantôt pour celui de la pensée jaillissant du cerveau, est le résultat de la plus naïve des confusions. Athéné s'appelle aussi Τριτογένεια, c'est-à-dire la fille de Tritos. Ce dieu a disparu de la mythologie grecque : mais il se retrouve dans les védas, où *Trita* règne sur les eaux et sur l'atmosphère. Son nom s'est conservé dans les mots grecs *Triton, Amphitrite, Tritopator* (surnom des vents) (1),

---

(1) Suidas : Τριτοπάτορες· Δήμων ἐν τῇ Ἀτθίδι φησὶν ἀνέμους εἶναι τοὺς τριτοπάτορας.

et dans le nom du fleuve *Triton* qui entoure cette île enchantée où se passe l'enfance de Bacchus (1). Quand le dieu *Tritos* cessa d'être connu, le mot Τριτογένεια devint une énigme, et les Éoliens, qui dans leur dialecte appelaient τριτώ la tête, comme l'attestent le scoliaste d'Aristophane (2) et Hésychius (3), n'hésitèrent pas à reconnaître dans Athéné la déesse sortie de la tête de Zeus.

L'étymologie populaire a rempli l'histoire ancienne de récits apocryphes : mais combien devait-elle être fertile en inventions à une époque où tous les mots invitaient à la réflexion, et où les esprits, encore jeunes et crédules, étaient à la fois disposés à croire tous les récits et prompts à les inventer ! M. Alfred Maury a montré que beaucoup de légendes, au moyen âge, n'ont pas eu d'autre origine que la vue de certains tableaux dont la signification était mal comprise (4) : mais, au temps dont nous parlons, chaque mot était comme un tableau en raccourci qui tentait l'imagination des conteurs et ouvrait un champ aux hypothèses.

Les trois causes que nous venons de signaler paraîtront bien humbles aux esprits qui se plaisent à chercher dans les fables l'expression de vérités métaphysiques ou morales. Tous ceux qui, depuis Hésiode jus-

---

(1) Diod. de Sicile, III, 68.
(2) *Nuées*, v. 989 : Τριτὼ ἡ κεφαλὴ παρ' Αἰολεῦσιν.
(3) Τριτώ. Νίκανδρος ὁ Κολοφώνιος φησὶ τὴν κεφαλὴν καλεῖν Ἀθαμᾶνας, s. v.
(4) *Essai sur les légendes pieuses*, p. 95 ss.

qu'aux interprètes les plus récents de la religion grecque, prêtent l'oreille à ces oracles de la sagesse antique, comme les prêtresses de Dodone croyaient entendre la voix des dieux dans le bruit des chênes agités par le vent, auront quelque peine à reconnaître dans ces mythes qui se forment d'eux-mêmes et au hasard, les symboles qu'ils sont habitués à respecter et à aimer. Mais pour la gloire de la Grèce il importe peu comment ils sont nés et ce qu'ils étaient au premier jour de leur existence, s'ils sont en effet devenus plus tard les dépositaires des idées morales et des sentiments élevés qu'on y admire. Dans un récent travail, rempli de science et de conviction, un critique qu'à son langage et à sa méthode on prendrait pour un contemporain des stoïciens, M. Louis Ménard (1), soutient que les fables de la Grèce cachent un sens métaphysique et moral, et que la philosophie grecque, loin d'avoir découvert les vérités dont elle s'enorgueillit, n'a fait que répéter les principes exprimés bien des siècles auparavant par les créateurs de la mythologie. Expliquées par Pindare ou par Eschyle, sans doute les fables livrent de grands enseignements : mais est-ce aux auteurs des mythes qu'il en faut faire honneur ? Nous venons de montrer comment ils se forment. Ce serait une méthode dangereuse en histoire naturelle de vouloir retrouver dans le germe les organes et les facultés de l'être arrivé à son complet développement ;

---

(1) *La Morale avant les philosophes*, Didot, 1860.

ce serait une illusion encore plus grande de rechercher dans un mot, au moment où il est créé, tous les sens que l'usage, le progrès des temps et les événements imprévus peuvent lui donner dans la suite. L'erreur ne serait pas moindre en mythologie. Si les fables de la Grèce ont pris une signification morale et philosophique, elles en sont redevables aux poëtes et aux philosophes; l'esprit de réflexion, s'éveillant insensiblement, a attaché un sens profond à des légendes qu'il ne pouvait croire formées par le hasard, et qui lui paraissaient d'autant plus vénérables qu'il en pénétrait moins l'origine.

A quoi arriverait-on en renversant les rôles et en prêtant à l'époque où les mythes se sont créés une sagesse dont l'âge suivant n'aurait reçu que les reflets? A dépouiller la Grèce de la plus belle part de sa gloire, pour en enrichir le peuple anonyme de l'époque inconnue où ces fables ont pris naissance. La portée inégale des mêmes conceptions mythologiques chez les différentes nations indo-européennes prouve bien que ces conceptions ne valaient que par l'usage qu'on en devait faire. Là où la Grèce a trouvé matière à des spéculations métaphysiques et religieuses, les Romains n'ont su voir que des légendes monotones, ou des prétextes à des cérémonies superstitieuses. Je suis prêt à admirer le Jupiter de Pindare et de Sophocle, auteur des lois, ennemi de la tyrannie, protecteur des opprimés, gardien du foyer, vengeur de la justice, refuge des malheureux; mais je salue en lui une création du génie grec, l'idéal d'un peuple d'artistes, de penseurs et d'hommes libres (1). Quel est le fétiche dont l'Athènes de Périclès n'aurait pas fait un type de beauté et de grandeur? J'admire le sens ingénieux et profond que la Grèce prête à ses fables; mais j'y vois un privilége du génie qui donne une signification à tout ce qu'il touche. Transportée sur la scène, l'histoire des dieux et des héros parut féconde en enseignements salutaires : les aventures, les amours, les luttes des forces de la nature, changées en personnages tragiques, furent une source de mâles inspirations et de sentiments généreux. Mais est-ce à la sagesse des siècles passés qu'il en faut faire honneur? Non : c'est à la Grèce, arrivée à la pleine possession de toutes ses facultés, et qui communiquait son âme à ces fantômes et les faisait vivre de sa vie.

II. — DE L'ÉCOLE SYMBOLIQUE.

Sans vouloir faire ici, même en abrégé, l'histoire des études mythologiques, nous avons l'intention de dire quelques mots de l'école qui s'est élevée en dernier lieu, et qui, après avoir marqué avec éclat dans la première moitié de ce siècle, a vu ses théories battues en brèche, et en grande partie détruites par l'expérience. Nous

---

(1) Comp. l'ouvrage de M. J. Denis, *Histoire des théories et des idées morales dans l'antiquité*, t. I, p. 7.

voulons parler de l'école symbolique. Quoiqu'elle compte encore un grand nombre d'adhérents, on peut dire qu'elle appartient aujourd'hui à l'histoire. Son représentant le plus éminent, M. Guigniaut, qui a relevé parmi nous les études mythologiques, et qui leur a donné une précision scientifique inconnue dans notre pays jusqu'alors, ne défend plus depuis longtemps l'ensemble du système. Nous nous sentons d'autant plus libre pour parler d'une école qui doit s'honorer à juste titre d'avoir porté dans ses recherches un vif amour de la vérité et une immense érudition. Mais, pour juger en connaissance de cause cette grande tentative, il est nécessaire de jeter un coup d'œil sur les écoles qui ont précédé.

Dans les temps modernes, comme dans l'antiquité, deux méthodes ont tour à tour ou simultanément été en faveur, l'une qu'on peut appeler *historique*, puisqu'elle avait la prétention de retrouver des faits réels sous les fables, l'autre qui voyait dans les mythes des allégories. Gérard Vossius, Bochart, Huet, Banier, sont les principaux représentants de la première méthode, qui s'est efforcée en général de mettre les renseignements donnés par la mythologie d'accord avec les traditions bibliques.

Vossius (1) reconnaît, par exemple (nous choisissons le mythe qui fait le sujet de ce travail), dans Typhon le roi Hog, dont il est parlé dans le Deutéronome (2), le der-

---

(1) *De Theologia gentili et physiologia christiana, sive de origine et progressu idolatriæ*. Amst., 1642, I, 26.
(2) *Deut*. III, 13. Cf. *Nombres*, IV, 5.

nier survivant d'entre les géants, qui régnait sur le pays de Basan. D'après Bochart (1), Saturne n'est autre que Noé ; ses trois fils, Jupiter, Neptune et Pluton, pris par les païens pour des dieux, sont les ancêtres du genre humain, Sem, Cham et Japhet. Quant à Hercule, c'est un chef phénicien qui a amené des colonies en Espagne, en Gaule et en Italie ; ses exploits, ce sont les luttes qu'il soutint contre les habitants de ces contrées. La fable a fait de Typhon un être surhumain : en réalité, il nous représente les Caphthorims, peuple originaire de l'Égypte émigré dans la Cappadoce, à laquelle il laissa son nom, et revenu plus tard dans sa patrie, comme l'atteste le tombeau de Typhon, qu'Hérodote place expressément en Égypte (2). Le savant évêque d'Avranches, Huet, se sert de la fable pour démontrer l'authenticité de la Bible et des Évangiles : tous les dieux, tous les personnages merveilleux de l'antiquité, sont pour lui un souvenir obscurci de Moïse ; Apollon, Vulcain, Orphée, Pan, Priape, Cécrops, Minos, Évandre, les Pénates, Teuth, Osiris, Sérapis, Zoroastre, autant d'altérations de la figure de Moïse (3) ; Typhon également : cette dernière représentation, il est vrai, n'est pas flatteuse pour le prophète hébreu, mais les Égyptiens ne lui surent jamais pardonner entièrement les plaies qu'il avait appelées sur leur patrie. Au XVIIIe siècle, l'interprétation historique a gagné en précision :

---

(1) *Phaleg, Canaan et Hierozoïcon*, I, pp. 166, 611, 657
(2) *Ibid.*, I, p. 290.
(3) *Demonstratio evangelica*, p. 68 sq.

Banier fixe la date de l'avénement de Jupiter et la durée de son règne; il raconte sérieusement les démêlés d'Osiris, roi d'Égypte, avec son frère Typhon, et les événements politiques qui en furent la conséquence (1). On a peine à croire qu'une pareille méthode ait pu se produire encore de notre temps; mais elle est poussée à l'extrême dans l'ouvrage de Clavier (2), qui donne les listes généalogiques de tous les dieux, présentés comme d'anciens rois grecs, parmi lesquels figurent Jupiter, Prométhée, Hercule, Persée, Pelasgus, Thessalus Græcus, avec l'indication du temps où ils ont vécu.

On ne peut lire sans quelque tristesse ces ouvrages où l'on voit parfois une grande érudition mise au service des rapprochements les plus puérils, et où la prétention de tout expliquer est jointe à l'ignorance la plus absolue de l'esprit de l'antiquité! Mais il est juste d'ajouter qu'en suivant cette méthode, ces écrivains n'ont fait qu'imiter les historiens grecs et latins; sauf les rapprochements bibliques, ils ne disent rien qui ne se trouve dans Denys d'Halicarnasse, Diodore ou Servius.

L'interprétation *allégorique* a du moins cet avantage sur la méthode historique, qu'elle peut donner lieu à des peintures assez piquantes, quand elle est maniée par un esprit ingénieux. Bacon a composé un petit Traité sur la sagesse des anciens, où il explique comment le mythe de Typhon, tel qu'il est dans Homère (3) et Hésiode, nous

---

(1) *La Mythologie et les Fables expliquées par l'histoire*, t. I, p. 473.
(2) *Les Premiers Temps de la Grèce.*
(3) *Hymne à Apollon*, v. 305 sv.

représente les révolutions politiques des empires. On se rappelle que Junon, irritée de la façon dont Jupiter avait donné naissance à Minerve, enfanta Typhon sans son secours. Les rois, dit le chancelier anglais, sont en quelque sorte unis à leurs peuples par le lien du mariage, comme Jupiter à Junon : quand ils veulent attirer tout le pouvoir à eux et tout faire d'eux-mêmes, sans s'aider ni du sénat, ni des différents ordres du royaume, une sourde agitation se répand dans l'aristocratie et le peuple, qui veulent à leur tour montrer ce qu'ils sont capables de faire. L'enfantement de Typhon est l'emblème de la fermentation qui gagne l'État tout entier, et qui, quand elle a atteint son comble, éclate en sédition ouverte. Les cent têtes du monstre, les gueules enflammées, les ceintures de serpents, les serres d'aigle, le corps couvert de plumes, représentent les divisions des partis, les incendies, les pestes, les massacres, les fausses rumeurs; pendant quelque temps la monarchie énervée, c'est-à-dire sans armée et sans finances, va chercher un refuge dans les provinces. C'est ce que la fable a figuré par la mutilation et la fuite de Jupiter. Mais bientôt, par le secours de Mercure, c'est à savoir par la prudence de sa conduite et l'habileté de ses discours, la royauté reprend des forces, se prépare à la lutte, frappe enfin la rébellion et l'écrase.

Il serait sans intérêt de comparer les diverses explications de ce mythe chez les écrivains de l'école allégorique. L'interprétation étant livrée au libre sentiment de chacun, il est clair qu'elle ne peut faire de progrès. Il ne faut pas d'ailleurs demander à cette école une rigueur de méthode dont elle ne croyait pas que ces recherches fussent susceptibles. Le vrai paraissant impossible à trouver, c'était déjà beaucoup, semblait-on croire, que d'exposer quelque chose de vraisemblable. Court de Gébelin s'enquiert, non pas de ce que les mythes signifient, mais de ce qu'ils pourraient signifier. Dupuis seul fait exception par l'étendue de sa science et par ses recherches consciencieuses.

Ce système d'interprétation peut, comme le précédent, s'autoriser de l'exemple des anciens. Déjà au v° siècle avant l'ère chrétienne, Anaxagore prenait l'*Iliade* et l'*Odyssée* pour un ensemble de fables représentant les mystères de la physique ou les vérités de la morale. Le combat des dieux au XX° chant de l'*Iliade* était expliqué comme la guerre entre les vices et les vertus, ou comme la lutte des éléments du monde physique. Apollon représente le feu, Neptune l'eau, Mercure la raison, Latone l'oubli. Suivant Métrodore, Agamemnon est l'air, Pénélope tissant sa toile est la dialectique (1). L'école stoïcienne, introduisant ses idées philosophiques dans la mythologie, voit déjà tout réalisé dans les fables le panthéisme qu'elle professe.

La méthode historique et la méthode allégorique partagèrent les esprits jusqu'au moment où l'école symbolique marqua par son avénement un progrès véritable dans ces études. Pour la première fois dans les temps

(1) E. Egger, *Essai sur la critique*, p. 61 s.

modernes les recherches mythologiques furent abordées avec un plein sentiment de leur importance; si l'on s'exagéra la sagesse qui avait présidé aux premiers temps de l'humanité, cette opinion écarta du moins l'hypothèse du xviii° siècle, qui jusque-là avait été l'arrière-pensée de la plupart des esprits, à savoir que la mythologie est une imposture des prêtres ou une falsification de l'histoire. Pour la première fois aussi, toute l'antiquité fut fouillée, sa littérature dépouillée en entier, ses monuments interrogés avec soin; l'Orient aussi fut consulté, non pas cet Orient incomplet et parfois apocryphe, vu à travers les livres des anciens, mais l'Égypte, la Perse, l'Inde, étudiées dans leurs monuments authentiques et originaux, qui commençaient à livrer leurs trésors. Quelle que soit donc la valeur de la doctrine symbolique, elle a donné l'impulsion à des recherches nouvelles et fécondes, et elle a marqué une période importante dans l'étude de l'antiquité.

Les erreurs où tomba cette école s'expliquent en grande partie par le temps où elle a pris naissance. La connaissance, alors toute récente, de l'Égypte et de ses hiéroglyphes, prédisposait les esprits au mystère; les traces, visibles dans cette contrée, d'un enseignement sacerdotal et d'une écriture hiératique, faisaient croire volontiers que partout la civilisation était sortie des temples et s'était répandue à l'aide des symboles. Par une rencontre qui semblait décider la question, l'Inde ouvrait au même instant ses pagodes remplies de figures allégoriques, et déroulait ses immenses poëmes auxquels on attribuait un âge fabuleux, et dont on admirait la philosophie subtile et profonde, le langage à la fois brillant et énigmatique ; c'était le temps où, sur la foi des Indous, on donnait aux *Purânas*, les derniers produits de la littérature indienne, une antiquité de quatre ou cinq mille ans. Ajoutez-y l'étude alors nouvelle des vases étrusques et la découverte encore récente de Pompéi et d'Herculanum. L'archéologie prenait une extension qu'elle n'avait pas eue jusque-là. Mais toutes les fois qu'on étudiera la mythologie d'après les monuments figurés, on sera conduit au symbolisme, car ce n'est que par des symboles que la pierre exprime les idées. Enfin, par une attraction facile à comprendre, c'est aux écrivains alexandrins, à Proclus, à Porphyre, dont le tour d'esprit se rapprochait du sien, que Creuzer s'adressait de préférence. On peut dire que l'antiquité n'a jamais eu le sentiment de ses origines ; mais s'il y a eu un temps où l'on a surtout méconnu l'esprit des âges primitifs, c'est l'époque alexandrine, qui confondait toutes les croyances et amalgamait les religions après les avoir dissoutes par l'allégorie.

Trompé par des guides si peu sûrs, n'ayant pas d'ailleurs les instruments philologiques qui auraient pu le mettre en garde contre ce genre d'erreur, Creuzer ne distingue pas les emprunts faits par une religion à une autre des affinités d'origine, ni les simples rencontres dues à l'identité de l'esprit humain des ressemblances provenant d'une tradition commune. Il ne faut pas oublier enfin de joindre aux causes qui ont contribué à populariser le symbolisme, l'esprit de mysticisme qui, à la suite de la Révolution française et pendant l'Empire, couvait déjà dans beaucoup d'intelligences, et devait éclater un peu plus tard dans la littérature, la philosophie et la politique.

Le système de Creuzer partait d'un principe si contestable qu'il ne tarda pas à soulever les objections. Lobeck, dans son savant et mordant *Aglaophamus*, ébranla les bases du système. Otfried Müller fit mieux : il traça le modèle d'une mythologie nouvelle qui, sans parti pris, en tenant compte des différences de races et de familles, en se servant de l'analyse étymologique, et en s'inspirant par-dessus tout d'un vif sentiment de la nature, cherchait à pénétrer la signification naturelle ou historique des fables (1). Les livres de M. Welcker et un certain nombre d'excellents travaux, parmi lesquels il faut citer surtout la *Mythologie* de Preller, sont conçus dans le même esprit.

Mais cette science devait être renouvelée par les études mêmes qui avaient failli un moment la mettre dans une fausse voie. La philologie sanscrite avait suivi son cours, et n'avait pas tardé à reconnaître que les monuments sortis les premiers du sol de l'Inde étaient ceux qui avaient été le plus récemment enfouis. Au-dessous des *Purânas* on trouva les poëmes épiques ; un peu plus tard on arriva à la littérature védique. La connaissance des védas fut

---

(1) *Prolegomena zu einer wissenschaftlichen Mythologie.*

pour la mythologie une découverte analogue à celle du sanscrit pour la grammaire comparée : on ne pourrait en donner une idée qu'en supposant que les chants d'Homère, qui auraient manqué jusqu'à présent à la littérature grecque, fussent rendus tout à coup au jour. Pour la première fois on se trouva sur un terrain solide pour juger une époque primitive : on eut le spectacle nouveau d'une religion sans théologie, d'un ensemble de dieux sans théogonie ; on sut au juste ce qu'il fallait penser des hypothèses émises sur l'origine des croyances religieuses et sur l'enfance de l'humanité.

Une autre surprise fut de retrouver les dieux de la Grèce, mais débarrassés de toutes les additions et les altérations faites par le temps, et comme rajeunis de plusieurs siècles. Otfried Müller compare quelque part la langue grecque, telle qu'elle nous est parvenue dans Homère (et il aurait pu en dire autant de la mythologie), à une toile qui aurait été mise en pièces, et recomposée après coup : les védas nous montrent la toile en voie de se former sur le métier. Des travaux d'un genre tout nouveau signalèrent cette découverte : au premier rang il faut placer ceux de M. Kuhn et de M. Max Müller. Le premier a analysé avec une rare pénétration un certain nombre de mythes, tels que les Centaures, les Érinnyes, Prométhée : celui qui fait le sujet de ce travail a été également traité par lui dans ses parties essentielles (1).

(1) Le premier qui ait aperçu l'analogie du mythe de Cacus avec celui de Vritra, est Rosen, dans son *Rig-vedæ specimen*, h. VI, 5. Les articles de

M. Max Müller a exposé avec un grand charme d'expression les principes de la mythologie comparée : il a joint à sa démonstration quelques analyses de mythes qui peuvent passer pour autant de petits chefs-d'œuvre.

Si nous avons choisi la fable de Cacus pour en poursuivre les ramifications dans les mythologies indo-européennes, et donner de la sorte un exemple de la nouvelle méthode, c'est que l'explication de cette fable a un caractère de certitude qui frappera tous les yeux. Nous avons dû, en route, nous restreindre autant que possible et repousser tous les développements secondaires du mythe. On les trouvera groupés avec art, en ce qui concerne la mythologie grecque et germanique, dans un livre de M. Schwartz, rempli d'une science solide et de précieux rapprochements (1). Il y a un reproche qu'on m'adressera probablement, et dont je tiens à m'excuser avant de finir : on trouvera sans doute que l'ordre que j'ai suivi est peu scientifique, et qu'il eût été plus rationnel de partir de la mythologie des védas, pour arriver, suivant l'ordre des temps, à la Grèce et à l'Italie; mais les recherches de ce genre sont encore si peu familières aux esprits en France, que j'ai craint de dépayser le lecteur,

---

M. Kuhn se trouvent dans son *Journal de philologie comparée*, et dans le *Journal d'Archéologie allemande*, de M. Haupt. Le mythe de Prométhée forme un livre à part, analysé et complété en certains points par M. Baudry dans la *Revue germanique;* M. Réville en a donné un exposé dans la *Revue des Deux Mondes* (1862).

(1) *Der Ursprung der Mythologie.*

en le transportant dès l'abord en pleine littérature védique. J'ai mieux aimé l'y amener peu à peu, lui aplanissant le chemin autant que possible, et lui donnant le temps, je l'espère, de prendre confiance dans son guide.

III. — LA MYTHOLOGIE LATINE.

Renfermés dans les montagnes de l'Italie centrale et préservés par leur isolement de la confusion que le contact des religions étrangères introduit dans l'esprit d'un peuple, les habitants du Latium et de la Sabine conservèrent plus fidèlement que leurs frères de la Grèce les traditions religieuses des ancêtres de leur race. Des occupations uniformes, déterminées par le retour des saisons, en les remettant toujours en présence des mêmes forces de la nature, c'est-à-dire, d'après leurs croyances, des mêmes dieux, les empêchaient d'oublier leurs anciennes conceptions mythologiques. L'amour de la tradition, un esprit timoré et peu propre à l'invention poétique, l'attachement patriotique à des divinités qui eurent de bonne heure un caractère tout national, furent cause que, pendant de longs siècles, les Romains conservèrent intact le dépôt des vieilles croyances, tandis que les Grecs les variaient à l'infini et préludaient aux créations de leur génie en faisant de leur mythologie leur première œuvre d'art. Il faut ajouter à ces causes de durée l'autorité d'une caste privilégiée, seule en possession du rituel, et dont la politique était liée au maintien inviolable de la religion.

Aux traditions primitives, fonds commun de la race arienne, la mythologie romaine ajouta seulement un certain nombre de dieux fort simples, sans histoire ni généalogie, presque sans corps, et indiquant clairement par leur nom la force naturelle ou la qualité morale, l'acte de la vie domestique ou guerrière qu'ils personnifiaient. Tels furent les Pénates, Saturne, Pomone, Vertumnus, Mercure, Bellone. Il arriva aussi, comme dans toutes les mythologies, que certains attributs, se détachant des plus anciens dieux, formèrent des divinités nouvelles; c'est ainsi que *Pilumnus* et *Picumnus*, deux surnoms de Mars, devinrent des êtres indépendants. Quant aux dieux aussi abstraits que nombreux qui présidaient aux mille accidents de la vie, une déesse *Adeona* ou *Abeona*, un dieu *Bonus Eventus*, et tant d'autres dont les noms se trouvaient dans les *Indigitamenta*, ce sont les dernières et pâles productions d'une religion qui ne sut jamais fortement imprimer à ses types la marque de la personnalité.

L'originalité des Romains éclate, au contraire, dans le culte : les cérémonies, les sacrifices, les formules sacrées, les présages, ne se trouvent nulle part en aussi grande abondance. Le prêtre, par ses conjurations, exerce son pouvoir sur le ciel : en traînant dans la ville une pierre qui se trouvait près de la porte Capène, on faisait tomber la pluie (1); il y avait des formules pour attirer la foudre (2). Ami de la règle, le Romain ordonna la vie religieuse comme la vie civile : en latin, le même mot, *agere*, s'emploie pour la procédure judiciaire et pour le rite du sacrifice.

Quelques mythes plus anciens que la race latine, et les dieux d'un caractère tout pratique qui sont proprement l'œuvre de cette race, composaient encore, avec le rituel, toute la religion des Romains, quand les guerres puniques, en jetant Rome hors des frontières de l'Italie, la mirent en présence de la mythologie grecque. Il est vrai qu'elle avait déjà rencontré les dieux grecs en Étrurie et dans le sud de la Péninsule : Cumes surtout avait introduit à Rome, dès le commencement du quatrième siècle de la ville, un certain nombre de divinités et de traditions de la Grèce; mais c'est surtout quand les Romains prirent possession de la mer, qu'ils se virent comme environnés par la religion hellénique. Non-seulement ils la trouvèrent en Grèce, mais en Asie Mineure, en Syrie, en Égypte. La religion grecque avait déjà donné des preuves de sa singulière force d'expansion en s'imposant aux classes lettrées de tous les peuples où avaient pénétré les armées d'Alexandre; elle la prouva une dernière fois en s'assimilant la religion romaine. La persistance même avec laquelle celle-ci s'était maintenue in-

---

(1) Voy. Festus (dans l'abrégé de Paul Diacre) au mot *Aquilicium*. Cf. Forcellini au mot *Manalis*.
(2) On l'appelait *Jupiter Elicius*.

tacte jusqu'alors fut pour elle une cause de ruine : les naïves croyances du premier âge de Rome ne pouvaient convenir plus longtemps aux maîtres du monde. Comment la mythologie latine, œuvre d'une époque d'ignorance et de foi, bornée comme l'horizon du peuple qui l'avait créée, sans réponse sur les questions d'un ordre relevé, ne se serait-elle pas effacée devant la mythologie grecque, que la libre imagination du peuple n'avait cessé, pendant des siècles, de transformer et d'enrichir, que les poëtes avaient coordonnée, et où les philosophes prétendaient découvrir les symboles des vérités les plus hautes et les plus abstraites? Les arts, la poésie, le théâtre, en s'introduisant à Rome, y apportaient les dieux de la Grèce avec eux. Bientôt l'éducation des riches Romains, dirigée par des étrangers, devint toute grecque; tout concourut à faire tomber en oubli, avec une rapidité incroyable, chez les Romains des classes élevées, la religion nationale. Le vieux Caton, qui avait vu naître ce mouvement, fut un étranger dans sa patrie à la fin de sa vie.

Ceux qui auraient pu surveiller ce changement des esprits, les prêtres, les magistrats, le sénat, n'en tenaient compte : la religion leur paraissait intacte du moment que les cérémonies restaient les mêmes. S'ils sévissaient quelquefois, c'était contre les corrupteurs du culte, non contre les réformateurs des croyances. Pourvu que les consuls continuassent à prendre les auspices et que les sacrifices traditionnels eussent lieu au Capitole, ils jugeaient que l'ancienne religion était maintenue. Les rites d'ailleurs étaient devenus eux-mêmes moins chers au patriciat depuis qu'il en partageait la connaissance avec les plébéiens. Il ne faut pas oublier enfin, pour expliquer cette invasion si rapide des dieux grecs, que pour l'antiquité il n'y eut jamais de faux dieux : tout culte était réputé légitime du moment qu'il avait des adorateurs.

La plupart des anciens dieux furent conservés, mais de nom seulement. Mars, le patron des mâles travaux des champs, à qui Caton, dans son ouvrage sur l'agriculture, recommande d'offrir des sacrifices pour qu'il veille sur les bœufs, que les frères Arvales prient d'arrêter les contagions, prêta son nom à l'Arès grec et devint le dieu de la guerre. Saturne, dont le rôle s'était borné à protéger les semailles et dont l'évhémérisme romain faisait un ancien roi de l'Italie, fut substitué à Kronos, et hérita de tous les mythes que la théogonie grecque avait rattachés au nom du père de Zeus. Minerve qui fait souvenir à temps le laboureur de ses travaux (1), à qui le coq était consacré, se vit appelée à la dignité de l'Athéné grecque, fille de Jupiter, protectrice des sciences et des arts. Il arriva que des dieux latins d'un ordre tout à fait secondaire se trouvèrent tout à coup placés au premier rang, pour repré-

---

(1) Le nom de *Minerva* ou plutôt *Menerva* vient de la racine *man* (penser), en latin *men* ou *min*. De là *men-s*, *me-min-isse*, *re-min-is.i*, *mentio*, *men-tiri*. Le substantif *Men-erva* est formé à l'aide du même suffixe que *prot-ervus*, *ac-ervus*. De *Menerva* vient le verbe *promenervare* qui se trouvait employé dans le chant salien avec le sens de *monere*. *Promenervat item pro monet* (Festus, p. 196). *Minerva dicta quod bene moneat* (le même, p. 91). *Menerva* chez Quintilien, I, 4, 17.

senter quelque grande divinité de la Grèce, dont ils recueillaient la succession. Un obscur génie qui présidait à l'abondance des biens de la table, Liber (1), fut mis en possession de l'histoire de Bacchus, de son culte et de ses fêtes, et réunit dans sa personne le Dionysos thébain, le Bacchus de l'Asie Mineure et celui de l'Inde. Qu'on juge de tous les tours de force qu'il fallut pour faire entrer dans le cadre étroit de la religion romaine la mythologie complexe et savante des Grecs! Il fallut trouver des Muses à un peuple qui n'avait pas même de mot pour désigner le poëte profane : les Camènes, nymphes qui rendaient leurs oracles auprès des sources, durent se prêter à ce rôle. Par une invention qui dépasse les autres en hardiesse, Livius Andronicus, au début de son Odyssée, ayant besoin d'une Mnémosyne, invoque la déesse Moneta, la gardienne de la monnaie (2).

L'histoire même des premiers temps de Rome ne put échapper à ce déguisement universel. Une nuée de Grecs, prétendus historiens, flatteurs du peuple dont ils défiguraient les annales, rattachaient par des généalogies fictives et des émigrations imaginaires, l'histoire de Rome à celle de la Grèce (3). Une tradition ancienne déjà, quoique ne remontant pas, suivant toute apparence, au delà du

---

(1) Servius, *Géorg.* I, 7. Son nom renferme la racine qui a donné λείβειν en grec et *libare* en latin.
(2) Voy. Hartung, *Die Religion der Römer*, I, p. 253 n.
(3) On peut voir dans Festus, au mot *Roma*, ou dans Solin (chap. I), la longue liste d'écrivains grecs, qui se sont appliqués à dénaturer les origines romaines.

IVᵉ siècle de Rome (1), faisait descendre les Romains d'Énée, et leur donnait ainsi une place dans l'épopée d'Homère où tous les peuples voulaient retrouver leurs ancêtres. D'un autre côté, pour unir plus étroitement les Romains aux Hellènes, on avait imaginé l'histoire de l'Arcadien Évandre, faible conception, qui par toutes ses circonstances trahit d'elle-même sa date récente (2). Mais bientôt cela ne suffit plus : on confondit les traditions falsifiées de la Grèce et de Rome; pour rendre compte de l'origine des différents peuples de l'Italie, on inventa des héros imaginaires; si l'on croyait découvrir une ressemblance dans un nom ou dans un usage, on concluait à un emprunt, et pour expliquer l'emprunt on supposait des voyages impossibles. Nous citerons un exemple singulier de ce syncrétisme, parce qu'il se rattache au sujet de ce travail et qu'il nous représente la dernière forme que revêtit à Rome la légende que nous allons étudier. C'est l'histoire d'Hercule et de Cacus, telle qu'elle est exposée, *d'après beaucoup d'auteurs*, dans Denys d'Halicarnasse.

Hercule est un grand général grec, le premier homme de guerre de son temps, grand ami de la civilisation, libérateur désintéressé des nations opprimées. Il donne aux peuples de sages constitutions, réforme les lois mauvaises, fonde des villes, construit des routes, endigue les fleuves débordés. Il vient en Italie, non pas seul, ni chassant un troupeau de bœufs devant lui, mais à la tête de l'armée

---

(1) Voy. Mommsen, *Histoire romaine*, I, p. 303.
(2) Voy. Bormann, *Kritik der Sage vom Könige Euandros*. Halle, 1859.

avec laquelle il a soumis l'Espagne. Obligé de séjourner quelque temps en Italie pour attendre sa flotte retardée par le mauvais temps, il arrive à Rome et y fait camper ses troupes. Un roi barbare, du nom de Cacus, surprend son camp pendant la nuit et lui enlève du butin; Hercule l'assiége dans sa forteresse, qu'il prend d'assaut, et le roi ennemi est tué. Son territoire est partagé entre les alliés d'Hercule, Évandre, roi des Arcadiens, et Faunus, roi des Aborigènes. Avant de s'embarquer, le chef grec licencie ses vétérans et fonde une colonie composée d'Épéens, de Phénéates et de Troyens. Il laisse aussi dans le pays deux fils, Palas, mort jeune et qui donne son nom au mont Palatin, et Latinus, adopté par Faunus et chef de la race latine. Les colons établis à Rome par Hercule ne restèrent pas étrangers à l'histoire de la ville : les Épéens y introduisirent le culte de Kronos éléen (il ne faut pas oublier que l'auteur grec parle de Saturne); les Phénéates accrurent le peuple d'Évandre, leur compatriote, et les Troyens, qui avaient été engagés dans l'armée d'Hercule à la suite de la prise de Troie sous Laomédon, firent obtenir un peu plus tard un accueil bienveillant à leurs concitoyens amenés par Énée (1).

L'histoire de Cacus, conservée par Solin (2), n'est pas moins extraordinaire. Cacus est un ambassadeur envoyé

---

(1) Voy. tout ce récit dans Denys d'Hal., I, 41 et suiv. Ce ne sont d'ailleurs pas là des singularités : toute l'antiquité a la même façon d'envisager la mythologie. En ce qui concerne Hercule, voy. Diodore, IV; Ammien Marcellin, XV; Cornelius Nepos, *Vie d'Annibal*, chap. III.

(2) Chap. I.

en Étrurie par le roi de Phrygie Marsyas : mis en prison par Tarchon, roi des Tyrrhéniens, il trompe la surveillance de ses gardiens, s'en retourne en Asie et revient avec des troupes s'emparer des bords du Vulturne et de la Campanie. C'est au moment où il voulait ajouter à ses États le territoire concédé aux Arcadiens qu'il est tué par Hercule. On demandera peut-être pourquoi Marsyas figure dans ce récit : c'est à cause des Marses, dont il fallait expliquer le nom (1).

Voilà comment, au temps d'Auguste, était traitée l'histoire romaine. Il ne faut pas s'étonner après cela que la mythologie ait pu être dénaturée sans que personne à Rome y prît garde. Du moins on chercherait vainement chez les historiens ou les poëtes quelques mots sur la transformation qu'elle subit. Au temps de César, les hommes les plus instruits ne connaissaient plus l'ancienne religion : Cicéron (2), parlant de Varron, dit que ses écrits ont rendu leur patrie aux Romains qui s'y trouvaient comme étrangers. Mais Varron lui-même était fort empêché d'expliquer tous les dieux dont les noms, conservés par le peuple ou par le rituel, étaient arrivés jusqu'à lui. Il établit toute une classe de dieux qu'il appelle *incertains*, et il aime mieux effacer tout ce qu'il a dit des dieux certains que de garantir ce qu'il va dire des autres. Un peu plus tard, Virgile, si curieux pourtant des antiquités de sa patrie, accepte de bonne foi toutes les inven-

---

(1) Pline, *Hist. natur.*, III, 17.
(2) *Academ.*, II, 3.

tions qui avaient cours, et, au lieu d'écrire, comme il le croyait faire, le poëme des origines romaines, il a consommé le mélange des traditions et consacré cette victoire morale, dont parle Horace, de la Grèce sur ses vainqueurs.

Sans doute le travail d'assimilation entrepris sur la religion et les traditions latines avait pour point de départ une idée vraie : les deux peuples appartiennent en effet à une même race. Mais cette parenté remonte à une époque que ni les souvenirs de l'Italie, ni la poésie épique de la Grèce ne pouvaient atteindre. Les légendes inventées après coup, les substitutions de dieux, les altérations de noms, loin de mettre en lumière l'affinité primitive des Italiens et des Grecs, ne devaient que l'obscurcir; pendant ce temps, les titres de parenté authentiques restaient cachés au fond de la langue et dans quelques mythes antérieurs au développement distinct des deux religions. Il faut donc, avant de produire l'un de ces titres, en corriger les altérations et en retrancher les additions de seconde main. Pour emprunter les termes de l'écrivain qui le premier a porté le jour dans cet ordre d'études (1), la mythologie latine est comme un temple qui aurait été renversé pour faire place à une construction plus moderne, tombée à son tour : c'est au plus profond du sol, c'est sous les ruines de deux époques, de deux civilisations différentes, qu'il faut chercher les fondations de l'édifice.

(1) Hartung, ouvrage cité, I, p. ix.

IV. — LA LÉGENDE LATINE. SANCUS ET CÆCIUS.

Ce qui résista le mieux dans la mythologie latine à l'action absorbante de la Grèce, ce sont quelques traditions liées de temps immémorial aux origines de la ville de Rome, et faisant corps en quelque sorte avec les institutions nationales. L'orgueil romain n'eût pas permis de les supprimer, et, s'il donnait avec plaisir droit de cité à des héros grecs, c'était à condition qu'ils ne dérangeassent pas l'ordonnance de ces anciens récits. Le peuple d'ailleurs avait sa tradition vivante se perpétuant à côté de la tradition littéraire et moins accessible à l'intrusion d'éléments étrangers. La vue des lieux enfin et les noms qui y étaient attachés, les fêtes publiques qui rappelaient les faits de l'histoire fabuleuse de Rome, et les corps de prêtres spéciaux qui étaient chargés d'en célébrer la mémoire, étaient autant de soutiens pour les débris de ces anciennes croyances. C'est ainsi que l'histoire de Romulus et de Rémus nous est arrivée à peu près intacte : nulle main hardie n'aurait osé substituer une fable étrangère au récit que le nom de la ville, de vénérables monuments et les accidents mêmes du sol rappelaient tous les jours au citoyen romain.

La légende d'Hercule et de Cacus a survécu pour les mêmes raisons. L'influence grecque a pu changer les noms des personnages; mais les traits essentiels du drame étaient trop fortement imprimés dans l'esprit du peuple pour qu'elle essayât de les effacer. La vieille Rome, la Rome des rois, était pleine de cette histoire; ses monuments la rappelaient à chaque pas.

C'est la vallée resserrée entre l'Aventin et le Palatin qui forme en quelque sorte la scène de l'action légendaire. On y voyait le *forum boarium* où avaient été parqués les bœufs amenés par Hercule; d'un côté, sur l'Aventin, on montrait la descente en pierre qui, au temps de Diodore (1), portait encore le nom d'*échelle de Cacus*, la maison de Cacus, théâtre de la lutte, et l'autel élevé par le vainqueur à Jupiter Inventor. Non loin de là, la porte *Trigemina* rappelait également par son nom le monstre dompté par Hercule. Le Palatin, de l'autre côté, présente plus spécialement le souvenir du triomphe : là se trouvait l'*ara maxima*, consacré à Hercule victorieux, la voie triomphale parcourue par le héros à son retour, et le temple d'Hercule, avec la statue du dieu triomphateur. Un autre temple du même dieu s'élevait sur les bords du Tibre, auprès de l'autel de Jupiter Inventor (2).

Avec les monuments, ce sont les cérémonies dont ces lieux étaient les témoins qui perpétuaient le souvenir de

---

(1) Diod. IV, 21.
(2) Macrobe, *Sat.* III, 6. Le sillon qui marquait la limite de l'ancienne Rome partait du *Forum Boarium*, et embrassait l'*Ara maxima*. Tacite, *Annales*, XII, 24. Solin, I. Voy. aussi G.-B. de Rossi, *l'Ara massima ed. il tempio d'Ercole. Mémoires de l'Institut archéologique de Rome*, 1854, p. 28 sv.

la légende : elles ont frappé tous les écrivains par le caractère archaïque qui les distingue. Ni les femmes, ni les enfants, ni les affranchis, ni les esclaves n'étaient admis aux sacrifices de l'*ara maxima* : les hommes libres seulement y prenaient part. Ils y assistaient sans se voiler la tête, comme c'était l'usage pour les autres dieux, mais le front découvert et couronné de lauriers. Le préteur urbain présidait à la cérémonie; deux anciennes familles, les Potitii et les Pinarii (1), avaient seules le droit, l'une d'offrir, l'autre de desservir le sacrifice. Aucune autre divinité ne devait être invoquée dans les prières. Après que la victime avait été immolée, elle était partagée, au nom d'Hercule, entre les assistants; du pain et du vin étaient ajoutés au repas; une coupe colossale en bois, donnée par Hercule lui-même, servait aux libations (2). Le repas se faisait avec recueillement; on n'y était pas couché, comme aux autres sacrifices, mais assis (3). Pour terminer la fête, les prêtres saliens se partageaient en deux chœurs; tandis que les plus âgés entonnaient les

---

(1) Le nom des *Potitii* semble indiquer une ancienne prééminence; quant aux *Pinarii*, on faisait dériver leur nom du mot grec πεῖνα, en appuyant d'un conte, comme à l'ordinaire, cette fausse étymologie (Serv., *Æn.*, VIII, 269). Les *Pinarii* sont probablement ceux qui sont chargés des provisions (*penarii*).

(2)   Et sacer implevit dextram scyphus.
.Æn., VIII, 278.

Cette coupe avait un nom : elle s'appelait *atanuvium* ou *atavium* suivant Festus, *atanulum* ou *attanabo* suivant d'autres. Les prêtres eux-mêmes s'appelaient d'après un vieux mot sabin *Cupenci*. (Servius, *Æn.*, XII, 539.)

(3)   ..... Gramineoque vires locat ipse sedili;
Præcipuumque toro et villosi pelle leonis
Accipit Æneam, solioque invitat acerno.
Æn., VIII, 176.

louanges du dieu, les autres, par la pantomime, représentaient aux yeux sa victoire (1).

Telle était la forme du sacrifice ordinaire. Dans les premiers temps de Rome, il se renouvelait souvent : tous les dix jours, suivant Varron, le peuple s'en revenait de l'*ara maxima*, nourri par le dieu et couronné de lauriers. A mesure que la ville s'accrut, les repas devinrent naturellement plus rares, et ils finirent par se borner à un sacrifice annuel. Toutefois de riches Romains, Lucullus, Cassius, Herennius, tinrent à honneur de renouveler cet antique usage, et convoquèrent le peuple entier aux tables de l'autel maxime.

Mais il s'y célébrait en outre, aux jours de triomphe, des sacrifices extraordinaires; ces jours-là la statue d'Hercule (2) était revêtue des ornements triomphaux. Le général, paré à l'image de la statue, parcourait sur un char la route qu'Hercule avait suivie après sa victoire sur Cacus : de même que le dieu avait cédé au peuple une partie des bœufs reconquis, le chef romain déposait le dixième du butin sur l'*ara maxima*, pour être distribué aux citoyens, et les conviait à un repas public devant l'autel (3). Ainsi la victoire d'Hercule sert en quelque sorte de type aux victoires romaines : le triomphe dont

---

(1)   Hic juvenum chorus, ille senum; qui carmine laudes
    Herculeas et facta ferunt.
Én., VIII, 288.
Comp. le commentaire de Servius.

(2) Cette statue était si ancienne qu'on la regarda plus tard comme étant l'œuvre d'Évandre.

(3) Ritschl, *Titulus Mummianus*, p. II et IX.

la fondation est rapportée par les historiens à une date historique, se dessine déjà dans la légende.

L'*ara maxima* ne servait pas seulement à ces fêtes : il avait un caractère particulier de sainteté. C'est là qu'on venait jurer, sous la voûte du ciel, tête nue, un silex à la main, les contrats les plus sacrés. Le nom même de l'autel, *ara maxima*, en fait assez ressortir l'importance.

Les monuments, le culte, les cérémonies, attestent l'antiquité et le caractère national du dieu : il était encore fort en honneur au temps d'Auguste, puisque Tite-Live, au début de son histoire, ouvre la série des exploits romains par la victoire d'Hercule, et que Virgile, aussitôt que son héros a mis le pied sur la terre destinée à ses descendants, lui fait entendre le récit du premier combat dont ces lieux, suivant la tradition, avaient été le théâtre. Voyons-en, d'après Virgile, Properce et Ovide, les circonstances principales.

Hercule, vainqueur de Géryon, traverse l'Italie et arrive sur les bords du Tibre. Pendant qu'il laisse paître ses bœufs, un brigand depuis longtemps redouté, Cacus, fils de Vulcain, monstre à trois têtes, lui enlève en secret quelques-unes de ses génisses, et, pour empêcher qu'on ne suive leurs traces, il les entraîne en arrière dans son antre. Mais le mugissement des vaches qui lui ont été volées avertit Hercule : il court vers la caverne fermée de toutes parts, où son ennemi, déjà plein de terreur, s'est retranché. Il en force l'entrée ; avec les vaches, tous les trésors que le brigand a entassés dans son antre paraissent au grand jour. Hercule l'accable de ses traits; malgré ses cris, malgré les flammes et la fumée qu'il vomit et qui l'entourent de ténèbres, le dieu l'étreint et le tue. Le corps informe du monstre tombe aux pieds du héros. Hercule élève alors un autel à Jupiter qui a trouvé les bœufs (*Jupiter Inventor*), et il institue le culte qui lui sera rendu à lui-même. Une circonstance moins connue, c'est qu'une sœur de Cacus révéla la retraite de son frère, et obtint en récompense un temple où on brûlait en son honneur, comme pour Vesta, un feu éternel (1).

Telle est la légende réduite à ses traits essentiels. Nous ne nous arrêterons pas aux commentaires des écrivains qui ont voulu en dégager un événement historique : retrancher le merveilleux d'un mythe, c'est le supprimer, et la prétention de l'évhémérisme, de reconnaître derrière les figures mythologiques des personnages réels que l'imagination populaire aurait transformés en dieux, est vaine, toutes les fois qu'elle s'applique à une époque primitive. Ce ne sont pas des hommes divinisés qui se trouvent sur le seuil de l'histoire : ce sont des dieux transformés en hommes. Reconstituer les premiers temps d'un peuple de l'antiquité à l'aide de ses légendes, c'est prêter le sens historique à une époque où l'homme, encore ébloui et troublé du spectacle de la nature, commençait à peine à s'en distinguer. Considérons donc le récit qui nous occupe comme un mythe, et essayons de restituer la première forme qu'il avait eue à Rome.

(1) Lactance, I, 20, 36. Servius, VIII, 190.

Une circonstance frappe tous les yeux : c'est la présence d'un héros grec dans un mythe latin. Ce demi-dieu, fils de Jupiter, gagnant l'immortalité par ses exploits, est à sa place dans la mythologie hellénique : c'est une figure étrangère à la religion latine. Il ne paraît pas que l'Italie ait jamais eu de héros dans le sens grec du mot ; l'esprit à la fois net et abstrait du Romain ne lui a pas permis de créer des êtres intermédiaires entre les dieux et les hommes. Sans doute, il connaît des génies d'un ordre plus ou moins relevé, qui président aux actions humaines et interviennent dans la vie ; il sacrifie aux Mânes de ses ancêtres qui, après leur mort, ont pris place parmi les dieux : mais des demi-dieux comme Thésée, Persée, Héraclès, tenant à la fois du ciel et de la terre, on n'en voit pas dans la mythologie latine. La transformation de Romulus en dieu Quirinus est une tentative tardive et mal réussie, que Rome ne renouvela pas, jusqu'au temps où elle fit de César mort un demi-dieu.

Hercule ne peut donc pas être le dieu qu'on adorait à l'*ara maxima*, qui triomphait de Cacus suivant le cérémonial consacré, et que célébraient les chants des frères Saliens. Le héros grec a usurpé la place d'une ancienne divinité latine dont nous connaîtrons bientôt le nom. Mais, avant de poursuivre cette recherche, qu'on nous permette de nous arrêter un instant pour prévenir une objection qu'on ne manquerait pas de nous faire.

En disant qu'Héraclès est une importation hellénique,

nous ne prétendons pas qu'il n'y ait pas eu une divinité romaine du nom d'Hercule. Mais l'Hercule du Latium et de la Sabine est un dieu champêtre, un génie domestique veillant sur l'enclos et la maison. Par sa nature et son rôle, il se rapproche du dieu Terminus et de la déesse Horta, et plus encore des dieux Pénates. On l'invoque parmi les *Semones*, c'est-à-dire les génies, à côté de Cérès, de Palès, de Flora; il porte les surnoms de *Rusticus*, de *Domesticus*, de *Genialis*, d'*Agrestis* (1); sur son autel, qu'il partage avec Silvanus, on offre les prémices des champs, du troupeau et de la vigne. C'est de cet Hercule et non de l'Héraclès grec que parle sans doute Denys d'Halicarnasse, quand il dit qu'il est adoré dans toute l'Italie, et que partout on y rencontre ses autels et ses temples (2).

Il suffit de mettre l'un à côté de l'autre les noms d'Ἡρακλῆς et d'*Hercules* pour voir qu'ils ne sont point parents. Le nom grec, quelle que soit d'ailleurs sa signification, est un mot composé comme Ἀριστοκλῆς ou Ἐτεοκλῆς. Au contraire, le nom latin est un mot simple, et probablement un diminutif. La forme la plus ancienne, conservée par Cicéron, paraît avoir été *Herculus* (3), qu'on

---

(1) Orelli, *Inscript. lat.*, 1538. Table votive d'Agnone. Mommsen, *Inscript. regni Neapolit.*, 4195, 5757. Ritschl, *Monumenta epigraphica tria*, p. 15. Zoëga, *Bassi Rilievi*, II, p. 115. Macrobe, III, 11, 10.

(2) I, 40.

(3) Cic., *Academ.*, I, 2, 34. L'interjection *Hercule, Hercle!* est sans doute un vocatif. Les vases étrusques portent ordinairement la forme *Hercle* (vocatif). On trouve sur les monuments *Herclus* (Mommsen, *Unteritalische Dialecte*, p. 262). Quelle que soit d'ailleurs la terminaison de ce mot, il est

peut rapprocher des anciens noms mythologiques comme *Romulus*, *Faustulus*, *Cœculus*. La racine du nom est le verbe *hercere, herciscere*, qui veut dire *enclore, séparer*, et qui est fréquemment employé dans la langue du droit pour désigner le partage d'une propriété, d'un héritage : *familia herciscunda*. Le participe *herctum* désigne le bien-fonds composant le patrimoine. Hercule paraît avoir été le dieu veillant sur l'enclos, le génie protecteur de la maison.

Hercules et *Héraclès* ne sont donc pas deux formes du même nom, deux dieux frères, comme Ζεύς et Jupiter, comme Ζάν et Janus. Ce sont deux divinités originairement distinctes, qu'une ressemblance fortuite de son a fait confondre, comme il est arrivé pour Περσεφόνη et Proserpine, pour Σεμέλη et Stimula, pour Moneta et Mnémosyne. Dans cet amalgame, l'Hercule latin a perdu son véritable caractère, et le génie domestique a disparu derrière le héros vainqueur de brigands et de monstres.

Cette confusion de noms appartient du reste à une époque plus ancienne que la plupart des substitutions du même genre : le double voisinage de l'Étrurie et de la Grande-Grèce introduisit de bonne heure le héros grec chez les peuples de race latine. Les Étrusques voyaient probablement dans Héraclès, père de Tyrrhénos, une

---

impossible qu'il soit l'équivalent du grec Héraclès ; autrement, le nom latin devrait commencer par un *s*. C'est à ce signe qu'on reconnaît les mots primitivement identiques comme *septem*, ἑπτά ; *sex*, ἕξ ; *sequor*, ἕπομαι ; *serpere*, ἕρπειν.

sorte de dieu national; aucune autre divinité n'est plus souvent figurée sur leurs vases ou leurs miroirs. Du côté opposé, Cumes était le centre d'un culte d'Héraclès; le héros grec y avait construit une digue, fondé des villes, combattu des géants. Ce qui acheva de répandre la légende de ce dieu chez tous les peuples riverains de la Méditerranée, c'est que les Phéniciens avaient cru reconnaître en lui un dieu de leur religion : ils l'apportèrent en Ligurie, en Sardaigne, dans la Gaule. La nature même des récits qui se rattachaient à ce fils aimé de Jupiter, injustement persécuté, parcourant la terre et la délivrant des fléaux qui la désolent, emporté quelquefois par la fougue des passions, mais personnifiant le courage, la force et la générosité, devait frapper l'imagination populaire et faire accueillir partout son nom. C'est entre la soumission de l'Étrurie et la guerre contre Pyrrhus qu'il faut placer l'introduction du culte d'Héraclès à Rome; il en est fait mention pour la première fois à propos d'un lectisternium offert l'an 335 de la ville à six divinités grecques, sur l'ordre des livres sibyllins, qui eux-mêmes venaient de Cumes (1). Le héros grec prit sans doute possession vers le même temps du culte célébré à l'*ara maxima*; la victoire qu'on y fêtait semblait lui revenir de droit.

Mais si Héraclès est un emprunt tardif fait à la Grèce, et si Hercule est un génie champêtre et domestique étran-

---

(1) Tite-Live, V, 13.

ger aux combats, quel est le dieu guerrier dont l'*ara maxima* voyait tous les dix jours se renouveler le sacrifice, et dont le culte tient une si grande place dans la religion romaine? Nous allons essayer de démontrer que ce dieu est Jupiter, adoré tantôt sous le nom de *Sancus*, tantôt avec le surnom de *Recaranus*.

Les anciens s'étaient déjà inquiétés de connaître le dieu qui avait d'abord été en possession de l'autel. Varron se doutait bien qu'un culte aussi antique ne pouvait appartenir à un dieu étranger : il pensa qu'Héraclès avait été substitué à Mars (1). Ce qui causa son erreur, que les pontifes romains paraissent avoir partagée, c'est la présence des prêtres Saliens aux sacrifices de l'*ara maxima*, et l'idée déjà générale, au temps de Varron, que Mars était un dieu guerrier. Le nom que cherchait Varron, le peuple le prononçait tous les jours devant lui, et luimême, comme nous le verrons tout à l'heure, nous le donne dans son ouvrage sur la langue latine. Ce nom, à vrai dire, n'était un mystère pour personne : il est donné par une quantité d'écrivains. Voici comment Properce termine son récit de la lutte d'Hercule et de Cacus (IV, 9, 74) :

Nunc quoniam manibus purgatum sanxerat orbem
Sic Sancum Tatii composuere Cures.

A Cures, on appelait donc *Sancus* le dieu vainqueur du brigand. Festus dit de son côté (2) : « Le sacrifice appelé

---

(1) Macrobe, *Sat.*, III, 12. Servius, *Énéide*, VIII, 275.
(2) Au mot *Propter viam*, p. 229, édit. Müller.

propter viam, c'est-à-dire pour se mettre en route, s'adresse à Hercule ou à Sancus, car c'est le même dieu. » Varron enfin (1) dit expressément qu'Hercule se nomme *Sancus* en sabin.

Pourquoi Sancus est-il spécialement attribué aux Sabins? Sans doute les Sabins ont conservé l'ancien nom du dieu italien; mais il s'en faut que les Romains l'aient complétement oublié. Sancus a un temple au Quirinal, un autre dans l'île du Tibre; il y a à Rome la *porte Sancalis*, et une sorte d'oiseau de proie, assez semblable à l'aigle, s'appelle *avis Sancalis;* des monuments extrêmement nombreux ont été trouvés sur le sol de Rome même, portant le nom de *Semo Sancus* (2). La distinction entre Romains et Sabins est d'ailleurs illusoire : les deux peuples avaient la même origine, la même langue, les mêmes croyances. Mais ce qui put décider les auteurs que nous venons de citer, à attribuer aux Sabins un culte commun aux deux peuples, c'est que les Sabins avaient imaginé de faire de *Sancus* leur premier père et leur premier roi.

Le nom de Sancus (3) se présente d'ordinaire, sur les inscriptions comme chez les écrivains, accompagné des surnoms : *Semo, Dius Fidius*.

---

(1) *De Lingua lat.*, V, 66. Cf. Ritschl, *Titulus Mummianus*, p. xl. Lactance, I, 15, 8.

(2) Preller, *Römische Mythologie*, p. 637. Mommsen, *Inscript. neapolit.*, 6770. Orelli, *Inscript. lat.*, 1860, 1861.

(3) Le mot *Sancus* renferme la même racine *sac*, *sag*, qui a formé *sacer*, *sancire*, *sanctus*, *sagmen* (l'herbe sacrée qu'on tient à la main en prêtant serment).

Quærebam Nonas Sanco Fidione referrem,
  An tibi, Semo pater; quum mihi Sancus ait :
« Cuicunque ex illis dederis, ego munus habebo.
  Nomina trina fero : sic voluere Cures. »
                          (OVIDE, *Fastes*, VI, 214.)

Le mot *Semo* s'explique de lui-même : il désigne un dieu présidant à la fécondité de la nature. Quant à *Dius Fidius*, les anciens avaient déjà reconnu en lui le Ζεὺς πίστιος de la Grèce, protecteur des contrats et de la foi jurée (1). Sancus représente donc à la fois une force physique et une idée morale; il est l'un des principes féconds de la nature (*semo*), l'auteur de la lumière (*Dius*) et le gardien de la bonne foi (*Fidius*). Pour nous expliquer ce triple caractère, il faut faire un pas de plus dans la connaissance de ce dieu. Jean le Lydien (2) nous apprend que *sancus* signifie en sabin le ciel : le mot *Dius* pouvait déjà nous le faire supposer. Sur les tables eugubines, *Sancus* est un surnom de Jupiter. Tous ces faits nous amènent à penser que c'est Jupiter qui était adoré à l'*ara maxima* sous le nom de *Sancus*. Ainsi s'expliquent l'ancienneté des cérémonies, la défense de prononcer dans les prières le nom d'aucun autre dieu, la sainteté et le nom même de l'autel. Voilà pourquoi, de même qu'on gardait à ciel ouvert dans le temple de Sancus les traités avec les peuples étrangers (3), de même qu'il était défendu d'invoquer Dius

---

(1) Denys d'Hal., IV, 58. Comparez Festus, au mot *Præbia*. « In æde Sanci, qui Deus Fidius vocatur. »
(2) *Des Mois*, IV, 58.
(3) Varron, *de Lingua latina*, V, 66. Plut., *Questions rom.*, 28. Denys d'Halic., IV, 58.

Fidius sous le toit d'une maison, on allait jurer, la tête nue, devant l'*ara maxima* les engagements inviolables. Voilà pourquoi, de même que ni les femmes ni les enfants ne devaient prononcer le nom de *Dius Fidius*, il était défendu aux femmes et aux enfants d'approcher de l'autel Maxime (1). Voilà pourquoi enfin le triomphe, qui est une cérémonie consacrée à Jupiter, se trouve mêlé au culte célébré à cet autel, et pourquoi le temple de *Jupiter Inventor* est placé au lieu où les bœufs ont été reconquis sur le monstre.

Avant d'aller plus loin et d'examiner l'autre surnom sous lequel Jupiter était adoré, il faut nous expliquer sur cette quantité de noms se rapportant à un seul être. Nous venons de voir différentes divinités qui ne sont au fond que des attributs détachés d'un même dieu. La plupart des divinités se sont formées ainsi : à mesure qu'on remonte vers les origines des cultes ariens, on voit se réduire le nombre des divinités primitives. De même qu'au berceau des idiomes les plus riches, nous rencontrons un groupe peu nombreux de racines qui donnent naissance à la langue, les mythologies les plus exubérantes peuvent être ramenées d'une façon régulière à quelques conceptions mères de toutes les autres. Il y a des dieux secondaires, comme des mots dérivés : tantôt un dieu se dédouble, comme Jupiter et Janus, tantôt un de ses surnoms prend une existence indépendante, tan-

---

(1) Denys d'Halic., IV, 58; IX, 60.

tôt l'idée morale, prenant le dessus sur le côté physique, renouvelle l'aspect d'un dieu, comme on l'observe dans Dius Fidius. L'esprit de l'homme suit les mêmes lois que la nature qui, après avoir créé un petit nombre de types, les reproduit toujours en les modifiant à l'infini.

Voyons à présent l'autre surnom sous lequel Jupiter était invoqué à l'*ara maxima*. Cette recherche va nous fournir un nouvel exemple d'une épithète qui prend vie en se séparant du dieu auquel elle appartient, et qui s'introduit, comme un être nouveau, dans la mythologie et même dans l'histoire. Aurélius Victor, exposant les origines de Rome, raconte, ainsi que beaucoup d'autres l'avaient fait avant lui, l'épisode de Cacus; mais il nomme, comme vainqueur du brigand, un certain Récaranus, grec d'origine, berger d'une taille gigantesque, que sa belle stature et la supériorité de son courage avaient fait appeler Hercule. Il a soin d'ajouter qu'il emprunte ce nom à l'ancien annaliste Cassius Hemina. Un écrivain du temps d'Auguste, Verrius Flaccus, qui avait fait une étude particulière des antiquités latines, dit de son côté (1) que le vainqueur de Cacus était un berger nommé Garanus, qu'on appela Hercule, parce qu'on donnait anciennement ce nom à tous les hommes d'une force extraordinaire. L'intention des deux écrivains n'est pas douteuse : ils

---

(1) Servius, *Æn.*, VIII, 203. Le passage en question n'est pas de Servius, quoiqu'il se trouve dans les éditions imprimées de ce commentateur : il est tiré d'un manuscrit de Virgile (fonds latin, n° 9344) fort ancien, couvert de gloses marginales.

empruntent le nom Récaranus, Garanus (1), à la tradition populaire, et ils le substituent à celui d'Hercule, croyant rétablir le fait historique qui avait donné lieu à la légende. Ils nous ont conservé, dans ces deux passages, l'ancien surnom de Jupiter.

La racine renfermée dans *Recaranus* est vraisemblablement la même dont est formé le mot *cerus*, que Festus (2) explique par *creator*, et qui se trouve dans le chant salien appliqué à Janus (3) : *Duonus cerus es, duonus Janus*. Une autre expression ayant le même sens est *cerus manus*, le dieu bon. Nous rencontrons encore le même mot sur une coupe conservée au Musée Grégorien à Rome (4) : CERI POCOLOM, et sur l'inscription d'Agnone, où le mot osque correspondant à *cerus* est associé à différentes divinités rustiques.

L'explication donnée par Festus est juste : le mot *cerus* veut dire *créateur ;* il correspond à *creare*, comme *genius* à *gignere* et *semo* à *serere*. Le nom de *Cérès*, le génie présidant aux moissons, et le mot *cerimonia*, formé comme *sanctimonia* et *castimonia*, sont de la même famille. Cette racine était déjà employée dans la langue re-

---

(1) La différence entre les deux noms est légère; beaucoup de mots s'écrivent indifféremment par un *c* ou par un *g* : *Caius* et *Gaius*, *Gnæus* et *Cnæus*, *Cermalus* et *Germalus*, *tricesimus* et *trigesimus*, etc. On sait que la lettre *g* a été introduite fort tard en latin, et que les plus anciennes inscriptions portent *Carthacinienses, pucnarunt*, etc. Voy. M. Egger, *Reliquiæ vetustioris linguæ latinæ*.
(2) Festus, p. 122.
(3) Varron, *De lingua latina*, VI, 3.
(4) Ritschl, *De fictilibus litteratis Latinorum antiquissimis*. p. 17.

ligieuse avant la séparation des Italiotes et des Hellènes, comme le montrent les κῆρες d'Homère et d'Hésiode, qui, contrairement au *Cerus Manus* des Latins, et par un renversement d'idées fréquent dans toutes les mythologies, sont des puissances fatales, présidant à la destruction et à la mort, κῆρες θανάτοιο. L'un et l'autre mot sont formés de la racine *kar*, qui signifie *créer, faire*, et qui a donné au grec le verbe κραίνειν et le nom du dieu créateur, Κρόνος (1). Le nom de Jupiter Recaranus peut se traduire par *Jupiter Recuperator*.

Nous avons essayé de restituer les deux surnoms du dieu de l'*ara maxima* : Sancus et Recaranus. La confusion que ces deux synonymes ont dû amener le jour où l'on n'en comprit plus le sens et où ils semblèrent désigner des êtres différents, ne fut sans doute pas étrangère à l'adoption du héros grec, qui, en prenant possession du culte, semblait mettre fin à toutes les difficultés et rentrer dans son héritage légitime (2).

Nous passons maintenant au second personnage de la légende, Cacus. Lui aussi n'a plus son vrai nom; mais la forme *Cacus* devait d'autant mieux satisfaire les hellénistes de Rome qu'elle rappelait l'Héraclès ἀλεξίκακος, et qu'elle formait une antithèse, parfaite en apparence, avec Évandre, dont le nom désigne l'homme pieux et bon. Ce qui aurait dû faire hésiter cependant sur le sens de ce

---

(1) Dans les védas, *Krânan*, dieu créateur. Voy. Benfey, *Orient und Occident*, 1, p. 575 n.
(2) Voy. Hartung, *die Religion der Rœmer*, II, p. 24.

nom, c'est que la sœur de Câcus, qui s'appelait Câca, passait pour une divinité bienfaisante ; la syllabe longue de *Câcus*, comparée à l'*a* bref de κακός, faisait une autre difficulté ; ce nom même n'était pas si bien établi dans l'usage que quelques écrivains n'eussent adopté une autre appellation : Denys d'Halicarnasse et Diodore écrivent Κακιος. Si nous rapprochons de ces indices cette circonstance que Préneste, qui avait en commun avec Rome un grand nombre de traditions fabuleuses (1), compte parmi ses personnages mythologiques un Cæculus, fils de Vulcain, brigand qui vomissait des flammes, nous serons conduits à cette hypothèse, déjà émise par Hartung (2), que le nom primitif a dû être *Cæcius* et mieux *Cœcius* (3). Nous verrons plus tard cette conjecture justifiée par la comparaison d'un nom grec qui répond, pour la forme comme pour le fond, au latin Cœcius.

Sancus (ou Jupiter Recaranus) et Cœcius, voilà les deux termes du mythe latin. La suite de ce travail confirmera une hypothèse pour laquelle nous n'avons consulté jusqu'à présent que les textes classiques. Contentons-nous, pour le moment, de résumer les principaux caractères de la légende latine. Habitué à tout rapporter au sol natal, et à

(1) Serv., *Æn.*, VII, 678.
(2) Ouvr. cité, I, p. 319.
(3) Pour le changement de l'*œ* en *a*, comp. *Sæturnus* et *Saturnus*. Ritschl, *De fictilibus litteratis Latinorum antiquissimis*, p. 8.
Nous croyons retrouver la forme *Cœcius* dans un passage très-corrompu de Festus (p. 266) : *Quorum subjecti qui fuerint Cœximparum viri... imperio*. Il ne serait pas impossible que la forme insolite *Cœcius* eût dérouté les copistes et amené la corruption du texte. Peut-être faut-il lire : *Quorum subjecti qui fuerint Cœci improbi viri... Imperio*.

confondre l'histoire de sa ville avec celle de ses dieux, le Romain a placé la scène du mythe, non-seulement sur la terre, mais sur l'emplacement même de Rome. Dans la victoire du dieu, il voit une victoire nationale et fait triompher Jupiter comme un consul. L'esprit latin est d'ailleurs trop sérieux pour développer longuement un récit fabuleux : la légende se borne à quelques circonstances essentielles, rejette les personnages inutiles et réduit le merveilleux à un petit nombre de traits nets et sobres. Plus religieux que poétique, le Romain entrevoit le côté moral du mythe : il reconnait dans la victoire du dieu le triomphe de la justice, et dans l'autel qui la rappelle une sauvegarde pour l'homme fidèle à la foi jurée.

V. — LA FABLE GRECQUE. HÉRACLÈS ET GÉRYON.

On pourrait croire que l'histoire d'Hercule et de Cacus, unie d'une façon si intime aux origines de Rome, ne remonte pas plus haut que cette ville. Il n'en est rien : l'homme éprouve le besoin de rapprocher de lui les traditions qui lui sont transmises par ses pères, et il transplante sur la terre où il se trouve les légendes qu'il y a apportées. Les récits fabuleux dont la scène est placée au loin sont à l'ordinaire des emprunts de date relativement récente : au contraire, ceux qui semblent enracinés dans le sol se retrouvent sur toutes les stations que la race a parcourues, et ont autant de lieux d'adoption différents qu'il y a eu d'étapes depuis le point de départ. On a constaté que les peuples portent leur géographie avec eux, et que les mêmes noms de fleuves et de montagnes se retrouvent à des distances considérables : il en est de même des légendes qu'on appelle locales. L'histoire de Romulus exposé par ses parents, nourri par un dieu, recueilli par des étrangers, reprenant les armes à la main le trône qui lui a été pris injustement, était attribuée en Perse à Cyrus, au temps de Xénophon, et plus tard, du temps de Firdousi, à Keï Khosrou (1); on la raconte encore aujourd'hui dans l'Inde, ainsi que dans toutes les contrées où le bouddhisme a répandu les traditions indiennes, du roi Chandragupta, le fondateur de la dynastie des Mauryas (2). Il en est de même du mythe qui nous occupe : il fait partie du patrimoine religieux de la race arienne, et il appartient à la Grèce, où nous allons le suivre, au même titre qu'à l'Italie.

Quand on passe de la mythologie romaine à celle de la Grèce, on sent qu'on pénètre dans un monde nouveau. A la précision un peu sèche de l'esprit latin succèdent l'éclat et la richesse, aux traditions pieusement conservées les inventions poétiques : la même imagination qui a fourni à la Grèce la matière de deux épopées, a créé une profusion de récits fabuleux qui font de la religion hellénique le spectacle le plus brillant et le plus

---

(1) *Schâh-Namèh*, éd. Mohl, II, p. 419.
(2) Köppen, *die Religion des Buddha*, p. 161. Turnour, *Epitome of the history of Ceylan*, LXXVI.

varié. Si le nom de mythologie ne doit être donné qu'à un ensemble de conceptions écloses spontanément et librement transformées, à un monde surnaturel organisé comme la terre, non moins peuplé et non moins agissant, on peut dire que les Grecs, les Indous et les Scandinaves sont les seuls peuples ariens qui aient une mythologie. Le premier caractère qui distingue les Hellènes des Romains, c'est la fécondité : la fable de Cacus qui, sur le sol latin, reste isolée et comme sans rejetons, devient chez les Grecs la souche d'une quantité de mythes qui semblent naître les uns des autres, s'enlacent, se croisent et se renouvellent en se multipliant. Chaque contrée de la Grèce et de l'Asie Mineure représente à sa façon le combat du dieu contre le monstre : mais toutes les légendes, malgré leur diversité, ont conservé un air de famille.

Non-seulement l'idée première, en se fécondant, s'est répandue dans un grand nombre de mythes, mais elle se présente à nous à ses différents degrés de développement. Nous trouvons d'abord que le combat soutenu par le seul Jupiter chez les Latins se renouvelle en Grèce pour chacune des divinités qui personnifient la lumière. Zeus qui en secouant l'égide, c'est-à-dire les nuages, fait gronder le tonnerre, et que la foudre, son épée, a fait surnommer Chrysaor (1), lutte contre Typhon, le fils de l'atmosphère (Héra). Le monstre dresse

---

(1) Preller, *Mythologie grecque*, I, p. 78 et 91, note. Welcker, *la Trilogie de Prométhée*, p. 153.

en vain ses cent têtes de dragon qui font entendre tantôt le mugissement du lion, tantôt les aboiements des chiens, tantôt des sifflements sinistres : Zeus le frappe de la foudre et le précipite dans le Tartare (1). A côté de Jupiter, la divinité qui règne sur les espaces lumineux, c'est Apollon (Λύκειος, Λυκηγενής). La poésie et les arts ont célébré à l'envi son double combat contre le géant Tityos qui avait osé porter une main impure sur sa mère Latone, et contre le serpent Python qui, du fond de la vallée de Delphes, s'avançait en dévastant les campagnes, desséchant les rivières et faisant périr les hommes et les troupeaux (2). De leur côté, les deux déesses qui représentent, l'une la pureté d'un ciel serein, l'autre la clarté de la lune, Athéné et Artémis, ne restent pas étrangères à ces luttes : elles assistent les dieux ou les héros aux prises avec les puissances infernales. Enfin l'imagination grecque, non contente de ces combats isolés, a réuni dans une mêlée générale les dieux armés contre les Titans. Si ce dernier épisode s'est compliqué d'éléments étrangers à la conception primitive, s'il a reçu des développements qui appartiennent plutôt à la réflexion philosophique qu'à la mythologie, il n'en est pas moins sorti du même fonds d'idées, et nous montre, dans un cadre plus imposant, la même guerre entre deux forces ennemies.

---

(1) Hésiode, *Théog.*, v. 820. Pindare, *Olymp.*, IV, 6; *Pyth.*, I, 21. Eschyle, *Prom.*, 353.

(2) *Odyssée*, VII, 324. Pind., *Pyth.*, IV, 46. Lenormant et de Witte, *Élite céramographique*, t. II, planches LV-LVIII.

Mais le mythe a fait un pas de plus : les Grecs, obéissant au désir naturel chez l'homme de se retracer ses origines, et voulant faire revivre dans leur mémoire un temps dont le souvenir s'était évanoui, ont emprunté à leurs dieux une partie de leurs exploits, et les ont attribués aux héros. Pour se donner des aïeux, ils n'eurent pas besoin, comme les Romains, de faire descendre leurs divinités sur la terre : leur imagination était assez riche pour tirer des figures nouvelles des types déjà créés, et pour placer à mi-chemin entre la terre et le ciel des êtres merveilleux, formés comme à souhait pour l'épopée et le théâtre, et dont la poésie devait s'emparer d'autant plus aisément qu'ils semblaient appartenir à l'histoire, quoiqu'ils fussent le pur produit de la fantaisie. Héraclès, Bellérophon, Persée, Cadmus, sont de véritables dieux de seconde formation, renouvelant parmi les hommes les hauts faits que les divinités dont ils sont sortis accomplissent dans les espaces célestes. Il ne faut pas chercher des traditions historiques ou le souvenir de phénomènes locaux dans l'épisode de la Gorgone, de la Chimère ou du dragon de Béotie ; la ressemblance même de ces récits atteste leur origine commune. C'est l'antique combat de Zeus qui recommence sur la terre, et que chaque peuplade de la Grèce transforme à son gré, en en faisant honneur à son héros de prédilection.

Nulle part cette identité ne paraît mieux que dans l'histoire d'Héraclès. Ce fils de Jupiter, entre les mains duquel la massue remplace la foudre, semble avoir été, de préférence à tous les autres héros, l'héritier de Zeus. Non-seulement il renouvelle ses exploits, mais il occupe exactement dans l'Olympe la même place que Jupiter. De même que dans sa lutte contre les Titans Zeus est secouru par Athéné, Héraclès est partout suivi par la déesse qui l'encourage au combat et lui sourit après la victoire. De même encore que Zeus est sans cesse en guerre avec Héra, qu'il va jusqu'à fouetter dans sa colère et jusqu'à suspendre dans le ciel les mains enchaînées, les pieds retenus par deux enclumes (1), Héraclès doit lutter toute sa vie contre la colère de la puissante Héra. C'est elle qui suscite contre lui des monstres, de même que par colère contre Zeus elle a enfanté Typhon, en s'unissant aux puissances de l'enfer (2). Lorsque le héros sort vainqueur d'une de ses épreuves, il semble que Zeus, que l'Olympe entier, aient vaincu avec lui : tous les dieux viennent à sa rencontre et célèbrent son triomphe.

Ce qui donne à la vie d'Héraclès un caractère à part, c'est le nombre considérable de ses combats : tandis que Zeus, Apollon, ne remportent qu'une victoire, la vie du fils d'Alcmène est une suite interminable de hauts faits. Mais toute la Grèce paraît avoir adopté Héraclès comme un de ses types favoris, et chaque contrée a fourni un épisode à son histoire. A une époque où les Grecs commencèrent à ordonner leur mythologie en système et à y voir des allégories, ses *travaux* furent classés savamment,

---

(1) *Iliade*, I, 586, XV, 18.
(2) *Iliade*, I, 396, XIV, 270.

et arbitrairement réduits à dix ou douze. En les comparant entre eux, on reconnaît que la plupart de ces exploits sont conformes à un modèle unique; que l'hydre de Lerne, le lion de Némée, Cerbère, Géryon et tant d'autres monstres ou géants sont des figures différentes d'un même être fabuleux, et que c'est le même combat qu'Héraclès livre toute sa vie.

Entre tous les faits de la vie du héros, nous choisissons l'histoire de Géryon, où les contours de la donnée première et la signification primitive du mythe ressortent le plus clairement. Géryon, fils de Chrysaor et de Kallirhoé, possède de riches troupeaux de bœufs et de vaches, de nature fabuleuse, comme l'indique la couleur de pourpre de leur peau (1). Sa demeure est placée au loin, près de l'Océan, dans l'île d'Érythie, que baignent les fleuves Anthémoéis et Aoos (2). Si l'on rapproche de l'histoire de Géryon celle du géant Alcyonée, qui enleva de cette même île d'Érythie les bœufs du Soleil, et qui fut également tué par Héraclès, et si l'on fait attention au secours qu'Apollon prête au héros dans l'épisode qui nous oc-

---

(1) Φοινικᾶς βόας, Apollodore II, 5, 10. Les vases grecs, qui sont souvent plus fidèles que les mythographes, n'ont pas manqué d'exprimer cette circonstance. Voy. Gerhard, *Vases grecs*, CV, CVI.

(2) C'est à une époque où l'on voulut reconnaître dans les travaux d'Héraclès l'image de la révolution annuelle du soleil, qu'on plaça le séjour de Géryon le plus loin qu'on put au couchant. Suivant d'autres traditions, Géryon était roi de la contrée située entre Argos, Amphilochium et Ambracie (Hécatée, fr. 343). On montrait ses ossements et son trône en Lydie ainsi qu'à Olympie. Il était honoré comme héros en Sicile et en Épire (Gerhard, *Vases grecs*, t. II, p. 70). Strabon prend même le soin de dire que Géryon n'était pas adoré à la pointe méridionale de l'Espagne, et que c'est là une invention d'Éphore (III, 1).

cupe, on est amené à supposer que les bœufs de Géryon ont été ravis par lui à Hélios (1). Il les fait garder par le berger Eurytion et par le chien à deux têtes Orthros; lui-même est appelé τρισώματος et τρικάρηνος, et il est représenté d'une taille gigantesque, ailé et armé de toutes pièces. Pour aborder dans son île, Héraclès emprunte au Soleil la coupe d'or sur laquelle le dieu accomplit son voyage; il arrive et passe la nuit sur la montagne Abas. Le chien du géant remarque sa présence et se précipite sur lui : mais il est tué. Le berger Eurytion accourt et tombe à son tour. Déjà le héros emmène les troupeaux, quand Géryon vient les lui disputer : il succombe dans la lutte sous les flèches du demi-dieu qui embarque avec lui le troupeau, prix de sa victoire. Une tradition ajoute qu'il fut suivi par Érythie, fille de Géryon (2).

Les vases grecs, qui forment à la mythologie un poétique et fidèle commentaire, ont souvent représenté l'épisode de Géryon : ils nous montrent Héraclès endormi dans la coupe qui le conduit vers Érythie, ou bien aux prises avec le monstre. Un vase grec (3) peint Géryon sous la figure de trois guerriers, dont le premier, déjà frappé, est renversé à terre; le second, blessé à mort, va tomber, tandis que le dernier résiste encore au demi-dieu. Athéné est debout auprès d'Hercule; aux deux

---

(1) Apollodore, I, 6, 1.
(2) Welker, *Sylloge epigr.*, 203.
(3) Voy. de Witte, *Hercule et Géryon. Bulletin de l'Académie royale de Bruxelles*, t. VIII.

côtés sont placés la nymphe Érythie et les bœufs que le héros va conquérir.

Ce n'est pas encore le moment d'expliquer les noms qui paraissent dans ce mythe : ils sont si transparents, ils indiquent si clairement qu'il est question d'un combat livré dans les airs entre des forces de la nature, lutte dont le prix est l'abondance et la fécondité, que le scholiaste d'Hésiode a pu deviner le véritable sens du récit et en essayer l'interprétation. Remarquons seulement comment l'imagination de la Grèce a su conserver au mythe son aspect merveilleux, quoiqu'elle eût cessé d'en comprendre le sens : le vague où est laissé le lieu de l'action, les circonstances fabuleuses dont elle est entourée, contrastent avec la sécheresse et la précision topographique du récit latin, qui a laissé tomber tous les éléments mythiques dont la signification était perdue.

Nous venons de voir comment la même donnée a servi à l'histoire des dieux et à celle des héros. Là ne s'arrête pas le développement d'une conception qui, faisant partie de la mythologie grecque, a suivi toutes ses transformations et n'a cessé de se renouveler qu'au jour où la Grèce, prenant possession du monde réel, a laissé se tarir les sources de l'imagination religieuse. L'expédition des Argonautes à la recherche d'une toison fabuleuse, emblème de la richesse (1), nous montre ce que cette même conception, rendue de plus en plus terrestre et

---

(1) Preller, *Myth. grecque*, II, p. 211.

humaine, devient dans un temps où, avec le progrès de la navigation, commencent les expéditions guerrières et les aventures maritimes. On pourrait enfin signaler un dernier terme auquel la fable est arrivée, après que la vie intérieure s'en fut déjà retirée et qu'il n'en resta plus, pour ainsi dire, que l'enveloppe : si, comme nous le pensons, cette image aimée des poëtes et souvent figurée sur les monuments, d'un aigle enlevant et déchirant un serpent, n'est qu'un souvenir du combat de Jupiter contre son ennemi à forme de dragon, le mythe finit à peu près comme ces antiques croyances qui, après s'être éteintes dans l'esprit d'un peuple et effacées de sa mémoire, subsistent encore dans son langage sous la forme d'une métaphore.

De même que l'histoire de Jupiter Recaranus à Rome, la victoire des dieux et des héros avait donné naissance, chez les Grecs, à des cérémonies et à des fêtes. Les jeux, ces antiques institutions destinées à renouveler chez tous les peuples grecs le souvenir de leur descendance et de leurs traditions communes, se rattachent au mythe que nous étudions. Héraclès passait pour avoir fondé en l'honneur de Jupiter ceux d'Olympie et de Némée : ceux de Delphes étaient consacrés à Apollon Pythien. Les joutes qui s'y livraient rappelaient la victoire de la divinité protectrice, et la poésie ne manquait pas d'associer les exploits des combattants à ceux du dieu qui présidait à la fête. Non-seulement, à Delphes, la poésie, la musique, la danse, concouraient à glorifier le haut fait d'Apollon : tous les neuf ans, on y jouait une sorte de drame qui représentait aux yeux les principales circonstances du combat (1). On figurait d'abord la lutte et la fuite du serpent vers la vallée de Tempé ; puis on voyait Apollon, à la poursuite du monstre, s'élancer sur la route qui, au temps de Plutarque, portait encore le nom de *voie sacrée*. Mais il ne trouve point son ennemi, déjà mort et enseveli : il revient et l'on entonne alors le Péan, devenu le chant national de la Grèce, et qui avait retenti pour la première fois lors du triomphe du dieu (2) ; on se couvre de laurier, comme pour la première fois aussi l'avait fait Apollon, après avoir immolé le monstre. Ainsi, en Grèce comme dans le Latium, des cérémonies patriotiques, des usages populaires de la plus haute antiquité consacrent la même victoire, et chez les deux peuples les plus anciens souvenirs de poésie nous ramènent au même mythe.

Il nous reste à examiner si la signification morale que les Latins avaient reconnue à cette fable, dans laquelle ils voyaient le triomphe remporté par la justice sur l'iniquité, se retrouve aussi chez les Grecs. Plus curieux d'inventer des explications nouvelles que de s'en tenir au sens traditionnel, portés d'ailleurs à altérer la signification de leur mythologie en lui donnant une apparence de système, les Grecs ont laissé dans l'ombre ou ont dénaturé ce côté du mythe. Pour ne parler que de la lutte des Titans contre les dieux, cet épisode mon-

---

(1) Plutarque, *Questions grecques*, 12.
(2) Callimaque, *Hymne à Apollon*, 102.

tre bien le remaniement que l'esprit hellénique a fait subir à la religion, et la substitution d'idées nouvelles aux simples croyances d'une époque plus ancienne. En cherchant à composer une histoire de l'Olympe, les Grecs ont été amenés à faire des Titans les ancêtres de Jupiter, les dieux d'un âge antérieur, vaincus et jetés par lui dans le Tartare. Sans doute ils les dépeignent comme impies et malfaisants; mais cette guerre civile entre dieux, ce combat à outrance d'un fils contre son père, avait néanmoins quelque chose de choquant qui fit hésiter les plus nobles esprits de la Grèce. Pythagore, Xénophane, Héraclite, reprochent violemment à Homère et à Hésiode d'avoir calomnié les dieux; Pindare annonce qu'un jour Jupiter se réconciliera avec les Titans; enfin Eschyle prend parti pour l'un d'entre eux, s'indigne contre son supplice, et renversant hardiment les termes de la donnée, fait de la victoire de Jupiter le triomphe injuste et momentané de la violence : il viendra un jour où il sera défait à son tour s'il n'invoque l'aide de sa victime. Ainsi la réflexion, en s'exerçant sur un mythe déjà altéré et mêlé d'éléments étrangers, a fini par le dissoudre. Par une coïncidence remarquable, la Grèce inaugurait son libre génie en contredisant hautement, au nom de la justice, les conceptions des premiers âges, au moment même où elle refoulait vers l'Asie le peuple perse, dont la mythologie, sortie des mêmes sources que la sienne et conservant également la tradition d'une guerre que se livrent dans le ciel

deux puissances ennemies, ne put jamais s'élever au-dessus
du dualisme, dont l'idée de cette lutte avait été le point
de départ.

VI. — LA MYTHOLOGIE VÉDIQUE COMPARÉE A LA MYTHOLOGIE GRECQUE.

Nous allons quitter le sol de l'Italie et de la Grèce
pour nous transporter aux bords de l'Indus. C'est là que
nous trouverons, non loin de la terre où il a pris naissance, la forme la plus ancienne et l'explication du
mythe qui nous occupe : non pas que l'Inde ait des droits
particuliers à le revendiquer; il appartient au même titre
à tous les peuples de race arienne. Mais les Indous, les
fils aînés de cette famille, ont le plus fidèlement conservé
les traditions communes. Ils ont trouvé la terre où ils ont
fondé leur empire dans un temps où leurs frères étaient
encore engagés dans le lointain voyage qui devait les
conduire en Europe. Les chants qui ont charmé les
longues marches de ceux qui devaient un jour être les
Hellènes et les Italiotes se sont perdus dans les airs; le
souvenir même des pays d'où ils venaient s'est effacé de
leur esprit. Les Aryas de l'Inde, au contraire, à peine
arrivés aux rives du Gange, prirent soin de rassembler
et de fixer dans leur mémoire les prières qu'ils avaient
adressées à leurs dieux, les hymnes dont ils avaient salué
les spectacles de la nature, les chants guerriers qu'ils
avaient fait entendre dans les combats ; ainsi furent com-
mencés les védas. Il se forma une caste de prêtres dont la

principale charge fut de conserver, avec des précautions infinies, au milieu des races barbares indigènes de l'Inde, la langue et les premières poésies du peuple conquérant. A mesure que l'idiome se modifiait, que les coutumes changeaient, que la religion, sous l'influence des écoles philosophiques d'une part, de la superstition populaire de l'autre, devenait à la fois plus abstraite et plus désordonnée, les brahmanes redoublaient de vigilance pour préserver de toute atteinte ces chants qui, dès lors, furent regardés comme une révélation primitive. Des interprétations diverses, souvent faussées par l'esprit de système, s'accumulèrent autour des védas; mais le texte resta invariable, et il vint jusqu'à nous tel qu'il était il y a plus de trois mille ans.

Il arrive souvent que dans les védas nous rencontrons encore comme une simple métaphore l'image qui, en se fixant, est devenue une action mythique; d'autres fois, c'est un usage conservé dans l'Inde qui explique une donnée religieuse devenue inintelligible pour les Grecs et les Latins; le plus souvent les védas nous présentent le mythe déjà achevé, mais entouré d'un tel luxe de descriptions et répété sous tant de formes, qu'on en pénètre aisément l'origine : d'ailleurs la langue dans laquelle il est exposé lui sert en quelque sorte de commentaire. Les termes qui, en latin ou en grec, ne sont plus que des noms propres, sont noms communs dans l'idiome védique : replacés dans un milieu analogue à celui où ils ont pris naissance, ils recouvrent la transparence et la vie.

Le mythe dont nous recherchons l'origine offre dans ces chants antiques un intérêt particulier, en ce qu'il y paraît à ses divers degrés de développement : tandis que les hymnes les plus anciens nous le montrent à un point où le poète a encore conscience de sa signification, d'autres le présentent comme un événement fabuleux dont le sens leur échappe; les plus récents y font entrer des idées théologiques complétement étrangères à la donnée première. Mais avant de suivre les transformations que cette fable a subies dans l'Inde, il faut exposer rapidement les caractères principaux de la mythologie védique.

Quand on passe des interminables poëmes épiques de l'Inde aux védas, on sent que l'on quitte un idiome façonné à l'excès par le travail d'une longue suite de siècles, et que l'on aborde une époque où la langue, encore fraîche, a la séve et la verdeur de la jeunesse. On ne rencontre plus ces termes à sens convenu, rappelant les théories de l'école ou les subtilités d'une civilisation raffinée, ces composés énormes dont les différentes parties sont ingénieusement combinées pour former un tableau, ces phrases sans nerf où souvent le verbe manque et où tous les mots semblent juxtaposés sur le même plan. Mais en même temps que l'on voit la langue prendre une liberté d'allure et une franchise d'expression qu'elle a perdues dans les âges suivants, on remarque qu'elle se rapproche de plus en plus des idiomes de l'antiquité romaine ou hellénique; ce ne sont pas seulement les racines et les flexions grammaticales qu'elle emprunte au même fond que le grec et le latin, mais le tour d'esprit et l'aspect général du discours rappellent les vieux monuments de la littérature classique. Il en est de même et l'on éprouve une impression analogue, quand on compare les divers âges de la mythologie indienne. Les dieux dégénérés et monstrueux des derniers temps n'éveillent guère l'idée d'une parenté originaire avec les dieux de l'Italie ou de la Grèce; mais si, de ces productions déréglées de l'imagination indienne, nous remontons aux chants védiques, nous sommes transportés au milieu des conceptions nobles et simples, des idées tour à tour naïves, gracieuses ou sublimes qui font la beauté de la mythologie grecque. C'est donc aux védas qu'il faudra d'abord recourir quand nous voudrons constater à la fois l'identité de race des peuples ariens et l'affinité de leur génie.

Il y a une différence toutefois qu'il importe de signaler. C'est la même mythologie, il est vrai, qu'on trouve dans les védas et dans les plus anciens monuments de la poésie grecque : mais les dieux que les védas nous montrent au lendemain de leur naissance sont déjà arrivés chez Homère à leur pleine maturité. Nous sommes habitués à voir dans l'épopée grecque le tableau de la vie religieuse dans son enfance : il a fallu que les védas nous portassent à beaucoup de siècles en arrière pour nous faire comprendre quelle différence il y a entre la mythologie homérique, déjà réduite en système, et une religion en voie de se créer. L'Olympe, dans Homère, ressemble à une monarchie établie de longue date où chaque personnage a, par droit de naissance, son emploi, ses titres invariables et son rang dont il ne songe pas à se départir. Dans cette sorte de cour que les dieux tiennent autour de Jupiter, ils se sont dépouillés de leur caractère propre et de leur originalité native. Dieux des flots ou de l'atmosphère, de la lumière ou des tempêtes, ils ont oublié leur première patrie : nul trait bien accusé, je veux dire nul attribut physique, ne distingue Poséidon d'Apollon, ou Pallas de Thétis. Comme ces dignitaires des anciennes monarchies qui continuent à porter des titres depuis longtemps vides de sens, ils ont des surnoms dont ils semblent ignorer la valeur. S'ils exercent quelque puissance, ils la tirent uniquement de leur parenté plus ou moins étroite avec le roi, de la volonté ou de la faveur du dieu suprême.

On voit bien, il est vrai, percer par échappées leur nature primitive; mais c'est dans de rares occasions et par une réminiscence dont ils ont à peine conscience eux-mêmes. Quand Apollon lance ses flèches sur l'armée des Grecs, quand Poséidon ébranle les îles de son trident, ces dieux reviennent à leur rôle d'autrefois; mais ces actes qui constituaient leur essence, Homère les transforme en faits historiques dont il déduit les motifs et dont il indique l'occasion. Il faut des événements extraordinaires pour tirer les dieux de leur oisiveté habituelle. Comme dans une cour où les droits et les préséances sont trop bien réglés pour donner matière à contestation, les seules querelles qui divisent les dieux d'Homère ont trait à leurs protégés et à leurs créatures. Autrefois, les dieux ont lutté entre eux pour leur propre compte; réunis aujourd'hui sous le sceptre d'un maître reconnu et redouté de tous, ils ne peuvent plus donner jour à leurs sentiments qu'en prenant parti dans les affaires de la terre. L'ancienne mythologie est comme un passé lointain dont le souvenir s'efface : il fut un temps où les dieux ont aimé, ont souffert, ont librement agi et vécu à leur guise; mais, lassés et vieillis, ils se consument maintenant dans de stériles disputes, n'intervenant que rarement et avec l'agrément de Jupiter, ou bien à son insu, dans les intérêts humains qui sont l'unique objet de leurs pensées et la seule cause de leurs actes. Ne faut-il pas que de longs siècles se soient écoulés pour permettre aux dieux homériques de se dégager de la sorte du phénomène naturel où ils étaient enveloppés, et pour les désintéresser à ce point de leur nature première?

Il est aisé de voir que chez les Grecs, à l'époque dont nous parlons, la réflexion s'était déjà appliquée aux croyances religieuses. Une certaine chronologie avait été introduite, et plaçait les mythes, suivant l'ancienneté qu'on leur attribuait, sur des plans plus ou moins éloignés. Un effort avait été tenté pour rattacher tous les dieux entre eux par des liens généalogiques : on voit déjà ébauchée la théogonie d'Hésiode. On rencontre des identifications naïves comme celle-ci : Briarée est le même personnage qu'Ægæon (1); il porte l'un de ces noms chez les dieux,

---

(1) *Il.*, I, v. 403.

l'autre est celui que lui donnent les hommes. Les dieux sont classés; une division de l'univers en trois parties a fait imaginer le mythe de Jupiter partageant l'empire du monde avec Pluton et Neptune, ses frères et ses égaux ; toutes les autres divinités sont dans un rang inférieur. D'après une autre classification qui trahit des visées astronomiques, il y a douze grands dieux, six de chaque sexe. On a déjà cherché un emplacement sur la terre pour chaque mythe : suivant Homère, Vulcain, précipité du ciel, a été recueilli à Lemnos; Typhon, tué par Jupiter, a son tombeau chez les Arimes (1). Enfin, comme ces dieux qui se combattent et qui se limitent les uns les autres ne satisfont plus la réflexion naissante, il commence à être question d'une puissance supérieure à laquelle Jupiter même obéit, le Destin.

Rien de pareil dans les védas : au lieu d'une organisation régulière, on y trouve l'anarchie féconde d'une époque où tout est encore à créer. Les dieux n'ont ni demeure, ni généalogie, ni hiérarchie déterminées. Ils vivent dans la lumière ou dans l'atmosphère, poussent leurs chevaux à travers les airs pour goûter au sacrifice de l'homme, et s'en retournent vaquer, avec une nouvelle vigueur, au gouvernement des forces de la nature. Les dieux védiques n'ont pas d'histoire : le pouvoir qu'ils ont exercé, ils l'exercent encore; les combats qu'ils ont soutenus, ils les recommenceront sans fin. Certaines actions leur sont attribuées, mais elles n'appartiennent à aucun

(1) *Iliade*, I, 590; II, 782.

en particulier; tous puisent à un fonds commun de légendes qui passent incessamment d'une divinité à l'autre. Ils n'ont pas d'ancêtres; ils sont tous éternels, ou plutôt ils naissent chaque jour.

Quelquefois l'on nomme le père de l'un d'eux; mais rien n'est plus changeant que les généalogies védiques : tel dieu est le père dans un hymne, le frère ou le fils dans un autre. Point de mariage; il y a peu de déesses dans les védas, et leurs amours sont aussi changeants que les phénomènes du ciel qu'ils représentent. Quant à ces pâles divinités féminines qui n'ont pas même de nom qui leur soit propre, comme *Indrânî, Varunânî*, ce ne sont que des ombres. Point de suprématie reconnue, on dirait que la puissance du dieu est en raison du besoin de son adorateur. Il n'est divinité si modeste qui ne soit placée dans quelque hymne au premier rang. La forme même des dieux n'a rien de constant. Quoiqu'à certains moments ils soient décrits avec une précision poétique digne de la Grèce, la plupart ne paraissent vivre qu'aussi longtemps que le poëte leur adresse la parole; un instant après, leur figure s'évanouit pour faire place au phénomène qu'ils personnifient. *Indra* paraît comme un guerrier sur son char, armé de sa massue, prêt à fondre sur ses ennemis : un peu plus loin il est le ciel qui brille sur nos têtes. *Agni* est dépeint comme le messager qui va chercher les dieux et les conduit dans la demeure des hommes; il éloigne les démons, il est le protecteur du foyer, le dieu des richesses, le témoin de toutes les actions ; dans un autre hymne il est le feu du sacrifice : ignis. *Soma* est le roi qui donne la science, le bonheur, l'immortalité ; il fait entendre une musique divine ; il s'avance comme un chef d'armée ; sa demeure est dans le ciel : quelques vers plus loin, le *soma* est la boisson du sacrifice. Je ne veux pas dire que les Indous aient jamais sciemment adoré des objets matériels : il serait aussi erroné de mettre le fétichisme, tel qu'on le trouve dans certaines îles de l'Océanie, au berceau de la mythologie indo-européenne, que de faire de l'onomatopée la source directe de nos langues. Mais la faculté qui transforme les objets inanimés en êtres personnels est intermittente ; de là, le caractère flottant de la pensée à cette époque : le métal où ont été coulés les dieux est encore en fusion dans les védas. Mais, comme dans les langues chaque anomalie a sa raison d'être, les contradictions de la mythologie védique sont plus instructives que l'ordre artificiel introduit par la réflexion.

VII. — LE MYTHE INDIEN. — INDRA ET VRITRA.

Le héros habituel du mythe que nous étudions est *Indra*, le dieu national des Indous à l'époque où, se séparant de leurs frères de la Perse, ils entrèrent dans la région des sept fleuves. De toutes les divinités védiques, c'est celle qui, par la netteté de la conception et la consistance de l'image, se rapproche le plus des dieux de la Grèce. L'adversaire d'*Indra* est le démon *Vritra*, littéralement celui qui enveloppe, ou *A hi*, c'est-à-dire le serpent.

Mais, au moment de commencer l'examen de notre mythe, il faut donner la parole aux védas : quelques hymnes nous aideront à entrer dans l'esprit de cette poésie primitive.

A INDRA (1).

« Quand tu es appelé par nous pour boire le *soma* (2), viens avec tes chevaux fauves, dieu qui lances des pierres !

« Notre sacrificateur est assis suivant le rite ; l'herbe sacrée est étendue ; les pierres ont été assemblées le matin.

« Ces prières te sont adressées, dieu qui reçois les prières : assieds-toi sur l'herbe sacrée ; goûte, héros, notre offrande.

« Prends plaisir à nos libations et à ces chants, vainqueur de *Vritra* (3), toi qui es fêté, ô *Indra*, dans nos cérémonies.

« Nos pensées caressent le puissant buveur de *soma*, le maître de toute force, *Indra*, comme la vache caresse son petit.

« Réjouis-toi de ce breuvage, repais ton corps, grand dieu, ne fais pas affront à celui qui t'invoque.

« Nous sommes à toi, *Indra*, nous chantons arrosés de nos libations : et toi ; dieu bon, sois à nous.

(1) *Rig-veda, Mandala*, III, hymne 41.
(2) La boisson du sacrifice, sorte de liqueur fermentée produisant l'ivresse.
(3) C'est le démon combattu par *Indra*.

« Ne délie pas tes chevaux loin de nous (1) : viens vers nous, *Indra*, dieu béni, réjouis-toi ici.

« Que tes chevaux à la longue crinière t'amènent sur un char bien bâti pour t'asseoir sur l'herbe arrosée de beurre. »

Tous les hymnes n'ont pas cette extrême simplicité : il y en a d'autres qui sont pleins de mouvement et de vie. Voici le commencement d'une prière prononcée pendant une tempête (2) :

« Pas sur nous... dieu fort, dans les hasards de cette mêlée (3)! car nul n'atteint les limites de ta puissance. Tu fais mugir comme un tonnerre les fleuves et les eaux; comment la terre ne tremblerait-elle pas de crainte? »

Plus loin le poète s'écrie :

« Tu as ébranlé le sommet du ciel immense; quoique seul, tu as dans ton audace précipité *Çambara* (4), quand, animé par l'ivresse, tu as lancé contre ces faibles démons ta fourche aiguisée.

« Qui peut t'égaler quand tu fais éclater tes ondes mugissantes sur la tête du faible *Çushna* (5), quand d'un cœur magnanime, tu accomplis aujourd'hui tes exploits?

---

(1) Ne t'en va pas vers une autre tribu.
(2) *Rig.*, I, 54.
(3) Le poète n'achève pas : il demande à *Indra* de ne pas laisser tomber sa foudre sur lui ni les siens.
(4) Autre nom de *Vritra*.
(5) Autre nom de *Vritra*; littéralement : *celui qui dessèche*.

« Le sombre réservoir des eaux, le nuage tortueux était englouti par *Vritra : Indra* précipite vers la terre tous les flots qu'il tenait enfermés. »

Nous voyons se dessiner dans ces derniers vers quelques traits du mythe que nous nous sommes proposé d'analyser. Nous le retrouvons encore dans l'hymne suivant :

A INDRA (1) :

« Au fort, au rapide, au majestueux *Indra*, j'apporte mes chants comme un aliment; au dieu illustre, irrésistible, [j'apporte] ma piété et des prières souvent offertes.

« Je lui veux présenter comme un aliment mes louanges pour sa victoire : mon cœur, mon âme, mon entendement, ornent une prière pour *Indra*, le maître éternel.

« Pour lui je porte dans ma bouche ce noble cantique qui ouvre le ciel; mon hymne superbe, plein de pensées affectueuses, fera grandir le Sage (2).

« Je lui envoie mes vers, comme l'ouvrier amène un char à son maître : mes chants sont pour le dieu que les chants transportent; mes louanges sont pour *Indra*, [cet hymne] qui peut tout est pour le Sage.

« Comme par amour de la gloire on flatte un cheval de guerre, je polis mon hymne avec ma langue pour célébrer

---

(1) *Rig-vida*, I, 61.
(2) *Indra*. Les prières sont comme la nourriture des dieux.

le héros qui est le siége de toutes les richesses, le destructeur partout vanté des villes (1).

« Pour lui, *Tvashtar* (2) a fabriqué la massue, l'arme céleste et toute-puissante des combats, avec laquelle le maître qui donne tous les biens, lançant l'éclair, a su toucher le corps de *Vritra*.

« Dès qu'il eut goûté le puissant breuvage et la douce nourriture du sacrifice, le dieu qui pénètre partout (3) déroba à ce grand ouvrier la massue invincible et, jetant sa pierre, il traversa de part en part le sanglier (4).

« Les *Gnâs* (5), épouses des dieux, ont tissé un hymne à *Indra* quand il tua le serpent : il embrassa le vaste ciel et la terre; ceux-ci n'égalèrent pas sa grandeur.

« Sa grandeur laisse derrière elle le ciel et la terre et dépasse les airs; brillant de son propre éclat, célébré de tous, intrépide, impétueux, *Indra* a grandi dans sa maison (6) pour le combat.

« Par la force de sa massue, *Indra* a foudroyé *Vritra* qui desséchait [le monde] : il a délivré les fleuves semblables à des vaches enfermées, et répandu glorieusement ses bienfaits.

---

(1) *Pur.* Nous expliquerons plus loin la double signification de ce mot et l'équivoque qui a fait d'*Indra* un preneur de villes.
(2) *Tvashtar*, le Vulcain indien (mot à mot, *l'ouvrier*). Indra lui dérobe sa massue.
(3) Il y a dans le texte *vishnu* (celui qui pénètre). Plus tard cet attribut d'Indra est devenu un dieu distinct.
(4) *Vritra.* Comparez le sanglier d'Érymanthe.
(5) Les *Gnâs* sont les nymphes célestes (γυναῖκες), c'est-à-dire les nuages.
(6) Le ciel.

« Les eaux se réjouirent de son effort quand il dompta *Vritra* avec sa massue : le dieu fort, généreux envers les généreux, plein de fougue, a inondé les terres de *Turvîti* (1).

« Hâte-toi, lance ta massue sur ce *Vritra*, dieu puissant, prodigue de biens; coupe-lui les muscles comme à un bœuf, envoie-nous tes eaux, fais-les couler en abondance. »

Dans les vers que nous venons de citer, il est plusieurs fois question de la défaite de *Vritra*. A vrai dire, il n'est guère de chants dans les védas où il n'en soit fait mention. Cet épisode est rappelé si souvent, et quelquefois si hors de propos, qu'on ne peut s'empêcher d'y voir une sorte de lieu commun à l'usage des poètes védiques. La victoire sur *Vritra* est pour eux le type de toute victoire : l'adjectif *vritrahan* (meurtrier de *Vritra*), surnom ordinaire d'*Indra*, est appliqué dans le sens général de *victorieux*. De son côté, le nom de *Vritra*, au lieu de rester réservé au seul adversaire d'*Indra*, est devenu le terme générique pour désigner l'*ennemi*. C'est ainsi qu'on verra plus loin l'expression : *le plus vritra d'entre les vritras*. Les allusions fréquentes à ce mythe et la trace qu'il a laissée dans la langue nous en révèlent l'importance et nous en font pressentir l'antiquité. C'est cette fable, déjà vieille au moment où furent composés les chants védiques, que nous allons étudier

---

(1) Nom d'homme.

pour la rapprocher de la lutte d'Héraclès contre Géryon et de celle de Jupiter contre Cæcius.

Les circonstances du combat et les noms des combattants sont loin d'être cités d'une façon constante. Au lieu d'*Indra*, on trouve souvent *Agni, Trita, Brihaspati*, ou quelque autre dieu, ou même quelque sage célèbre par sa piété : tantôt *Indra* livre seul le combat, tantôt il est aidé des vents ou *Maruts*. Le nom de son adversaire varie encore davantage : il s'appelle tour à tour *Vritra, Ahi, Vala, Çushna, Çambara, Namuci, Pani*. Laissant de côté ces modifications d'un récit qui, au fond, est toujours le même, voyons le mythe réduit à ses éléments essentiels.

Indra est le berger d'un troupeau de vaches célestes de couleur éclatante. *Vritra*, monstre à trois têtes, à forme de serpent, attire à lui le troupeau et l'enferme dans son antre. *Indra*, s'apercevant de la fraude, poursuit le brigand, force l'entrée de sa caverne, le frappe des coups répétés de sa foudre, et ramène au ciel les vaches dont le lait tombe à flots sur la terre.

Les védas renferment d'innombrables passages ayant trait à cette histoire. Mais il faut remarquer dès à présent qu'il est rare de trouver l'épisode raconté tout entier avec cette suite dans les images : le plus souvent le poète, après avoir ébauché le récit fabuleux, l'interrompt par la description des faits naturels qui ont donné lieu au mythe, ou bien il commence par le phénomène physique, auquel il entremêle quelques traits choisis dans la légende. En voici un exemple remarquable (1) :

« A présent je veux chanter les hauts faits d'*Indra*, les premiers qu'il ait accomplis avec sa foudre : il a tué *Ahi* (2), il a mis les eaux en liberté, il a ouvert la route aux torrents des nuages.

« Il a tué *Ahi* qui s'était placé sur la montagne (3) : *Tvashtar* avait fabriqué à *Indra* une massue divine ; comme des vaches dont dégoutte le lait, les eaux se sont précipitées vers la mer.

« Bouillant comme un taureau, il but le *soma*, il vida la triple cuve ; *Maghavat* (4), prenant la foudre pour arme, frappa le premier-né des *Ahis*.

« Quand, ô *Indra*, tu frappas le premier-né des *Ahis*, quand tu confondis les sortilèges des enchanteurs, engendrant alors le soleil, le jour et l'aurore, tu n'eus plus au monde d'ennemi...

« D'un coup terrible de sa massue *Indra* mit en pièces le plus *vritra* d'entre les *vritras* ; comme un tronc d'arbre abattu par la hache, *Ahi* gît sur la terre.

« Pareil à un homme lâche et ivre, il a provoqué le fort, le destructeur, le rapide *Indra* : mais il ne tint pas tête à ses coups multipliés ; vaincu, sa chute fit éclater les eaux (5).

---

(1) *Rig-véda*, I, 32.
(2) Le serpent.
(3) Ou sur le nuage ; *parvata*, qui marque la plénitude, le gonflement, a les deux sens en sanscrit.
(4) Surnom d'*Indra* ; littéralement : le dieu des richesses.
(5) Les nuages renfermant les eaux.

« Sans pieds, sans mains, combattant *Indra*, la foudre le frappa sur l'épaule : cet eunuque, qui prenait l'apparence d'un taureau, tomba haché en mille endroits.

« Étendus sur la terre comme un fleuve dont les digues sont rompues, les flots grossissant passèrent sur lui avec joie : *Ahi* fut couché aux pieds des eaux qu'il avait tenues dans sa puissance.

« La mère de *Vritra* (1) était penchée sur son fils ; *Indra* lui lança sa massue ; mère et fils tombèrent l'un sur l'autre ; comme la vache auprès de son petit, ainsi gisait *Dânu*.

« Le cadavre repose au milieu des flots qui ne s'arrêtent ni ne reviennent ; les eaux emportent le corps sans nom de *Vritra* : l'ennemi d'*Indra* est entré dans la nuit éternelle.

« Mariées au démon (2), gardées par *Ahi*, les eaux étaient enfermées comme les vaches volées par *Pani* (3) : mais *Indra*, en tuant *Vritra*, a ouvert la caverne qui leur servait de prison.

« La foudre, ni la pluie, ni le tonnerre, ni la massue, ne lui servirent de rien. Lorsque *Indra* et *Ahi* combattirent ensemble, *Maghavat* triompha pour tous les temps.

« Qui vis-tu s'approcher d'*Ahi*, ô *Indra*, lorsque, après l'avoir tué, tu fus saisi de crainte et que, semblable à un faucon épouvanté, tu traversas le monde et franchis les quatre-vingt-dix-neuf fleuves (4) ?

(1) *Dânu*.
(2) Les eaux sont considérées ici comme des nymphes enlevées par Vritra.
(3) Démon de même nature et jouant le même rôle que *Vritra*.
(4) Manière de compter ordinaire dans les védas.

« Ce qui marche et ce qui est immobile, ce qui est apprivoisé et ce qui est armé, tout a pour roi le dieu du tonnerre : il règne seul sur les hommes ; comme la jante enserre les rayons de la roue, ainsi il enveloppe toute chose. »

Les vers que nous venons de citer montrent assez que le sens du mythe n'échappait pas aux poètes védiques : ils prennent, quittent et reprennent l'image convenue, en hommes sûrs d'être compris de leurs auditeurs. Et nous, avons-nous encore besoin d'expliquer la fable, après les vers que nous avons cités, et le sens n'en paraît-il pas clairement aux yeux?

La lutte des deux adversaires aux prises dans le ciel est l'orage, plus soudain et plus terrible dans les climats chauds que dans nos contrées. Les nues lumineuses qui contiennent la pluie, ce sont là les vaches couleur de pourpre qu'un noir démon veut enlever : la fécondité de la terre dépend de l'issue de la lutte. Les nuages se mettent en marche, ils s'éloignent de nous, ils se couvrent d'ombre, ils semblent enfermés dans l'obscurité : on entend leurs sourds mugissements. L'affreux serpent dont l'haleine dessèche le monde les a enveloppés et attirés dans son antre. C'est alors que le dieu du jour, protecteur des hommes, bienfaiteur de la tribu, engage le combat, tantôt seul contre le terrible adversaire, tantôt escorté de la troupe hurlante des *Maruts* (les vents), tantôt suivi de tous les dieux. On entend les coups de la massue divine qui tombent sur la caverne, l'entr'ouvrent et en font jaillir des flammes. Le triple dard du serpent brille dans les ténèbres. Bientôt le nuage se déforme, il est mutilé en mille endroits, il disparaît à la vue; en même temps, les eaux qu'il retenait captives se précipitent avec fracas sur la terre, et *Indra*, c'est-à-dire le ciel bleu, triomphant de son ennemi, se montre dans sa splendeur.

Cette explication, qui résulte du texte même des hymnes védiques, n'est pas une interprétation ajustée après coup : elle peut s'autoriser du témoignage des commentateurs indiens. Quoique portés à chercher dans leurs livres sacrés un sens mystique qui ne s'y trouve pas, ou à leur demander la confirmation de leurs théories philosophiques, les Indous des âges suivants ne peuvent fermer les yeux sur le véritable caractère de cet épisode. Les scholiastes des védas traduisent le nom de *Vritra* par *nuage* (*megha*), et ils disent expressément que les vaches volées par le démon sont les rayons du soleil ou les eaux. Le texte même des védas ne leur aurait pas permis de s'écarter de cette interprétation : dans certains hymnes, *vritra* est employé comme nom commun, dans le sens de *nuage*; *ahi* est la désignation ordinaire du serpent; *çushna* veut dire celui qui dessèche; *vala* est également un nom du nuage, et *pani* est un terme de la langue qui veut dire *brigand, voleur*. Le sanscrit ne s'est pas assez éloigné de l'idiome primitif pour permettre aux noms qui figurent dans cet épisode de se transformer sans retour en personnages historiques. Si, malgré la limpidité de la langue, des mythologues ont essayé de faire dans l'Inde ce qu'ont tenté les évhéméristes de la Grèce et de Rome, toute une école d'interprètes, restée attachée au sens propre des mots, a maintenu contre eux la signification physique des mythes. Eugène Burnouf, qui a montré cette double direction de l'interprétation indienne, cite une curieuse discussion du mythe de *Vritra*, due au commentateur Durgâcârya. Nous demandons la permission de la reproduire (1).

« Si *Vritra* est le nuage, qu'est-ce donc que cette rencontre, que cette lutte d'*Indra* avec *Vritra* dont il est parlé à tout instant dans les hymnes védiques? Voici comment on répond : Le phénomène de la pluie naît du mélange des eaux et de la lumière : en effet, c'est lorsque les eaux sont échauffées par la lumière de l'éclair qui est poussé par le vent et figuré sous le nom d'Indra, que les eaux commencent à couler pour se changer en pluie. Cela étant, on peut dire, par forme de comparaison, qu'il y a une sorte de combat entre l'eau et la lumière qui sont opposées l'une à l'autre. C'est l'image d'un combat, car, en fait, il n'y a pas de combat, puisque *Indra* ne connaît pas d'ennemi. »

Quelle que soit la valeur scientifique de cette dissertation, on voit que l'histoire de *Vritra* n'est pas pour Durgâcârya une fable vide de sens, comme celle de Géryon pour Apollodore. Une analyse grammaticale plus sûre et plus fine, un sentiment plus profond de la nature,

---

(1) *Bhâgavata-purâna*, III, p. LXXXVI.

une tradition non interrompue, préservèrent l'Inde de ce divorce moral qui s'est opéré, en Grèce et en Italie, entre les croyances de la jeunesse et les connaissances de l'âge mûr.

VIII. — FORMATION DE LA FABLE.

Ce n'est pas assez de deviner le sens des mythes; il faut montrer d'où ils viennent. Il faut observer comment s'est formée autour de la conception primitive, empruntée au spectacle de la nature, cette enveloppe fabuleuse qui va toujours en s'épaississant avec le temps, et qu'on peut comparer au bois qui survit pendant des siècles à la sève dont il est sorti. Ce ne sera pas trop, pour faire cette étude, de nous servir à la fois de la triple version que l'Inde, la Grèce et l'Italie ont conservée du même mythe. Sur plusieurs points, les Grecs et les Latins sont restés plus près de la donnée première que les Indous. Les mythologies des trois peuples se compléteront de la sorte l'une l'autre, comme il arrive constamment pour leurs idiomes : c'est ainsi que plusieurs racines, survivant seulement dans certains dérivés en sanscrit, et devinées quelquefois par la sagacité des grammairiens indiens, se retrouvent dans toute leur pureté en latin et en grec.

La première chose qui doit nous frapper, c'est que le héros du mythe n'est pas le même dans la mythologie de l'Inde et dans la fable classique. Le nom d'*Indra* n'a rien de commun avec celui de Zeus : bien plus, *Indra* est un dieu exclusivement indien, créé à une époque où les ancêtres des races européennes s'étaient déjà séparés de leurs frères de l'Asie ; nous assistons en quelque sorte, dans les védas, à son avénement, qui coïncide à peu près avec la composition des premiers hymnes. Mais nous avons déjà dit que la mythologie védique est extrêmement flottante, que les attributs d'un dieu passent aisément à un autre, et qu'au lieu d'*Indra*, d'autres dieux sont souvent invoqués comme les vainqueurs de *Vritra*. Nous sommes donc autorisés à penser qu'*Indra* tient dans ce mythe la place de quelque divinité plus ancienne. Le nom de ce dieu, nous pouvons le donner avec une entière certitude, c'est *Dyaus* ou *Dyaushpitar*, le Ciel père des êtres (1). *Dyaus* est le premier dieu des nations indo-européennes : conservé dans son rang suprême par les Grecs et les Latins, il en est déchu dans les védas, quoiqu'il soit encore invoqué quelquefois, surtout en compagnie de la déesse *Prithivî* (la Terre).

On a souvent montré l'identité de ce nom (2) avec le latin *Jupiter*, *Diespiter*, *Diovis*, *Jovis*, avec le grec Ζεύς, le vieil allemand *Zio* et le scandinave *Tyr* ; *Dyaus*, qui se trouve souvent employé comme nom commun en sanscrit, avec le sens de *ciel*, représente la région élevée et se-

---

(1) Le thème du mot est *dyu* ou *div*.

(2) *Dyaus* fait au génitif *divas*, comme Ζεύς fait Διός (ΔιFός). Le latin *Janus* correspond à la forme Ζήν : cette identité ressort encore mieux de l'ablatif *Jane*, qui se trouvait dans le chant salien (Tertullien, *Apolog.*, 10). Sur les rapprochements auxquels le nom sanscrit donne lieu, consultez surtout : Bopp, *Glossaire sanscrit*, au mot *dyu*. Grimm, *Mythologie allemande*, I, p. 175. Benfey, *Orient und Occident*, 1, p. 48, n.

reine où siége la lumière. Ni le latin ni le grec n'en ont oublié entièrement la signification. *Sub dio vivere*, veut dire *vivre en plein air;* Ovide (1) emploie *sub Jove* dans le même sens; *malus Jupiter*, dans Horace (2), indique le mauvais temps. Ennius nous reporte à la signification première, par ce vers admirable qui ne serait pas déplacé dans un hymne védique :

Adspice hoc sublime candens quem invocant omnes Jovem.

De même les Grecs, pour s'informer du temps, demandaient : Τί ὁ Ζεὺς ποιεῖ (3); et appelaient l'eau du ciel ὕδωρ τὸ ἐκ τοῦ Διός. Antonin nous a conservé cette prière des Athéniens : Ὗσον ὗσον, ὦ φίλε Ζεῦ, κατὰ τῆς ἀρούρας τῆς Ἀθηναίων καὶ τῶν πεδίων (4).

Une circonstance qui montre bien l'ancienneté de ce dieu, c'est que la racine *div*, *dyu* (briller), dont est composé son nom, a formé, en se modifiant par le *guna*, le nom générique de tous les dieux, *deva*. Il faut que cette dérivation ait eu lieu de bonne heure, car le mot *deva* se retrouve dans tous les idiomes de l'Europe, sous les formes *deus*, θεός, en lithuanien *diewas*, en irlandais *dia*, en scandinave *tivar*, et c'est encore de ce nom que nous nous servons pour désigner la divinité.

Il n'est donc pas douteux que *Dyaus* doive être placé à l'origine de la mythologie indo-européenne. Outre les

(1) *Fastes*, II, 299.
(2) *Odes*, I, I, 25.
(3) Aristoph., *Av.*, 1501
(4) Εἰς ἑαυτόν, V, 7.

mythes qui se rapportaient à lui, il est permis de supposer que plusieurs de ses surnoms ont passé à *Indra* : l'un des plus remarquables est celui de *sthâtar*, qu'Indra porte en plusieurs hymnes, et qui rappelle aussitôt à l'esprit l'expression latine de *Jupiter Stator*. Le mot *sthâtar* est ordinairement complété en sanscrit par un génitif, tel que *rathasya*, *harînâm* (1), ce qui détermine le véritable sens de cette épithète qui signifie : celui qui se tient debout sur son char, sur ses coursiers. Quel est ce char? on ne peut douter qu'il ne soit question du soleil, qui est souvent représenté dans les védas comme une roue d'or roulant dans le firmament. Ainsi le nom de Jupiter Stator, que les Romains expliquaient par un événement du règne de Romulus, remonte au premier âge de la race.

C'est donc le ciel considéré comme un être vivant et agissant qui est le héros du mythe. Supposons pour un moment que nous soyons aussi peu instruits des causes physiques et météorologiques que l'étaient nos premiers ancêtres; transportons-nous par la pensée à cette époque où l'homme prêtait son âme et ses facultés à tous les grands phénomènes de la nature; essayons enfin de nous représenter le charme mêlé de terreur que devait ressentir à la vue de l'orage un peuple timide et religieux; ces simples mots que nous prononçons encore tous les jours : *Le ciel s'assombrit, le ciel est menaçant, la foudre tombe du ciel, le ciel s'est rasséréné*, seront comme les premiers

---

(1) *Rig.*, I, 33, 5. *Sâma-veda*, I, 2, 2, 5, 9. *Ib.*, II, 8, 2, 10, 2.

linéaments du mythe que nous étudions. Supposons maintenant que le nom *Dyaus* disparaisse comme nom commun de la langue, il restera toujours le souvenir des actes qu'on lui attribuait, et à la vue du ciel qui se trouble on parlera de la colère de Zeus.

L'adversaire d'*Indra* s'appelle *Vritra* ou *Ahi*. Nous trouvons le nom de Vritra parfaitement conservé en grec sous la forme ὄρθρος, qui est le nom du chien de Géryon (1). Le *v* sanscrit est représenté par l'esprit doux, et l'aspiration du θ est due au voisinage de la lettre *r*, comme dans βάραθρον, ἄρθρον, τερθρεύομαι. *Vritra* veut dire celui qui enveloppe (du verbe *vri, claudere*), et l'on a déjà dit que ce nom est souvent employé pour exprimer simplement l'idée de nuage. Ὄρθρος a également une double signification en grec : il désigne le chien à deux têtes tué par Hercule, et il indique le crépuscule du matin. Ce fait montre bien l'admirable fidélité du langage, qui conserve sans s'en rendre compte, le même mot dans ses deux acceptions, longtemps après que le lien logique qui les reliait entre elles a été brisé.

C'est ici le lieu de parler d'un autre personnage fort célèbre dans la mythologie grecque, et dont le nom, comme *Vritra* et *Orthros*, désigne à la fois un monstre ennemi des dieux et un phénomène naturel. C'est Typhon qu'on appelle aussi Typhoeus et Typhaon. La racine du mot est τύφω, τυφόω, qui veut dire *faire de la fumée* : Ty-

---

(1) Max Müller, *Zeitschrift für vergleichende Sprachforschung*, V, p. 150.

phon est le monstre qui obscurcit le ciel, une sorte de *Vritra* grec. Mais d'un autre côté le nom de typhon ou typhôs est resté en grec à certaines formes de nuages et aux trombes (1). Il semble même que l'identité des deux conceptions n'ait pas échappé aux anciens, qui plus d'une fois ont joué sur le double sens du mot (2). Ici encore la langue sert de commentaire au mythe, et a conservé d'une part le personnage fabuleux, de l'autre l'objet physique avec lequel il se confondait dans le principe.

Le second nom donné par les textes védiques à Vritra est *Ahi*, qui veut dire proprement serpent; c'est le latin *anguis*, le grec ἔχις, et probablement aussi, par le changement si fréquent des aspirées entre elles, ὄφις; la même racine se trouve aussi dans l'allemand *Unke*. D'où vient le choix qu'on a fait du serpent pour désigner le démon combattu par Indra? On a vu avec raison l'origine de cette idée dans la forme tortueuse des éclairs qui semblent sillonner les airs en sifflant et dresser dans le ciel leurs têtes

---

(1) « Cœlum atrum et fumigantes globi et figuræ quædam nubium metuendæ quas τυφῶνας vocabant, impendere imminereque ac depressuræ navem videbantur. » Aulu-Gelle, XIX, 1. — Τυφώς· πνεῦμα καπνῶδες, ἐρρωγὸς ἀπὸ νέφους. Suidas, s. v.

(2) Socrate dit, par exemple, en plaisantant, au commencement du *Phèdre* : Εἴτε τι θηρίον τυγχάνω Τυφῶνος πολυπλοκώτερον καὶ μᾶλλον ἐπιτεθυμμένον... Le verbe τύφω reporte l'aspiration sur la première syllabe au futur, θύψω : cette seconde forme nous met sur la voie de la véritable étymologie. Τύφω est pour θύπω, et est de la même famille que les mots θύς, θύος, parfum; θυμιάω, exhaler des vapeurs. Le substantif θυμός (en latin *fumus*), pour marquer la colère, est une de ces métaphores populaires qui changent en un terme abstrait des expressions toutes matérielles. Le verbe sanscrit *dhûp*, faire de la fumée, et le substantif *dhûma*, fumée, complètent cette famille de mots que nous ne pouvons indiquer qu'en passant.

terminées par un triple dard. Mais, outre la ressemblance physique que l'imagination populaire a marquée par le nom d'*ahi*, il y a un motif moins apparent qui a présidé au choix de ce mot. Les formes *anguis*, ἔγχελυς, *Unke*, d'une part, ἔχις de l'autre, montrent que le sanscrit *ahi* a renfermé dans le principe une nasale, et que le *h* tient la place d'une ancienne gutturale : *ahi* est donc de la même famille que les mots *anhas*, malheur, *agha*, méchant, *aghây*, faire le mal, qui renferment tous une idée de malveillance et d'hostilité. On en peut conclure que le sens primitif de *ahi* est *ennemi*, lequel s'est fidèlement conservé dans le grec ἐχθρός. Je n'ai pas l'intention de tirer de ce rapprochement aucune induction symbolique et de faire du serpent l'ennemi par excellence; je veux seulement montrer que le même tour d'esprit qui a fait choisir l'idée d'hostilité pour nommer le serpent, a porté les premiers auteurs du mythe à donner la forme de cet animal au démon ravisseur des nuages.

On a déjà vu combien cette représentation a été féconde chez les Grecs : avant tout on peut rapprocher d'*Ahi* la déesse Échidna qui porte le même nom, suivi de la désinence féminine δνα; mais à côté d'Échidna fourmille une famille de monstres de même nature et de même origine, tels que la Méduse, l'hydre de Lerne, la Chimère, le serpent Python, les géants Anguipèdes, Ophionée et tant d'autres. La forme et l'histoire de ces monstres sont trop connues pour qu'il soit nécessaire de montrer les rapports qu'ils offrent avec *Ahi*. Une fois qu'il fut convenu que l'adversaire de Zeus avait l'aspect d'un serpent, l'imagination grecque put se donner carrière et créer à son aise tous ces êtres fantastiques dont le bon sens de Socrate était si choqué.

Nous connaissons maintenant le second acteur du drame mythique; nous pouvons même remarquer en passant avec quelle fidélité la mythologie grecque a conservé deux circonstances en apparence insignifiantes. De même que Vritra est appelé dans les védas *triçiras* (à trois têtes), tous les monstres grecs sont pourvus de deux, de trois ou d'un plus grand nombre de têtes. De plus, ils vomissent tous des flammes, absolument comme le nuage fendu par Indra.

Mais nous arrivons à la partie de notre épisode qui lui a décidément donné une apparence de récit fantastique. Ce sont ces vaches délivrées par Indra et qui représentent les nuages éclairés par le soleil. Est-ce là une invention de poëte, ou faut-il croire qu'à une époque reculée on ait pris les nuées pour un troupeau paissant au ciel? Ni l'un, ni l'autre. Nous allons essayer de montrer que ces vaches sont une création du langage, et que c'est l'idiome qui, en se modifiant, leur a donné naissance.

Les mots βοῦς, *bos*, *kuh*, *cow*, appartenant à des langues qui ont reçu ces mots tout formés, ne présentent pas d'autre idée à l'esprit que celle de l'être qu'ils désignent; en sanscrit, au contraire, la racine verbale qui a formé le substantif *go* (bœuf) subsiste à côté du nom et l'anime en quelque sorte de sa signification. *Go* vient de la racine *gam, gu* (1), qui veut dire *aller, marcher*, et il désigne proprement un être ou un objet doué de mouvement. Le mot *gu* a conservé ce sens général en composition : *adhrigu* veut dire celui qui marche sans être arrêté par rien; *vanargu*, celui qui s'avance dans les forêts; *purogava*, celui qui marche le premier. On trouve même dans les védas le mot *go* employé adjectivement dans le sens de *iens* (2). Il n'y avait donc pas, dans le principe, de métaphore à appeler les nuées *gâvas, celles qui marchent*. La langue encore flottante et peu sûre du choix de ses mots, nomma deux objets différents d'après le même attribut : elle créa deux homonymes. Plus tard, quand elle eut pris plus de consistance, chaque idée fut marquée par un terme à part, et *go* n'eut plus qu'un seul sens, celui de vache. Mais le germe du mythe était déjà déposé dans les esprits et ne manqua pas de se développer.

Nous accordons d'ailleurs volontiers que la fantaisie d'un peuple enfant put se complaire dans cette image qu'elle n'avait pas créée, et qu'elle retrouva volontiers dans le ciel le tableau de la vie pastorale. Mais pour se fixer, comme elle l'a fait, dans l'esprit de toute la race, il fallait que cette fable eût ses racines ailleurs que dans un pur caprice, et qu'elle fût portée et soutenue par la langue. Aucun effort ne fut nécessaire pour créer le

---

(1) C'est le radical qui a formé le verbe *to go* anglais, et le *kommen* allemand; le verbe βαίνειν en vient également, par le changement du *g* en *b*, qui se voit aussi dans βοῦς. Le thème sanscrit *go* fait au nominatif *gaus*.

(2) *Samprincânah sadane gobhir adbhih* (partageant le séjour des eaux errantes). *Rig-véda*, I, 95, 8.

mythe : il ne sortit ni de la tête d'un homme, ni du génie poétique d'un peuple. Il frappa d'autant plus l'esprit des générations qui suivirent le premier âge de la race, qu'on le trouva partout sans deviner d'où il était venu.

Il reste encore à expliquer une circonstance singulière qui faisait partie du mythe primitif, car elle se retrouve à la fois chez les Latins, chez les Grecs, et, comme nous le verrons plus loin, chez les Iraniens. Dans la légende italique, Cacus ne pousse pas les bœufs devant lui : Virgile raconte que, pour dissimuler la trace du vol, le brigand traîne les bœufs à reculons dans son antre. Le même fait est raconté d'Hermès dans l'hymne attribué à Homère (1) : « Le fils de Maia, le clairvoyant meurtrier d'Argus, détourna du troupeau cinquante bœufs mugissants; il poussa ces animaux errants par des lieux pleins de sable, ayant renversé leurs traces; car, fidèle à son caractère plein de ruse, il les tourna en sens contraire et marcha lui-même à reculons. » Virgile n'aurait pas emprunté à l'hymne grec une circonstance aussi indifférente et aussi peu poétique : elle faisait évidemment partie de la tradition latine. Properce et Ovide la rapportent également. D'où vient cette représentation bizarre?

On a vu plus haut que la transcription Κακίας, employée par Diodore et Denys d'Halicarnasse, la comparaison avec le Cæculus de Préneste et la quantité de la première syllabe nous ont fait soupçonner sous le nom de Câcus

---

(1) Vers 74 ss.

une ancienne forme Cæcius. Ce nom s'explique parfaitement une fois que l'on connaît le sens du mythe védique. Cæcius est le démon qui obscurcit le ciel : il est avec Typhon dans le même rapport que *cœcus* avec τυφλός. Mais ce nom se retrouve en grec dans un ancien proverbe qui nous reporte à l'époque où le mythe était encore compris dans son vrai sens. Aristote, cité par Aulu-Gelle (1), rapporte qu'il y a un vent appelé Καικίας, qui a la singulière propriété d'attirer à lui les nuages; de là la locution : « Il attire à lui le malheur, comme Cæcias les nuages (2). » Il est clair que cette façon de parler repose sur une ancienne représentation populaire. Si l'on se rappelle la double signification du mot *go* dans les védas, on ne pourra douter que le vent Cæcias qui attire les nuages est identique au brigand Cæcius qui attire les bœufs de Jupiter. Le proverbe grec nous rend dans sa forme védique le mythe que les Latins ont placé sur la terre.

Qu'est-ce cependant que ce vent qui, au lieu de chasser les nuages devant lui, les tire en arrière? C'est un phénomène qu'on observe quelquefois pendant les orages, quand plusieurs couches de l'atmosphère se trouvant à des températures différentes, il s'établit des courants en sens contraire; les nuages paraissent alors marcher contre le vent (3). Il faut ajouter du reste que l'antiquité attribuait aux serpents la puissance d'attirer leur proie par

---

(1) II, 22.
(2) Κἀκ' ἐφ' αὑτὸν ἕλκων, ὡς ὁ Καικίας νέφος.
(3) Je dois cette observation à l'obligeance de mon savant ami M. Baudry.

une sorte d'aspiration (1). Comme le démon qui ravit les nuages est figuré sous la forme d'un dragon, il est tout naturel qu'il exerce dans le ciel le pouvoir d'attraction qu'on lui accordait sur la terre. Dans le poëme épique de la Perse, le *Schâhnamèh*, on rencontre presque à chaque pas la peinture du dragon dont l'haleine attire les hommes et les animaux, et fait tomber des airs la proie qu'il convoite.

Une imagination naïve voyant dans l'orage la lutte de deux êtres vivants, une confusion résultant du double sens d'un mot, telles sont les deux causes qui ont fait prendre au mythe la forme qu'il a conservée dans toute la race indo-européenne. Pour le réduire à l'expression pure et simple de la réalité, il suffit de redresser le malentendu venu de la langue, et de substituer deux agents physiques à deux causes personnelles. Le mythe s'évanouit au moment où l'on serre de près les termes qui l'expriment; il nous laisse, en se dissipant, en présence de la nature. La seule manière de l'expliquer, c'est de donner aux mots qui l'expriment leur sens véritable; comme ces fantômes que nous voyons en rêve, il disparaît

---

(1) *Circa (Rhyndacem) angues... emergunt, atque hiant, supervolantesque aves, quamvis alte et perniciter ferantur, absorbent.* Pomponius Mela (I, 9). Cf. Pline, VIII, 14; Élien, II, 21. Je cite les vers que Philé a composés d'après Élien :

> Δράκοντες Αἰθιόπων δὲ τ', εἰ θηρᾶν δέοι,
> χαίνοντες ἀσθμαίνουσιν εἰς τὸν ἀέρα,
> καὶ τῶν πετεινῶν τὰς κρεμαστὰς ἀγέλας,
> ἴυγξι θερμῆς εἰσπνοῆς κηλουμένας,
> καὶ σπωμένας ἄνωθεν εἰς γῆν ἀθρόας,
> ἐκ τῶν γνάθων ἕλκουσιν εἰς τὴν γαστέρα.

dans le moment même où nous étendons la main pour le saisir. *Le ciel se couvre, la foudre traverse le nuage, les eaux sont délivrées de leur prison :* voilà ce que disaient nos pères quand ils créèrent la fable que trente siècles n'ont pu effacer de la mémoire de leurs descendants.

Quoique la mythologie hellénique ne sache plus au juste l'origine du mythe dont elle a tant varié le récit, elle semble indiquer quelquefois qu'elle en a un vague souvenir. Ordinairement les dragons gardent des sources ou des fleuves. Le serpent tué par Cadmus empêche l'accès de la fontaine d'Arès auprès de Thèbes. Quand le serpent Python tomba percé des flèches d'Apollon, un fleuve jaillit de la terre (1). Eurybate, ayant tiré de son antre le monstre Sybaris qui désolait les environs de Delphes, et l'ayant brisé contre les rochers, à la place où il disparut une source s'élança de la pierre (2). Sur un miroir étrusque connu sous le nom d'*Hercule à la fontaine,* on voit le héros s'apprêtant à frapper de sa massue une tête de monstre, sorte de lion sans crinière, dont la gueule laisse échapper une source; pour rendre le fait encore plus clair, une urne est placée à côté (3).

L'antiquité attribuait aux monstres vaincus par le dieu de la lumière une puissance prophétique. Le serpent Python rendait anciennement des oracles à Delphes, et la prêtresse qui prophétise aux lieux mêmes où il a été en-

---

(1) Strabon, XVI, 2, 7.
(2) Anton. Liberalis, VIII. Cf. Schwartz, *Ursprung der Mythologie,* p. 59 et suiv.
(3) Gerhard, *Miroirs étrusques,* pl. CXXXV.

glouti, tient de lui son pouvoir divinateur. C'est encore un serpent qui rend des oracles dans l'antre de Trophonius (1). Il y avait à Padoue un oracle de Géryon (2). D'où vient cette idée ? Le point de départ de cette croyance est, comme l'a fait observer M. Schwartz (3), le bruit prophétique du tonnerre. Hésiode, dans sa description de Typhoeus, dit que de temps à autre le monstre fait entendre des sons intelligibles pour les dieux (4); Pindare appelle le tonnerre une voix divine (5). Les oracles, qui ont joué un si grand rôle dans l'histoire religieuse de la Grèce, se rattachent donc à notre mythe; la Pythie, de même qu'elle tenait son nom du monstre englouti, semblait avoir hérité de son essence surnaturelle.

Mais la fable a pris chez les Grecs et chez les Indous bien d'autres aspects. Transportons-nous par la pensée dans ces temps où, tout étant mystère pour l'homme, rien ne semblait impossible. Le récit accoutumé était écouté avec une attention religieuse : mais si dans le cours de la narration il se présentait quelque mot à double sens, qui permettait de donner au mythe une direction nouvelle, cette occasion était saisie avec empressement, et le conteur moitié engagé par ses propres paroles, moitié poussé

---

(1) Scholiaste d'Aristophane, *Nuées*, v. 508.
(2) Suétone, *Vie de Tibère*, 14.
(3) *Ursprung der Mythologie*, p. 55.
(4) Ἄλλοτε μὲν γὰρ
φθέγγονθ' ὥστε θεοῖσι συνιέμεν.....
Théog. v. 830.
(5) *Pyth.*, IV, 350 :
Βροντᾶς αἴσιον φθέγμα.

par ses auditeurs, donnait un tour imprévu à l'histoire. Le conte de fée le plus invraisemblable est celui que les enfants écoutent le plus volontiers : de même le contresens qui donnait à la fable l'aspect le plus singulier était celui qui souriait le plus à cet auditoire avide de merveilles. Cela n'empêchait pas de reproduire exactement, hormis sur un point, la narration primitive : il se forma ainsi une quantité de légendes secondaires, embranchements capricieux du récit principal, et qui, si l'on y regarde de près, s'y rejoignent tous par un homonyme.

La fable des pommes d'or du jardin des Hespérides est au fond identique à celle que nous avons examinée. Elle tient à la confusion de μῆλον, chèvre, et de μῆλον, pomme (1). Nous y retrouvons toutes les circonstances du mythe d'Héraclès et de Géryon. Placées dans une île de l'Océan où nul navigateur ne peut aborder, aux lieux mêmes où Héraclès triomphe du roi d'Érythie, elles sont gardées par un dragon, fils de Typhon et d'Échidna, que la déesse Héra a chargé de veiller sur elles. C'est de Nérée, le dieu des eaux, qu'Héraclès apprend où il doit les chercher ; le soleil lui prête de nouveau sa coupe d'or ; après qu'il a apporté les pommes à son frère Eurysthée, Athéné les replace au jardin, c'est-à-dire au ciel, car il n'était pas permis qu'elles restassent sur la terre (2).

De même que le verbe *gam*, qui veut dire *aller*, a formé le substantif *go*, dont le double sens a été le point

---

(1) Diodore, IV, 26. Comp. Max Müller, *Essai de mythologie comparée*.
(2) Apollodore, II, 5, 11.

de départ du mythe de Géryon, le verbe grec ἀΐσσω, qui signifie *s'élancer*, a fait d'une part le substantif αἴξ, *chèvre* (à cause de la nature bondissante de l'animal), et de l'autre les mots καταΐξ, καταιγίς, *tempête*. De là une nouvelle série d'images et de fables où la chèvre joue le rôle principal. L'égide, avant d'être un bouclier fait en peau de chèvre, était le ciel au moment de l'orage; Jupiter αἰγίοχος était le dieu qui envoie la tempête (1); plus tard, on traduit *le dieu qui porte l'égide*. Homère semble se souvenir de la première signification, quand il nous montre, au seul mouvement du bouclier, le tonnerre qui éclate, l'Ida qui se couvre de nuages et les hommes frappés de terreur (2).

On peut remarquer la même analogie entre les mots φρίξ, φρίκη, qui marquent le frissonnement de la mer (3), et qui probablement s'appliquaient aussi au ciel chargé de nuages, et Phrixos, fils de Néphélé, traversant les airs sur un bélier d'or. La même identité se fait encore voir dans les mots χεῖμα, χειμών (orage) et χίμαιρα, la Chimère, cette chèvre à queue de serpent, à tête de lion, dont la gueule vomit des flammes. A l'origine de ces fables, qui d'ailleurs sont jetées toutes dans le même moule, nous trouvons un phénomène naturel dont la langue, en spécifiant le sens des mots, a obscurci le souvenir.

---

(1) Il faut entendre ἔχω dans son sens primitif, *veho*.
(2) C'est au double sens de la racine ἀΐσσω que nous sommes probablemen redevables des satyres aux pieds de chèvre, qui dans le principe étaient seulement les satyres aux pieds bondissants, αἰγίποδες.
(3) Nous disons : *la mer moutonne*.

Quelquefois la fable de *Vritra* change d'aspect : ce sont des jeunes filles que le démon enlève. Les nymphes qui dans la mythologie grecque peuplent les fleuves et la mer habitent encore le ciel dans les védas : on les appelle *Apas* (les Eaux), ou *Apsaras* (celles qui s'en vont sur les eaux) ; mais leur nom le plus ancien est *devîs* qui veut dire *les brillantes*. Lorsque le mot *deva* prit le sens spécifique de *dieu*, *devî* signifia naturellement *déesse*, et les nuées brillantes devinrent les épouses (*devapatnîs*) ou les mères des dieux. On les appela *Gnâs*, γυναῖκες. Le double sens de νύμφη en grec, *nubes* en latin, rappelle cette conception (1).

Dans certains vers des védas les deux sens se confondent encore :

« Les mères (ou bien *les eaux*, car le mot sanscrit *ambayas* veut dire l'un et l'autre) s'en vont leur chemin ; elles sont les sœurs de ceux qui sacrifient volontiers : elles mêlent le lait avec le miel. »

Vritra enlève les nymphes célestes et les renferme dans sa caverne. Nous avons cité plus haut (p. 95) un vers qui se rapporte à cette conception : « Mariées au démon, gardées par Ahi, les Eaux étaient enfermées comme les vaches volées par Pani (2) ; mais *Indra*, en tuant *Vritra*, a ouvert la caverne qui leur servait de prison. »

(1) En sanscrit on trouve la même parenté entre *ambhas*, qui veut dire eau (ὄμβρος, *imber*), et *ambá* ou *ambi* (mère).
(2) *Pani*, l'un des noms de *Vritra*. Les deux formes du mythe sont comparées ici entre elles.

Il suffit d'indiquer ce côté du mythe, pour rappeler à l'esprit quelques-uns des plus célèbres épisodes de la mythologie grecque : Andromède livrée à un monstre que tue Persée, Perséphoné ravie par Pluton, sont bien les nymphes des védas; l'histoire de Pasiphaé doit être rapportée à la même famille de fables, quoique, par certaines circonstances, elle s'éloigne du thème primitif. Serait-il trop hardi de voir dans le double enlèvement d'Hélène un dernier souvenir du mythe déjà complétement transformé, dépouillé de son merveilleux, et accommodé aux exigences d'une poésie qui commençait à quitter le monde enchanté des dieux, pour s'intéresser surtout aux aventures des hommes? Le même mythe s'est peut-être perpétué dans la poésie épique de l'Inde : si le célèbre enlèvement de Sîtâ, l'épouse de Râma, par le géant Râvana, qui fait le sujet de l'épopée de Vâlmiki, n'est que la légende védique déguisée en événement historique, comme on peut le croire, puisque *Sîtâ* est l'un des noms de la déesse Çrî, qui personnifie l'abondance dans les védas, les Indous auraient pris pour sujet de l'un de leurs poèmes la même fiction qui a fourni aux Grecs leur Iliade.

La confusion que produisent dans l'idiome védique les termes qui signifient à la fois *nuage* et *montagne* a également laissé sa trace dans la mythologie grecque. Soit qu'on ait comparé à des montagnes les nuages amoncelés dans le ciel, soit qu'il y ait encore ici une de ces erreurs de sens causées par l'indétermination des mots, tous les substantifs qui dans le sanscrit classique veulent dire *montagne*, comme *parvata, adri, giri, açman*, ont une double signification dans les védas. De là des vers tels que ceux-ci :

« C'est toi, *Indra*, qui as fendu avec ta massue cette grande et large montagne, dieu qui lances la foudre : tu fis couler les flots enfermés; toi seul possèdes la force à jamais (1). »

« Tu as fait jaillir la source, tu as répandu les nuages, tu as rompu les chaînes des fleuves, lorsque tu fendis, ô *Indra*, la grande montagne, quand le fleuve s'élança et que tu battis les fils de *Dânu* (2). »

« Tu as ouvert le réservoir des eaux, tu as placé dans la montagne le trésor humide ; lorsque, ô *Indra*, tu frappas avec force le serpent *Vritra*, tu fis apparaître dans le ciel le soleil à tous les yeux (3). »

On pense bien que cette identité de mots n'a pas manqué de porter ses fruits dans la mythologie indienne. On voit plus tard *Indra* fendre les montagnes de son épée ou leur couper les ailes et les précipiter du haut du ciel (4); ou bien encore ce sont les *devas* (dieux) et les *daityas* (démons) qui font amitié ensemble et concluent un traité pour se procurer l'ambroisie, déracinent le mont *Mandara* qui la renferme, et tombent écra-

---

(1) *Rig-véda*, I, 57, 6.
(2) *Sâma-véda*, I, 4, 1 ; 3, 3.
(3) *Rig-véda*, I, 51, 4.
(4) *Bhâgavata-purâna*, VI, 12, 26, éd. Burnouf.

sés sous la montagne d'or qui s'écroule sur eux (1).

Chez les Grecs, le premier résultat de cette confusion d'idées fut le dieu Ακμων, père d'Ouranos. Son nom signifie enclume dans le langage habituel : mais, suivant Hésychius, ἄκμων désignait d'abord le ciel (2). C'est la double acception du védique *açman*, qui veut dire à la fois *ciel* et *pierre* ou *montagne*. Chez les Iraniens *açman* est resté le nom du ciel, et l'on se sert encore de ce terme dans la langue persane. Les montagnes que les géants entassent pour escalader le ciel, celles sous lesquelles Jupiter les écrase, ne sont pas autre chose, suivant toute apparence, que des montagnes védiques. Le mont Abas (inaccessible) sur lequel s'engage la lutte d'Héraclès et de Géryon est encore un reste de la même représentation. Toutefois les Grecs ne sont pas allés sur ce point aussi loin que les Indous : au lieu de *parvata* (nuage), on trouve souvent dans les védas le mot *pur*, qui a la même origine et qui marque simplement la plénitude (3); plus tard, *pur* signifia *ville*, et *Indra* fut métamorphosé en preneur de villes. Les *Brâhmanas* parlent souvent de la forteresse des *Asuras* ou démons, et les *purânas* célèbrent la destruction de *Tripura*, la triple ville bâtie par les ennemis d'Indra.

Nous n'avons pas parlé jusqu'ici d'une circonstance du mythe qui, sans y tenir d'une façon indissoluble, remonte

---

(1) *Bhâgavata-purâna*, VIII, 6, 32.
(2) R. Roth, *Zeitschrift für vergl. Sprachforschung*, t. II, p. 44.
(3) Cf. I, 63, 7; I, 53, 7.

pourtant à la plus haute antiquité, et jette de la lumière sur plusieurs particularités de la mythologie grecque. Indra, quand il s'aperçoit que les vaches lui ont été dérobées, envoie à leur recherche sa chienne *Saramâ* (1) (c'est-à-dire le vent, qui semble hurler dans la tempête). *Saramâ* a deux petits qui sont nommés d'après elle, de leur nom patronymique, *Sârameyau* : l'un s'appelle *Çabala* (le tacheté), nom qui vient sans doute, comme l'a conjecturé M. Weber, de l'adjectif *çarvara* « noir ». Dans un hymne à *Yama* (2), le dieu des morts, il est dit que ces deux chiens, qu'on dépeint comme ayant chacun quatre yeux, s'en vont en messagers chez les hommes, sans doute pour les conduire dans le royaume infernal (3). Ailleurs *Sârameya* est invoqué comme Dieu du sommeil, gardien de la maison, préservateur des maladies (4) :

« Toi qui détruis la maladie, qui protéges la maison, qui revêts toutes les formes, sois-nous un ami salutaire... Aboie au brigand, *Sârameya*, ou au voleur, toi qui cours et reviens. Qu'aboies-tu contre les chantres d'*Indra*? Pourquoi gronder contre eux? Répands le sommeil : que la mère, que le père, que le chien, que le chef de la tribu s'endorment et toute la tribu. »

M. Kuhn (5) a reconnu dans le chien *Sârameya* qui dé-

(1) *Rig-véda*, I, 62, 3.
(2) *Rig-véda*, VIII, 6, 15, 16. Voy. Kuhn, dans la *Zeitschrift* de Haupt, VI, p. 119. *Ind. Studien*, II, 295.
(3) L'âme étant regardée comme un souffle, le vent, qui est personnifié par le chien, est chargé de l'escorter.
(4) *Rig-véda*, V, 4, 22.
(5) *Zeitschrift* de Haupt, VI, 125.

couvre les retraites cachées, conduit les âmes aux enfers, préside au sommeil et guérit les maladies, le dieu grec Ἑρμείας ou Ἑρμῆς. L'identité des deux noms ne paraît pas plus douteuse que celle des fonctions. Ainsi s'explique la présence d'Hermès dans un grand nombre de mythes que nous avons mentionnés : il va porter à Phrixos son bélier d'or, assiste Persée contre la Gorgone, cherche Perséphoné aux enfers, dérobe les bœufs du Soleil. Quant à *Çabala*, il se retrouve sous le nom de Κέρβερος dans le royaume de Pluton (1). La poésie classique le dépeint bien tel que l'ont conçu les chantres védiques :

> Cerberus hæc ingens latratu regna trifauci
> Personat, adverso recubans immanis in antro (2).

Dante, qui place Cerbère dans son enfer, nous le montre exactement sous le même aspect :

> Cerbero, fiera crudele e diversa,
> Con tre gole caninamente latra
> Sovra la gente, che quivi è sommersa (3).

Il n'est pas jusqu'à la circonstance des quatre yeux qui ne soit conservée quelque part ; le scholiaste d'Euripide nous apprend (4) que c'est avec quatre yeux qu'on se représentait le chien qui gardait la vache Io.

Remarquons toutefois comment la poésie grecque, en touchant de sa baguette magique ces sombres visions, a su les transformer et les purifier. A la fois inventive et

---

(1) A. Weber, *Indische Studien*, II, 295.
(2) *Énéide*, VI, 417.
(3) *L'Inferno*, ch. VI.
(4) *Phéniciennes*, v. 1123.

fidèle, la Grèce n'a pas oublié le chien *Çabala* : mais elle l'a relégué au plus profond du Tartare. Elle a conservé *Sârameya*, le fils de la tempête : mais elle en a fait un dieu. Pendant que les Indous et les Perses amènent un chien au lit des mourants, pour qu'il les escorte dans le noir séjour, les Grecs ont confié la conduite des âmes à la figure ailée et souriante d'Hermès psychopompe, chantée par les poètes, immortalisée par les sculpteurs.

IX. — LE DOGME IRANIEN. ORMUZD ET AHRIMAN. — LE SERPENT DE LA BIBLE.

Nous arrivons à la nation qui, élargissant d'une façon inattendue les proportions du mythe de *Vritra*, en a fait l'événement capital de sa religion, qu'elle lui a subordonnée en entier; nous voulons parler de cette partie de la famille indo-européenne qu'on a nommée le rameau iranien, et qui comprend la Perse, la Médie et la Bactriane.

La Perse et l'Inde sont unies par les liens les plus étroits ; leurs langues ne diffèrent pas plus entre elles que les idiomes germaniques des idiomes scandinaves, ou le provençal de l'italien. Certaines parties du culte, certains dieux sont identiques chez les Perses et les Indous. Il est d'autant plus intéressant d'observer l'usage si différent que les deux nations ont fait du même mythe, qui, borné chez les Indous comme chez les Grecs au domaine de la fable et de la poésie, a eu au contraire une influence décisive sur la manière de voir et de penser des Perses, et est devenu pour eux l'histoire en raccourci de l'univers.

Le dualisme iranien est sorti du mythe de *Vritra*. On pourrait croire d'abord qu'une doctrine qui fait du monde le champ de bataille de deux principes ennemis, dont l'un distribue le bien, l'autre le mal, est une suggestion de l'expérience ou un produit de la réflexion philosophique. Il n'en est rien. Quoique les livres attribués à Zoroastre nous montrent le dualisme arrivé à son plein achèvement, l'analyse philologique permet de remonter à la première forme de cette conception et d'en découvrir le point de départ. *Ahriman* n'est pas autre chose que *Vritra* grandi et transformé, élevé au niveau de son adversaire, et remplissant de sa lutte contre le dieu suprême l'immensité du temps et de l'espace.

Il ne faudrait pas supposer que cette extension extraordinaire du mythe de *Vritra* fût entièrement l'œuvre de la Perse. A côté des vers qui montrent *Indra* disputant au démon la possession des vaches célestes, il en est d'autres dans les védas qui présentent le mythe sous un jour différent :

« Frappez-le, est-il dit quelque part, frappez *Vritra* avec force, généreux *Maruts*, de concert avec *Indra ;* que ce pervers ne règne pas sur nous (1) ! »

Et ailleurs :

« La foudre, ni le tonnerre, ni la pluie, ni la massue,

---

(1) *Rig.*, I, 23, 9.

ne lui servirent de rien. Lorsque *Indra* et *Ahi* combattirent ensemble, *Maghavat* (1) triompha pour tous les temps (2). »

Dans un autre endroit, *Vritra* porte le nom de *adeva*, l'ennemi des dieux, épithète qu'on croirait empruntée aux idées iraniennes.

Quand le panthéisme fut devenu, non pas seulement le système philosophique des écoles, mais la croyance universelle de l'Inde, au point que toute autre manière d'envisager l'univers fut pour les Indous lettre close, les commentateurs se trouvèrent fort embarrassés d'expliquer ces vers et ceux du même genre. Mais en les rapprochant de l'Avesta, nous voyons que le mythe de *Vritra* avait eu dans l'origine une portée plus grande qu'il n'en eut chez la plupart des peuples indo-européens par la suite. Au lieu d'un combat dont les vaches célestes sont le prix, on se le représentait quelquefois comme ayant pour objet la domination du monde. Le même caractère s'est conservé dans la lutte de Jupiter contre Typhon, dans celle de tous les dieux de l'Olympe contre les Titans. Hésiode le fait dire expressément à Zeus : « Depuis longtemps déjà, opposés les uns aux autres, nous combattons tous les jours pour la victoire et l'empire, les dieux Titans et nous, les fils de Kronos (3). » Il suffit de rap-

---

(1) Surnom d'*Indra*.
(2) *Rig*, I, 32, 13.
(3)   Ἤδη γὰρ μάλα δηρὸν ἐναντίοι ἀλλήλοισι
νίκης καὶ κράτεος περὶ μαρνάμεθ' ἤματα πάντα
Τιτῆνές τε θεοὶ καὶ ὅσοι Κρόνου ἐκγενόμεσθα.
Théolog., 646.

peler le Prométhée d'Eschyle pour évoquer ces grandes peintures d'une guerre implacable dont dépendent le sort des dieux et l'avenir du monde. Par un sentiment instinctif de ce dualisme, les Grecs ont placé dans les enfers la plupart des personnages qui dans leur mythologie jouent un rôle analogue à *Vritra;* Pluton lui-même, le roi du séjour *détesté des dieux,* ressemble par beaucoup de côtés au démon védique. De même, chez les Germains, la sœur du serpent *Midgard,* tué par *Donar,* a donné son nom *Hel* à l'enfer. La Grèce va encore plus loin : elle suppose que Jupiter, dans sa lutte contre Typhon, a eu le dessous, que les dieux ont dû se sauver du ciel; on montrait même en Crète le tombeau de Jupiter (1). Si l'on se reporte au caractère physique du mythe, on comprendra aisément ce qui a pu conduire à cette idée : pendant l'hiver, le dieu qui règne dans le ciel semble mort ou énervé, les sources de la lumière et de la chaleur sont taries, et le démon qui personnifie la stérilité paraît triompher dans le monde.

D'où vient cependant que le mythe de *Vritra,* qui contenait dès l'origine un germe de dualisme, n'ait porté ses fruits que dans la Perse? Pourquoi l'idée d'une lutte entre deux principes, qui s'est si fortement empreinte dans la religion mazdéenne, n'est-elle restée dans les autres mythologies qu'un incident secondaire? On a donné

---

(1) Callimaque, *Hymne à Jupiter,* v. 8 :

Κρῆτες ἀεὶ ψεῦσται· καὶ γὰρ τάφον, ὦ ἄνα, σεῖο
Κρῆτες ἐτεκτήναντο. Σὺ δ' οὐ θάνες· ἐσσὶ γὰρ αἰεί.

pour raison le climat de l'Iran, tour à tour bienfaisant et meurtrier, la configuration du pays, où les déserts de sable brûlant succèdent aux plaines fertiles (1). Mais la véritable cause, selon nous, est ailleurs. Les dieux védiques ont un double caractère : ils sont, en même temps, des forces physiques et des êtres moraux. Quoique dans certains hymnes védiques le caractère moral de *Varuna*, de *Mitra*, d'*Indra*, soit célébré en termes magnifiques, on s'aperçoit que, plus la religion indienne avance en âge, plus ce côté des dieux rentre dans l'ombre. Le panthéisme, en devenant la croyance philosophique de tous les esprits, les désintéressa de la mythologie : dans les dieux on ne vit plus que des figures fantastiques d'un ordre inférieur; leur autorité religieuse s'évanouit. L'Iran, au contraire, resté fidèle à ses premiers dieux, fit ressortir de plus en plus leur signification morale. Le mythe de *Vritra*, sans cesser d'être le combat de deux puissances qui se disputent le règne de la nature, fut surtout la lutte du juste et de l'injuste : il fut transporté de la sorte au dedans de l'homme, et la conception ébauchée par l'imagination prit une forme définitive dans la conscience. Une fois reçu dans ce foyer, le mythe, en rayonnant au dehors, éclaira toute la religion iranienne : le monde entier fut partagé entre les deux principes. C'est là la véritable originalité de la religion de l'Avesta, qu'on a prise à tort pour une réforme : tandis que le brahmanisme n'a gardé des croyances primitives que la lettre,

---

(1) Voy. Duncker, *Geschichte des Alterthums*, t. II, p. 297 ss.

le mazdéisme en a conservé l'esprit : le Perse, qui voit l'univers partagé entre deux forces partout en présence et tour à tour victorieuses, jusqu'au triomphe final d'*Ormuzd*, est plus près des représentations mythologiques du premier âge que l'Indou qui, ne voyant partout qu'apparence et illusion, suppose l'univers et sa propre personnalité enveloppés dans l'existence d'un seul être.

Nous retrouvons en zend les mêmes noms que dans le mythe védique. *Vritra* est, en zend, *verethra*, et *vritrahan* (meurtrier de *Vritra*) est *verethraghna* ou *verethraja* (1). Au moment où les Ariens se scindèrent en deux peuples, ce mot avait déjà pris le sens général de *victorieux*, car nous le trouvons employé dans l'Avesta, comme dans les védas, pour qualifier, non-seulement les dieux, mais les objets les plus divers (2). On le rencontre au comparatif et au superlatif, et il est même usité comme nom propre pour désigner un dieu ou *ized* qui personnifie la victoire, *Verethraghna*, dans les langues modernes *Behram*. L'autre nom du démon, *Ahi* (serpent), est en zend *azi* ou *aji*, auquel vient s'ajouter d'ordinaire l'épithète *dahâka*, qui veut dire *ennemi*. On voit que les termes sont exactement les mêmes. Si l'on cherche dans les livres zoroastriens les circonstances du mythe védique, on les trouve dispersées çà et là, réduites comme en poussière, mais présentes partout. Le héros *Traëtaona*, qui

---

(1) E. Burnouf, *Comm. sur le Yaçna*, pp. 190, 282, et p. cxxviii. *Journ. as.*, 1845, avril, p. 304; juin, p. 414.

(2) On dit, par exemple, d'un hymne, qu'il est *verethrazançtema* (très-victorieux).

n'est autre que le dieu *Trita* (1) ou *Traitana* des védas, et qui figure dans l'épopée persane sous le nom de *Féridoun*, tue le serpent *azi dahâka*, qui a trois têtes trois queues, six yeux, mille forces (2); le héros *Kereçâçpa*, le *Guerschasp* du *Schâh-namèh*, dont le nom cache probablement une ancienne divinité solaire, frappe de sa massue le serpent *Çravara* (le Κέρβερος grec, le *Çabala* védique) (3). Ailleurs une lutte s'engage entre le dieu *Tistrya*, qui conduit les eaux des nuages vers la mer céleste, et le démon *Apaosha* qui veut les retenir. Mais ces combats ne sont que des épisodes de la grande guerre commencée depuis l'origine du monde entre *Ormuzd* et *Ahriman*.

On peut objecter que le nom d'*Anrô mainyus* (Ahriman), qui signifie l'*Esprit des ténèbres*, indique un être immatériel, et qu'il exclut la forme physique que les védas attribuent à *Ahi*. Mais cette expression a été inventée pour faire opposition au surnom ordinaire d'Ormuzd: *çpentô mainyus* (l'*Esprit de lumière*). Par un effet de la symétrie qui règne dans le Parsisme, *Ahriman* est devenu créateur d'une partie du monde, chef d'une légion d'êtres qui lui obéissent, source première des mauvaises pensées et des mauvaises actions. C'est petit à petit que l'ancien démon védique est arrivé au rôle considérable qu'il joue dans les livres zends : à mesure qu'*Ormuzd* revêtait un

---

(1) Voy. plus haut, p. 85.
(2) *Yaçna*, IX, 21.
(3) *Yaçna*, IX, 31.

caractère plus auguste et prenait le pas sur les autres dieux, *Ahriman* recevait de l'imagination populaire de plus amples proportions; tout ce que l'on ajoutait à la majesté du dieu faisait monter d'autant son ennemi. Par une réaction curieuse à observer, *Vritra*, uni d'une façon indissoluble à son adversaire, profitait des progrès que les Perses faisaient vers le monothéisme, et tandis qu'*Ormuzd*, grandissant en puissance, réunissait tous les attributs célestes, *Ahriman*, concentrant dans sa personne tous les éléments négatifs, arrivait à former le pôle opposé de la religion mazdéenne.

Une fois qu'il a donné naissance au dualisme iranien, *Ahriman* appartient autant à la métaphysique qu'à la mythologie : son histoire se confond avec celle du parsisme. Mais quand un mythe a pénétré aussi profondément dans les croyances d'un peuple, il se reproduit sous mille formes : à côté de la représentation principale de la lutte entre deux principes, la fable de *Vritra* poussa une quantité de rejetons qui pullulèrent dans le mazdéisme et survécurent à la chute de la religion. Le *Schâh-namèh*, ce vaste et curieux recueil poétique des traditions de la Perse nous en offre la preuve : sous prétexte de raconter les origines de la monarchie persane, le poëme de Firdousi nous retrace les mythes de l'Avesta, dépouillés de leur merveilleux, et arrangés en événements humains par l'évhémérisme populaire. Il y a peu de comparaisons qui éclairent autant l'histoire des mythes que l'étude des légendes du *Schâh-namèh*, mises en regard de leur forme originale conservée dans les livres zends. Nous allons en indiquer un exemple (1).

On a vu plus haut que *Thraêtaona*, un ancien dieu védique commun aux deux fractions de la famille arienne, défait le serpent *azi dahâka*. Thraêtaona, dans le *Schâh-namèh*, est devenu un roi de la première dynastie, *Féridoun*, qui délivre l'Iran de la tyrannie d'un usurpateur venu du fond de l'Arabie, *Azdehâk* ou *Zohâk*; l'identité des noms est évidente (2). Le serpent *azi dahâka* est décrit par les livres zends comme ayant trois têtes; or le *Schâh-namèh* raconte que le roi arabe Zohâk ayant un jour été embrassé par le démon sur les deux épaules, il sortit de chaque épaule un serpent dont la tête, quand on la coupait, repoussait comme une branche d'arbre. On le voit, c'est un mélange singulier d'extrême fidélité dans les faits, et de spirituelle innovation dans l'interprétation.

On pourrait faire sur la plupart des héros de la première partie du *Schâh-namèh* la même étude que sur *Féridoun*. Ils recommencent tous pour leur propre compte la même lutte qu'*Ormuzd* soutient dans l'Avesta : tantôt *Ahriman* paraît sous la figure d'un prince ennemi; alors le dualisme, se matérialisant, prend la forme d'une guerre entre l'Iran et le Touran; tantôt il se montre avec un aspect de dragon lançant des flammes et attirant à lui ses ennemis. Nous ne citerons qu'une seule de ces

---

(1) Voy. Roth, *die Sage von Feridun* (*Zeitschrift der deutschen morgenländischen Gesellschaft*, t. II, p. 216).

(2) Le changement du *th* en *f* est fréquent. Comparez le polonais *Théodor* et le russe *Fédor;* le grec ancien θήρ et le moderne φήρ (en latin *fera*).

innombrables peintures qu'on peut rapprocher de la description de Typhon dans Hésiode : c'est Zal, l'un des plus célèbres guerriers de l'épopée persane, qui raconte lui-même son combat (1). « N'eussé-je, moi qui porte la tête plus haut que les plus fiers, laissé d'autres traces dans le monde que la destruction de ce dragon qui sortit du lit du *Kaschaf*, et rendit la terre nue comme la main, cela suffirait à ma gloire. Sa longueur égalait la distance d'une ville à une autre, sa largeur remplissait l'espace d'une montagne à une autre. Les hommes tremblaient devant lui, ils étaient au guet jour et nuit. Je vis que l'air était vide d'oiseaux, et la face de la terre privée de bêtes sauvages. Le feu du dragon brûlait les ailes des vautours, son venin dévorait la terre. Il aurait tiré de l'eau le crocodile farouche, et de l'air l'aigle aux ailes rapides. La terre devenait vide d'hommes et d'animaux, et toute créature lui cédait la place... J'arrivai près de lui, et je le vis semblable à une grande montagne, traînant par terre les poils de sa tête pareils à des cordes. Sa langue était comme un tronc noir, sa gueule était béante et pendait sur le chemin; ses deux yeux ressemblaient à deux bassins remplis de sang. Il me vit, hurla et vint à moi avec rage. Il me semblait, ô roi, qu'il était rempli de feu; le monde était devant mes yeux comme une mer, et une fumée noire volait vers les nuages sombres... » Le poète mahométan du xie siècle, quoique séparé des poètes de la Grèce par la triple barrière du temps, de l'idiome et de la reli-

(1) *Schâh-namèh*, I, p. 309, trad. de M. Mohl.

gion, reproduit, sans le savoir, les mêmes images. Il ne peut être question d'imitation ni d'emprunt : c'est dans la mémoire du peuple persan que Firdousi a recueilli ces légendes, aussi anciennes que la race indo-européenne.

Comme la Perse s'est trouvée de bonne heure en contact avec la Judée, on peut se demander si le mythe de *Vritra* n'a pas pénétré chez les Juifs, et l'on peut être tenté de rechercher si leurs livres n'en contiennent pas quelques traces. Sans doute le dualisme systématique des Iraniens devait répugner à un peuple qui avait fait du monothéisme le dogme fondamental de sa religion. Mais il ne serait pas étonnant que quelqu'une des légendes si nombreuses sorties du mythe de Vritra se fût frayé un chemin jusqu'en Palestine, et eût pris sa place dans les livres juifs, en s'accommodant au caractère général de la religion israélite. Une telle question pourrait paraître téméraire si les livres hébreux étaient purs de tout mélange étranger; mais on peut citer des preuves, en quelque sorte matérielles, de l'influence du parsisme sur les croyances hébraïques. Le livre de Tobit contient des traces évidentes de la démonologie iranienne. *Asmodée*, ce mauvais esprit qui aime Sarra, fille de Raguel (1), et tue successivement sept hommes qui lui sont donnés en mariage, appartient à la Perse par son rôle comme par son nom. C'est *Aéshma daêva* (en parsi, *Eshem-dev*), c'est-à-dire le démon de la

(1) vi, 14.

concupiscence, une sorte de Cupidon, plusieurs fois nommé dans l'Avesta comme le plus dangereux de tous les *devs* (démons) (1).

Il est vrai que le livre de Tobit, dont nous n'avons même pas le texte hébreu, est un des plus récents de la Bible. Mais si nous trouvons dans les parties plus anciennes des conceptions du même genre, il sera permis de supposer que des légendes iraniennes ont pénétré chez les Juifs, soit pendant, soit même avant l'époque où ils se trouvèrent en communication immédiate avec la Perse. La foi à des démons devait d'autant plus facilement trouver accès chez les Hébreux, que leurs livres contiennent plusieurs passages qui ne sont pas sans analogie avec les croyances parses. Le livre de Job introduit Satan dans le conseil de Jéhovah; le Lévitique parle d'un bouc qu'il faut offrir à Hazazel. Ces passages sont d'un sens très-vague ; mais il n'en fallait pas davantage pour familiariser les Juifs avec l'idée d'un tentateur ou d'un démon, et pour les disposer à accueillir les légendes étrangères conçues dans le même esprit (2).

Le récit contenu dans le troisième chapitre de la Genèse offre avec les croyances mazdéennes un rapport trop frappant, pour que nous puissions nous refuser à y voir une infiltration des idées iraniennes. Non-seulement le serpent rappelle *Ahriman* par sa forme et par son rôle, mais le paradis, l'arbre de vie, l'arbre de la science, sont

---

(1) Benfey und Stern, *die Persischen Monatsnamen*, p. 201.
(2) Michel Nicolas, *Doctrines religieuses des Juifs*, p. 241.

des représentations qui reviennent souvent dans les livres zends, tandis qu'elles se trouvent isolées et comme égarées dans le Pentateuque. Le reste de la Bible (nous ne parlons pas des livres les plus récents) n'y fait aucune allusion ; bien plus, le caractère de la narration juive semble indiquer une provenance étrangère. Le mythe est naïvement défiguré, et certaines circonstances fabuleuses sont rapportées par l'historien sans qu'il en comprenne le sens. Ainsi le serpent, tout en jouant le rôle d'*Ahriman*, est simplement présenté comme *le plus rusé des animaux que l'Éternel Dieu avait faits*. Ces paroles de Dieu : « *Je mettrai inimitié entre toi et la femme, et entre ta semence et la semence de la femme; cette semence te brisera la tête et tu lui mordras le talon,* » sont comme une réminiscence vague de la guerre éternelle qu'*Ahriman* fait au genre humain. La narration biblique porte le caractère d'un récit pris de seconde ou de troisième main et altéré par la circulation. C'est le tableau de l'invasion d'*Ahriman* dans le monde, interprété par le peuple hébreu dans le sens du monothéisme, et arrangé en apologue.

Au reste, quand les Juifs se trouvèrent plus tard mêlés aux Perses et pénétrés en tous sens par leurs croyances, ils ne s'y trompèrent pas, et d'instinct ils reconnurent Satan dans le serpent, et un *paradis* dans le jardin d'Éden. Dans les derniers livres de la Bible, la ressemblance devient beaucoup plus directe ; dans Zacharie (1) et dans

(1) III, 1.

le premier livre des Chroniques (1), Satan s'approprie le caractère d'*Ahriman*, et apparaît comme l'auteur du mal. Plus tard encore, nous voyons que Satan est devenu le prince des démons (2), la source des mauvaises pensées (3), l'ennemi de la parole de Dieu (4). Il tente le fils de Dieu; c'est lui qui, pour le perdre, est entré dans Judas. L'Apocalypse nous montre Satan revêtu des attributs physiques d'*Ahriman* : il est appelé le dragon, le serpent ancien (5); il livre des combats à Dieu et à ses anges. Le mythe védique, transformé et agrandi par les livres iraniens, entre par cette voie dans le christianisme. Saint Michel, qu'un passage de Daniel (6) indiquait pour ce rôle, défait le dragon comme un autre *Thraêtaona*. « Et il y eut une bataille au ciel (7); Michel et ses anges combattaient contre le dragon, et le dragon et ses anges combattaient contre Michel. Mais ils ne furent pas les plus forts, et ils ne purent plus se maintenir dans le ciel. Et le grand dragon, le serpent ancien, appelé le diable et Satan, qui séduit le monde, fut précipité en terre, et ses anges furent précipités avec lui. »

Une fois que l'Apocalypse, en donnant place à une représentation répandue dans tout le monde indo-européen, l'eut autorisée aux yeux de la foi, les traditions

---

(1) XXI, 1.
(2) Matthieu, IX, 34.
(3) Apocalypse. V, 3.
(4) Luc, VIII, 12.
(5) XXII, 2.
(6) X, 13.
(7) Apoc., XII, 7.

locales substituèrent saint Michel, saint Georges ou saint Théodore à Jupiter, Apollon, Héraclès ou Persée (1). C'est sous ce déguisement que le mythe védique est parvenu jusqu'à nous et qu'il a encore ses fêtes et ses monuments. Les arts l'ont consacré en mille manières : saint Michel, une lance à la main, debout sur le dragon, est une image aussi familière à tous les yeux que l'a pu être, il y a trente siècles, à l'esprit des Indous, le dieu *Indra* foulant aux pieds le démon *Vritra* foudroyé.

X. — LE MYTHE GERMANIQUE.

La mythologie germanique, qui s'est montrée si riche en documents de la plus haute antiquité, depuis qu'on a su l'interroger, nous offrira un certain nombre de faits à ajouter à l'histoire de *Vritra*. Outre les anciens poèmes allemands ou scandinaves, encore tout pleins des dieux décrits par Tacite, les mythologues allemands trouvent une mine inépuisable dans les usages, les traditions et jusque dans les proverbes et les locutions encore en vigueur aujourd'hui. On peut s'étonner de cette persistance ; mais les mythes, qui sont comme la cristallisation du langage, s'y attachent et se perpétuent avec lui. La Germanie parle encore l'idiome qui a servi à nommer ses anciens dieux ; elle prononce leur nom sans s'en douter, et il suffit de creuser le langage populaire pour mettre à découvert toute une religion que le temps a à peine en-

(1 Voy. M. Maury, *les Légendes pieuses*, p. 131.

fouie. Dans son grand ouvrage sur la mythologie allemande, J. Grimm fait servir à l'histoire des dieux les dénominations données aux pierres, aux plantes et aux animaux, les noms propres des hommes et des lieux, les termes employés pour désigner les jours de la semaine ou les fêtes de l'année, les légendes locales et les contes transmis de père en fils dans les campagnes. Comme en sanscrit et en grec, il arrive souvent qu'en ramenant à leur sens étymologique les noms des personnages qui figurent dans un mythe, la fiction disparaît, faisant place à un phénomène physique.

L'équivalent de *Dyaus* et de Jupiter dans la religion des anciens Germains est le dieu *Zio;* mais la divinité suprême s'est fractionnée, et à côté de *Zio*, paraissent au premier rang *Wuotan* et *Donar*. Le dieu *Donar*, en vieux saxon *Thunar*, en anglo-saxon *Thunor*, en norrois *Thôrr*, représente le tonnerre, qui porte encore ce nom en allemand (*donner*) (1). Il lance le marteau *Miölnir*, dont le passage est précédé de l'éclair et qui, après avoir frappé le but, revient de lui-même dans sa main. *Marteau* se dit en vieil allemand *hamar* (aujourd'hui *hammer*), mot qui anciennement désignait une pierre dure, un rocher. La lettre allemande *h* est remplacée dans les langues slaves par un *k*; *hamar*, en slave, devient *kamen*, en lithuanien *akmu*, génitif *akmens* : nous retrouvons ainsi le mot sanscrit et zend *açman* et le grec ἄκμων (2).

---

(1) Grimm, *Myth.*, p. 151.
(2) Id., *ibid.*, p. 165. Bopp. *Lexique sanscrit*, s. v. *Açman*.

Donar livre combat au serpent *Midgard*, frère de *Fenris-wolf* et de *Hel*. *Fenriswolf* est le loup qui hurle dans la tempête; *Hel*, qui a donné son nom à l'enfer germanique, est le nuage qui recèle (*hehlen*, cacher) l'orage. L'haleine de *Midgard* est empoisonnée : *Donar* lui-même, en le tuant, est suffoqué.

La mythologie allemande raconte que le marteau de *Thôrr* lui a été dérobé par un géant et enterré profondément dans la terre; tous les ans il remonte quelque peu, et au bout de sept ans il revient à la lumière. D'un autre côté, les légendes de la Bavière et de la Souabe parlent de trésors commis à la garde de dragons et enfouis dans le sol, qui, au bout de sept ans, remontent à la surface (1). La parenté des deux idées est aisée à voir. Les nuages dorés par l'éclair sont considérés comme un trésor qui, après avoir brillé dans le ciel, va se cacher au plus profond de la terre; pour l'emporter, il faut tromper ou vaincre le dragon qui le garde ici-bas, comme il le défendait dans les airs. C'est là le célèbre et mystérieux trésor des *Nibelungen*, dont il est tant question dans l'épopée germanique. *Siegfried*, le héros du poème, rencontre au pied d'une montagne les nains *Nibelung* et *Schilbung* qui se disputent le trésor de leur aïeul. Invité à le partager entre eux, il reçoit en récompense l'épée invincible du vieux roi *Nibelung;* mais il ne parvient pas à diviser le trésor, qui est reporté dans la montagne. Une lutte s'engage entre les descendants de *Nibelung* et *Sieg-*

---

(1) Schwartz, *der Ursprung der Mythologie*, p. 64.

fried; il les tue, ainsi que douze géants et sept cents de leurs serviteurs. Le nain *Alberich* veut venger ses maîtres ; mais il est vaincu également, obligé de céder le bonnet (*tarnkappe*) qui le rend invisible et de prêter serment à *Siegfried*, par qui il est constitué le gardien du trésor (1). Indépendamment du combat contre les *Nibelungs*, il est fait mention d'une victoire de *Siegfried* sur un dragon (*lindwurm*) dont le sang, en coulant sur son corps, le rend invulnérable. Le héros épouse la princesse bourguignonne *Kriemhild*; il périt dans une partie de chasse, frappé par *Hagen*, qui connaît la seule place de son corps par où il peut être blessé. Le trésor des *Nibelungs*, qui était la dot de *Kriemhild*, est descendu par elle dans le Rhin. Le poème, dans sa seconde partie, fait intervenir Attila (*Etzel*), roi des Huns, qui épouse *Kriemhild;* celle-ci emporte avec elle sa dot et la fait servir à la vengeance de son premier mari.

Dans les chants scandinaves nous retrouvons intacte la fable dont l'épopée des *Nibelungen*, dans sa rédaction actuelle, nous montre les fragments brisés. Il n'est pas question de Huns ni de Bourguignons ; l'action est encore placée dans son milieu mythique. *Siegfried* apparaît comme le représentant d'*Odin :* dans l'un de ces chants on lui donne le nom de *Sigemund*, et *Sigmundr* est un des surnoms du dieu (2). Tout est merveilleux dans sa vie ; il est élevé par le génie *Regino*, aimé de la walkyrie

---

(1) *Nibelungen*, 3º aventure.
(2) Grimm, *Myth. all.*, p. 344.

Brunhild, armé d'un casque qui le rend invisible; il tue le serpent *Fâfnir* qui garde le trésor du roi *Nifling*, c'est-à-dire le roi des nuages (en allemand *nebel*, νέφος, *nubes*), et il tombe sous les coups du perfide *Hagano*, comme le divin *Grîpir* le lui avait prédit.

Que ce mythe, modifié par le génie et d'après le climat des peuples du nord, soit originairement identique à celui de *Vritra*, c'est ce qu'il n'est guère permis de révoquer en doute. La ressemblance de *Siegfried* avec Achille est manifeste et conduit à l'hypothèse que l'Iliade a, comme les *Nibelungen*, pour donnée première un fait mythologique, que des événements réels, qui y ont été mêlés, ont contribué à défigurer. Diverses circonstances qui, dans l'histoire de *Donar* ou de *Siegfried*, pourront sembler nouvelles, ont leur équivalent dans la mythologie de l'Inde ou de la Grèce. De même que le marteau de *Thôrr* revient de lui-même dans sa main, les flèches d'Apollon lui sont rapportées par le vent (1). Le casque qui rend *Siegfried* invisible est attribué par Homère à Pluton (2); Persée le reçoit du dieu pour combattre la Gorgone. Quant à la fable du dragon gardant des trésors, elle se trouve dans les védas (3), aussi bien que dans la mythologie classique. Il suffit de rappeler les vers de Phèdre (4) : « *Ad draconis speluncam ultimam, custodiebat*

---

(1) Quintus de Smyrne, III, 86. Schwartz, ouvrage cité, p. 105.
(2) *Iliade*, V, 845.
(3) *Dasyum dhaninam* (*divitem dæmonem*, en parlant de *Vritra*). *Rig-véda*, I, 33, 4.
(4) *Phèdre*, IV, 19.

qui *thesauros abditos.* » Les mots de πλούτων et de *Dis*, appliqués au dieu des enfers, tiennent à la même conception. Ainsi les différentes mythologies que nous passons en revue se complètent l'une l'autre, et les traits mêmes qu'on est tenté d'abord de regarder comme des innovations de l'une d'elles, se retrouvent, marqués plus ou moins fortement, dans toutes.

XI. — ALTÉRATION DU MYTHE CHEZ LES GRECS ET CHEZ LES INDOUS.

Pour terminer l'histoire de notre mythe, il nous reste à le suivre dans la dernière partie de son existence, quand il se trouva dans la Grèce et dans l'Inde en présence de générations nouvelles habituées à la réflexion, qui le prirent tour à tour pour thème à leurs créations poétiques, pour texte à leurs commentaires philosophiques, ou pour point de mire à leurs moqueries. De toutes façons le mythe dut se modifier; mais les transformations auxquelles il fut exposé sont de deux sortes, suivant que ce fut le peuple ou un seul homme qui le remania. Quand Eschyle ou Gœthe s'emparent d'une légende, ils la renouvellent de fond en comble : donnée première et circonstances accessoires, ensemble et menus détails, tout change d'aspect sous leur main. On peut dire qu'ils en dénaturent à la fois l'esprit et le corps. Au contraire, quand la fable est modifiée par le travail du temps, par le changement des usages ou de la religion, par le progrès des mœurs et des idées, en un mot quand elle est soumise à l'action d'une force lente et impersonnelle, c'est l'esprit seul qui change, et le corps, c'est-à-dire la suite du récit et la trame de la conception, se conserve avec une grande fidélité.

Au moment où la mythologie grecque allait être décomposée par l'analyse philosophique, Eschyle se saisit du mythe des Titans et l'immortalisa en le défigurant. Le *Prométhée enchaîné*, qui est un épisode de la guerre des Géants contre les Dieux, n'emprunte guère à la fable que les noms des personnages. Prométhée, inventeur des arts utiles, défenseur de l'Olympe, vainqueur de Kronos et des Titans, qu'il enferme dans le Tartare, victime de l'ingratitude de Zeus, et attendant sur son rocher l'époque connue de lui seul où le troisième dieu doit tomber ; cette conception, pleine d'une mystérieuse grandeur, appartient au génie méditatif du poète (1). Eschyle a si bien fait illusion à la postérité, que le mythe des Titans parut dès lors renfermer le secret de l'histoire religieuse de la Grèce antique. Mais il ne faut pas confondre la donnée populaire avec l'œuvre du poète : l'erreur serait la même que si nous voulions retrouver dans la légende de Faust, telle qu'elle était jouée sur les théâtres du moyen âge, la portée philosophique du drame immense que Gœthe en a tiré.

Pendant qu'Eschyle donnait aux Titans un éclat inat-

---

(1) V. *Prométhée enchaîné*, v. 199, ss. 958 ss. et M. Patin, *Études sur les tragiques grecs*, I, pp. 250-294 ss. 2ᵉ éd.

tendu, qui les fit sortir pour toujours du groupe mythologique auquel ils appartenaient, le reste de cette famille de monstres continuait une existence modeste, souvent exposée aux outrages du temps et aux moqueries de la foule. A moins d'une adoption illustre, le sort des mythes est d'être livrés à la risée, le jour où la religion, à l'abri de laquelle ils ont grandi, a cessé de les protéger. Cette raillerie grossière, fruit de la réflexion qui s'éveille, est bien différente de la gaieté bienveillante avec laquelle, aux époques de foi, certaines fables reçoivent un tour comique de l'imagination populaire. L'histoire de Polyphème dans Homère est un exemple du mythe traité de cette dernière façon : ce Cyclope, moitié naïf, moitié terrible, si énorme que son bâton ressemble à un mât de vaisseau, qui se croit plus grand que Jupiter et qui tombe lourdement dans les piéges de son faible et intelligent ennemi, qu'est-ce autre chose, au fond, que le Géryon des matelots grecs (1)? C'est ainsi que le mythe des bœufs du Soleil se racontait à bord des navires. Quelque chose de la même gaieté inoffensive a passé dans le *Cyclope* d'Euripide.

Mais il ne paraît pas, autant qu'on en peut juger par

---

(1) *Odyssée*, IX, 216. L'aventure de Polyphème se renouvelle sous une autre forme en Sicile (XII, 260), où les compagnons d'Ulysse prennent les bœufs d'Hélios. Remarquez cette circonstance qu'Homère ne peut plus expliquer, mais qui appartient à la donnée primitive du mythe; quoique tués et mis à la broche, les bœufs mugissent encore :

Τοῖσιν δ' αὐτίχ' ἔπειτα θεοὶ τέραα προὔφαινον·
εἷρπον μὲν ῥινοί, κρέα δ' ἀμφ' ὀβελοῖς ἐμεμύκει
ὀπταλέα τε καὶ ὠμά· βοῶν δ' ὣς γίγνετο φωνή.

Odyssée, XII, v.394.

quelques fragments, qu'il en ait été de même de la comédie grecque, où Géryon semble avoir été simplement livré aux rires de l'amphithéâtre, comme un type de la gloutonnerie (1) : peut-être son nom servait-il à tourner en ridicule un personnage politique. Rien n'est fréquent, mais rien n'est vide de sens, comme cette gaieté que provoquent les récits de la mythologie grecque. Sans doute il ne faut pas demander aux fables un sens symbolique qu'elles n'ont pas ; mais que dire de ceux qui en font un sujet de dérision, et qui, sans le savoir, emploient pour expliquer ces contes, qui leur paraissent si plaisants, les termes mêmes d'où ils sont sortis?

L'ignorance n'est pas le pire ennemi des fables arrivées à la vieillesse; le peuple conserve toujours pour elles un fond d'indulgence, comparable à l'amitié que les enfants portent aux figures grotesques dont ils s'amusent. Mais les fables ont à subir les mépris de la science qui s'essaye, et cette sorte de répulsion que l'esprit de réflexion, dans ses commencements, éprouve pour tout ce qui est irréfléchi et spontané. Socrate nous représente la pensée grecque, arrivée à la conscience d'elle-même, éprise de la dialectique, de la psychologie, de la morale, et se désintéressant de plus en plus des croyances du passé. Dans le début du *Phèdre*, nous voyons Socrate parler avec dédain précisément du mythe que nous avons examiné : « Quant à moi, Phèdre, je pense que ces explications sont fort ingénieuses, mais elles exigent un

(1) Meineke, *Comicorum græcorum fragmenta*, I, p. 351 ; III, p. 323.

grand effort d'esprit, et elles mettent un homme dans une position assez difficile; car, après s'être débarrassé de cette fable, il est obligé d'en faire autant pour le mythe des Hippocentaures et pour celui des Chimères. Puis une foule de monstres non moins effrayants se présentent, les Gorgones, les Pégases et d'autres êtres impossibles et absurdes. Il faudrait de grands loisirs à un homme, qui ne croirait pas à l'existence de ces créatures, pour donner une idée plausible de chacune d'elles. Pour moi, je n'ai pas de temps à donner à ces questions, car je ne suis pas encore arrivé, selon le principe de l'oracle de Delphes, à me connaître moi-même, et il me semble ridicule qu'un homme qui s'ignore s'occupe de ce qui ne le concerne pas. »

En lisant ces mots, on croit entendre la Grèce, parvenue à l'âge viril, parler avec dédain des jeux de son enfance. Socrate, qui sentait quelle influence la philosophie allait exercer sur le monde, faisait peut-être trop bon marché de tout ce qui ne relevait pas de l'enseignement philosophique. Il traite la mythologie comme l'analyse du langage, qu'il abandonne aux sophistes. Mais ce mythe des Gorgones, qu'il déclare indigne d'occuper un homme sérieux, et qu'il croyait sans doute à la veille de tomber dans l'oubli, était plus profondément gravé dans l'esprit de l'humanité qu'il ne le pensait; il devait subsister à côté de la philosophie socratique, et il subsiste encore aujourd'hui, quoique caché à l'ombre d'une religion nouvelle. Les peuples, comme les individus, ne sauraient tenir trop de compte des premières années de leur vie, qui sont les plus décisives et les plus fécondes. Ils se flatteraient vainement, quelques connaissances nouvelles qu'ils puissent acquérir, d'échapper à leur influence et de rompre avec elles.

Au reste, après un premier mouvement d'orgueil, la philosophie revint à la fable, et cette fois ce fut pour l'accommoder à ses doctrines. Si la véritable origine des mythes devait être méconnue, mieux valait certes qu'ils fussent regardés comme l'expression des grandes lois de l'univers et des vérités morales, que comme de sottes et vulgaires anecdotes. Mais ce dernier genre de malheur ne fut pas épargné à notre fable. Elle tomba aussi aux mains de ces froids interprètes qui disséquaient la mythologie pour en extraire de prétendus faits historiques. Nous avons déjà vu les efforts de l'évhémérisme romain pour dépouiller le mythe de Cacus de tout ce qui en fait le charme, et le réduire à un événement de la plus triste banalité. La mythologie grecque n'a pas été exempte du fléau de l'interprétation anecdotique. Plutarque, dans son dialogue *Sur le silence des oracles* (1), introduit un personnage qui fait du serpent Python un ancien tyran qui aurait été mis à mort par ses sujets et dont la chute serait encore fêtée à Delphes. Ailleurs (2), il cite une explication d'après laquelle la Chimère aurait été un pirate lycien, appelé Chimarros, homme dur et cruel, dont la

---

(1) Chap. xv.
(2) *Sur les vertus des femmes*, IX.

barque portait sur la proue l'image d'un lion, sur la poupe celle d'un dragon ; il infestait la mer, quand Bellérophon, monté sur le Pégase (probablement un navire), en débarrassa la Lycie (1). Suivant une autre version, la Chimère était une montagne qui renvoyait les rayons du soleil sur la plaine et la desséchait au point qu'elle y semblait lancer des flammes ; Bellérophon la fit raser. Je cite ces interprétations, entre beaucoup d'autres, pour montrer jusqu'à quel point un peuple est amené à méconnaître ses premières conceptions, quand il a perdu le sentiment instinctif qui les lui faisait comprendre, et qu'il n'a pas encore les instruments scientifiques pour les analyser. Comme dernier terme de cette décadence des mythes, on peut indiquer la locution grecque qui désignait les ventriloques sous le nom de *Pythons*, par allusion à la faculté prophétique que la fable prêtait à tous les monstres personnifiant le nuage.

Il y a un autre genre d'altération dont l'Inde et la Perse offrent de nombreux exemples et dont le principe est l'interprétation théologique. Le mythe de *Vritra*, entre les mains des brahmanes et des mages, prend un aspect sacerdotal. On peut déjà observer cette transformation dans les védas : ainsi, dans les hymnes les plus récents, ce n'est pas avec la foudre ou la massue qu'*Indra* combat le démon, c'est avec la prière ; au lieu des *Maruts* (les vents), il a pour alliés les prêtres et ceux qui pourvoient au sacrifice : « Lorsque, ô *Indra !* tu enveloppas

(1) *Sur les vertus des femmes*, IX.

de toutes parts les deux mondes de ta puissance, tu dispersas ceux qui ne priaient pas avec le secours de ceux qui prient, le démon avec l'aide des prêtres (1). »

D'autres fois, c'est avec le secours d'une certaine formule, avec un ustensile du sacrifice, avec un vers du *Rig* ou avec le mètre employé dans un certain hymne, qu'*Indra*, ou bien *Brihaspati* (le dieu de la prière), qui le remplace, mettent Vritra en déroute. C'est ainsi qu'un commentaire du *Sâma-véda* dit, en parlant d'une espèce particulière de rhythme : « *Indra* lança sa foudre contre Vritra, mais celui-ci s'y enroula seize fois; alors il (*Indra*) aperçut ce *padastobha* (une sorte de mètre) avec lequel il le fit prisonnier. » De même, en Perse, c'est avec les armes spirituelles, avec la prière, les instruments du sacrifice, les formules magiques, que le démon est le plus efficacement combattu. Dans le célèbre chapitre du *Vendidad*, qui a pour sujet la tentation de Zoroastre, le prophète iranien repousse toutes les attaques des démons en leur présentant les pierres qui servent à exprimer le breuvage du sacrifice.

Mais c'est dans les *Purânas*, vastes compositions poétiques qui nous montrent la mythologie indienne arrivée à sa dernière période, qu'on trouve la métamorphose la plus singulière de la fable de *Vritra*. Il n'y a plus, dans ces poèmes, aucune différence morale entre les dieux et les démons : les uns et les autres sont des êtres sans réalité, des manifestations de l'âme infinie et éternelle,

(1) *Rig.*, I, 33.

de simples apparences. Ils le savent bien : parfaitement instruits de la vanité de leur existence, ils parlent et agissent tous comme des adeptes de la doctrine du *Yoga* : ils ne sont pas dupes de leurs sens; s'ils se combattent, c'est pour obéir à la volonté de *Brahma*, la seule chose au monde qui ait une réalité ; mais ils ne prennent au sérieux ni les batailles qu'ils se livrent, ni les coups qu'ils reçoivent. Leur seule ambition, au milieu de ce tumulte extérieur, qui ne les distrait pas du soin de leur salut, c'est de connaître la loi et de s'unir, après leur mort, à l'Esprit. Au moment où Vritra, qui a déjà perdu un bras, a porté un coup furieux à Indra et l'a blessé à la mâchoire, comme celui-ci, couvert de honte, n'ose pas recommencer la lutte :

« Reprends ton arme, *Hari* (1), lui crie **Vritra** ; frappe ton ennemi : ce n'est pas le moment de se décourager. Le seul vainqueur est le maître de la naissance, de la destruction et de la mort, le *Purusha* (2) primitif, éternel et omniscient. L'homme doit être indifférent au plaisir ou à la peine que causent la gloire ou le déshonneur, la victoire ou la défaite, la vie ou la mort : celui-là n'est pas enchaîné qui connaît que l'esprit est spectateur au sein de la nature. Vois-moi, *Cakra* (3), vaincu dans le combat, le bras et les armes brisées, faisant tous mes efforts pour t'arracher la vie. Le combat est un jeu où la mise est la

---

(1) Nom d'*Indra*.
(2) L'âme du monde.
(3) Nom d'*Indra*.

vie, où les dés sont nos flèches, et nos montures les sièges (1). »

Indra n'est pas moins détaché du monde que son adversaire : ayant entendu les paroles de *Vritra*, *Indra* loue la générosité de son langage, et reprenant sa foudre, il lui dit en riant et sans orgueil : « Ah! *Dânava!* que tu es heureux d'avoir eu la pensée d'exprimer ta dévotion profonde pour le souverain et l'ami de l'univers, qui est l'Esprit! Certes, c'est une grande merveille qu'un cœur comme le tien, dont la passion est la nature, se soit si fermement attaché au bienheureux *Vâsudeva* (2), qui est tout bonté. » C'est ainsi, continue le narrateur, que s'entretenant avec le désir de connaître la loi, *Indra* et *Vritra*, ces deux forts guerriers maîtres dans les batailles, reprirent le combat (3).

On voit que le panthéisme brahmanique s'est emparé, non pas seulement de la fable, dont il a altéré l'esprit, mais des personnages eux-mêmes. Mais ce n'est pas tout : sous ce premier déguisement, s'en trouve un second. La vaste organisation théocratique qui enveloppait l'Inde, au temps où furent composés les *Purânas*, se réfléchit dans la mise en scène de notre mythe : le combat de *Vritra* contre *Indra* est présenté comme un épisode de cette longue guerre des brahmanes contre les rois, dont le

---

(1) E. Burnouf, *Bhâgavata purâna*, l. VI, c. 12, t. II, p. 629, édit. in-folio. J'ai resserré le discours de *Vritra* en supprimant un certain nombre de maximes.
(2) Nom de *Krishna*, qui est lui-même identifié avec *Brahma*.
(3) *Bhâgavata-purâna*, ibid.

souvenir perce en tant de légendes, et qui est le seul événement historique dont l'Inde ait conservé la mémoire. Dans un autre endroit du poème (1), on dit que la lutte d'Indra contre Vritra a eu pour cause une querelle qui s'est élevée entre le roi des dieux, *Indra*, et son précepteur spirituel *Viçvarûpa* (2). Le dieu irrité avait coupé au brahmane sa triple tête : mais, pour le venger, il naquit du feu du sacrifice un géant terrible, qui ressemblait à une montagne noircie par le feu, et qui perçait le ciel et la terre de son javelot flamboyant. Sa bouche, profonde comme une caverne, engloutissait l'atmosphère et saisissait, pour les dévorer, les trois mondes (3), tandis que sa langue léchait les astres. Il reçut le nom de *Vritra* (qui enveloppe), parce qu'il enveloppait les mondes d'obscurité. Les dieux se précipitèrent contre lui et l'assaillirent d'une nuée de flèches : *Vritra* les absorba entièrement. Pour le combattre efficacement, il fallut qu'Indra fît aiguiser sa foudre par la prière et les austérités d'un célèbre pénitent (4). La bataille s'engage alors entre l'armée des

---

(1) L. VI, chap. 17 et sq.; t. II, p. 581.
(2) C'est un des noms de *Vritra* dans les védas.
(3) Le ciel, l'air et la terre.
(4) Nous indiquons seulement ici le sens général d'un épisode bizarre raconté au long dans le *Bhâgavata-purâna*. *Indra* demande au *rishi* (sage) *Dadhyanc* de lui prêter ses membres, pour s'en servir comme d'une arme, contre les démons. Le pieux ascète y consent, s'abîme dans la contemplation de *Brahma* et ne s'aperçoit même pas que son corps est parti. *Indra* frappe *Vritra* de la foudre qu'il se fait fabriquer avec les os du solitaire. Quelle est l'origine de ce conte? il vient uniquement d'une fausse étymologie du mot *Dadhyanc* (au nominatif *Dadhyang*) qui a été interprété comme s'il se composait de *dadhi* (celui qui donne) et *anga* (membre). L'histoire forgée d'après ce nom est ancienne; un hymne védique y fait déjà allusion. *Rig.*, I, 84, 13. Cf. *Mahâbhârata*, *Vana-parva*, t. I, p. 554.

dieux et celle des démons : Vritra et les siens font tomber sur les dieux une grêle de glaives et de flèches; mais les dieux les coupent pendant leur course à travers le ciel. Voyant leurs armes brisées, les Asuras lancent des rochers, des arbres et des pierres; mais les dieux les tranchèrent encore. Alors les Asuras prirent la fuite et *Vritra* resta seul pour tenir tête à *Indra*. Dans la lutte qui s'engage entre les deux adversaires, et que le *Bâghavata Purâna* décrit avec éclat, le démon perd successivement ses deux bras : « Avec ses bras coupés jusqu'à l'épaule, l'*Asura* (1), tout dégouttant de sang, ressemblait à une de ces montagnes qui, privées de leurs ailes par le dieu de la foudre (2), furent précipitées du haut du ciel. Le *Daitya* (3) plaça sur la terre sa mâchoire inférieure; il porta jusqu'au ciel la supérieure : et ouvrant une bouche profonde comme l'atmosphère, où s'agitait une langue redoutable, saisissant presque les trois mondes avec ses dents semblables à celles du dieu de la mort, le démon au corps monstrueusement énorme, qui dans sa course renversait les montagnes, et broyait sous ses pas la terre, comme eût fait en marchant le roi des monts, s'approcha du dieu de la foudre et l'engloutit avec sa monture, de même qu'un immense reptile, doué d'une grande force vitale et d'une extrême vigueur, avale un éléphant... Mais, quoique englouti, *Indra* ne mourut pas, protégé

---

(1) Démon.
(2) Nous avons ici un exemple de la confusion de *parvata* (nuage) et *parvata* (montagne).
(3) Démon.

par la force du mystérieux *yoga* (1) : fendant le ventre de l'*Asura* avec sa foudre, le dieu puissant sortit (de sa prison) et trancha la tête de son ennemi, comme il eût abattu le sommet d'une montagne (2). »

Malgré les anachronismes amenés par le changement complet des mœurs et des idées, on aperçoit encore les traits principaux du mythe. Les trois têtes de *Viçvarupa*, la description si frappante de *Vritra*, la lutte du dieu contre le démon, le monstre privé de ses bras, particularité qui se rapporte à un passage du Rig que nous avons cité (3), toutes ces circonstances se retrouvent dans le récit moderne. Le fait que nous avons observé plusieurs fois se reproduit ici : le peuple change l'aspect général de sa mythologie, mais il en respecte le détail. Les révolutions qui transforment les religions, comme celles qui bouleversent les empires, renouvellent la face extérieure des choses, mais sont obligées de compter avec les croyances et les usages fondés sur une longue tradition, et n'ayant pas le pouvoir de les détruire, elles les font entrer, tant bien que mal, dans le nouveau système qu'elles introduisent.

(1) L'ascétisme indien.
(2) *Bhâg.*, t. II, p. 633.
(3) V. plus haut, p. 87.

XII. — LA FABLE D'HERCULE ET DE CACUS DANS L'ÉNÉIDE.

Nous avons épuisé la série des métamorphoses de notre mythe : mais avant de finir, qu'on nous permette de revenir pour un instant à notre point de départ, pour relire le passage où Virgile a raconté la légende latine. Peut-être le long circuit que nous avons fait et qui nous a conduit presque aux origines de la race, prêtera-t-il au récit du poète un intérêt nouveau.

On a vu plus haut, par l'exemple d'Eschyle, comment un penseur peut immortaliser un mythe en faisant éclater le moule où il était jeté. Mais il arrive aussi quelquefois qu'un génie pénétré de respect pour le passé et ayant le don de le faire revivre, reporte en quelque sorte la fable dans le milieu intellectuel et moral où elle était née et lui rende son aspect primitif. Parmi tant d'autres aventures favorables ou contraires, cette rare fortune n'a pas manqué à notre mythe. Comme ces sources qui rendent pour un instant aux fleurs desséchées l'éclat et la fraîcheur, le génie de Virgile a rajeuni, non pas pour un moment, mais pour tous les siècles à venir, la fable déjà si ancienne et si flétrie du Latium.

On voit qu'en abordant ce récit, le poète a le sentiment de son antiquité :

> Non hæc solemnia nobis,
> Has ex more dapes, hauc tanti numinis aram,
> Vana superstitio veterumque ignara deorum
> Imposuit.

En écrivant ces vers, Virgile pense aux prêtres Saliens, aux sacrifices et aux repas de l'*ara maxima*. Mais involontairement notre pensée va plus loin, notre vue plonge au-delà de celle du poète, et le souvenir des hymnes indiens, tout pleins d'un bout à l'autre des mêmes images que les vers de Virgile, s'impose à notre esprit.

Dans les vers qui suivent, le poète latin est resté si fidèle au récit populaire, qui lui-même serre de si près le mythe védique, qu'il nous suffira de restituer aux mots leur sens primitif, pour retrouver à chaque ligne la poésie des védas.

Souvenons-nous d'abord du double sens du mot *montagne* :

> Jam primum saxis suspensam hanc adspice rupem :
> Disjectæ procul ut moles, desertaque montis
> Stat domus, et scopuli ingentem traxere ruinam.
> Hic spelunca fuit, vasto submota recessu...

Quoique le Soleil soit remplacé par Hercule, il semble que l'astre qui autrefois livrait le combat contre le démon joue encore un rôle dans la lutte, tant il en est fait souvent mention, tant l'auteur revient sur les idées de lumière et de ténèbres. Ainsi, dès qu'il met en scène Cacus :

> Semihominis Caci facies quam dira tenebat
> Solis inaccessam radiis...

La description de Cacus conviendrait parfaitement au nuage chargé de la foudre :

> Huic monstro Vulcanus erat pater; illius atros
> Ore vomens ignes, magna se mole ferebat.

Vient ensuite le trait vraiment antique des bœufs tirés à reculons dans l'antre :

> Atque hos...
> Cauda in speluncam tractos...
> ... saxo occultabat opaco.

Les sourds mugissements des bœufs, c'est-à-dire le bruit des nuages qui s'éloignent en grondant, sont souvent rappelés par les poètes indiens :

> Discessu mugire boves, atque omne querelis
> Impleri nemus, et colles clamore relinqui.

Les védas ne décrivent pas avec plus d'élan la course d'Indra vers son ennemi :

> Hic vero Alcidæ furiis exarserat atro
> Felle dolor; rapit arma manu nodisque gravatum
> Robur, et aerii cursu petit ardua montis.

Le héros enfonce la caverne du monstre : le silex qu'il lance sur cette caverne, dans la croyance des Romains comme dans celle des Indous, n'est pas autre chose que la foudre. On croit, dans le vers suivant, en entendre le retentissement :

> Inde repente
> Impulit : impulsu quo maximus insonat æther;
> Dissultant ripæ, refluitque exterritus amnis.

Le combat qui s'engage a tout à fait l'air d'une lutte de la lumière et de l'ombre; un instant l'antre de Cacus est même comparé au règne infernal :

> At specus et Caci detecta apparuit ingens
> Regia, et umbrosæ penitus patuere cavernæ :
> Non secus ac si qua penitus vi terra dehiscens
> Infernas reseret sedes, et regna recludat
> Pallida, dis invisa; superque immane barathrum
> Cernatur, trepidentque immisso lumine Manes.

Le poète revient encore sur la même idée :

> Ergo insperata deprensum in luce repente,
> Inclusumque cavo saxo, atque insueta rudentem...

Virgile n'a garde de négliger l'ancienne tradition des flammes vomies par le démon :

> Ille autem...
> Faucibus ingentem fumum, mirabile dictu,
> Evomit, involvitque domum caligine cæca,
> Prospectum eripiens oculis; glomeratque sub antro
> Fumiferam noctem commixtis igne tenebris.

Nous trouvons dans les vers suivants comme un souvenir de la légende qui veut que le dieu se jette dans le corps du monstre, c'est-à-dire dans le nuage, pour le déchirer :

> Non tulit Alcides animis, seque ipse per ignem
> Præcipiti injecit saltu, qua plurimus undam
> Fumus agit, nebulaque ingens specus æstuat unda.

Nous le répétons : notre but n'est pas de prêter à Virgile la connaissance de la signification primitive de la légende; il lui a suffi de retracer avec vérité et avec poésie un récit ancien dont les circonstances principales s'étaient bien conservées dans la mémoire du peuple, pour se rencontrer avec les hymnes védiques.

Mais c'est surtout dans la courte invocation des prêtres Saliens qu'il semble que Virgile ait retrouvé le ton de la poésie du premier âge. Il n'y a pas de vers dans ce morceau qu'on ne pût commenter avec des centaines de vers tirés des védas. Il cite, et dans les mêmes termes, des exploits de même nature; il finit comme les poëtes de l'Inde, en invitant la divinité à venir goûter le sacrifice :

> Tu nubigenas, invicte, bimembres
> Hylæumque Pholumque manu, tu Cresia mactas
> Prodigia, et vastum Nemea sub rupe leonem.
> Te Stygii tremuere lacus, te janitor Orci
> Ossa super recubans antro semesa cruento;
> Nec te ullæ facies, non terruit ipse Typhœus
> Arduus, arma tenens; non te rationis egentem
> Lernæus turba capitum circumstetit anguis.
> Salve, vera Jovis proles, decus addite divis,
> Et nos et tua dexter adi pede sacra secundo.

Rien ne peut donner une idée plus exacte de la poésie védique que ce morceau. Il n'est pas jusqu'au mot *dexter*, qui se trouve dans le dernier vers, qui n'ait son équivalent dans l'Inde. Ce mot doit être pris dans le sens propre : les poëtes védiques invitent les dieux à venir du côté droit, *dakshinatas*, *dakshinit* (1).

N'est-il pas intéressant de trouver, dans le chef-d'œuvre de l'épopée savante, un fragment qui tiendrait sa place parmi les créations de la poésie la plus spontanée? C'est le privilège du génie : il peut réveiller des échos endormis depuis des siècles. La Muse qui a inspiré les premiers chants de l'humanité fait encore entendre de loin en loin ses accents.

XIII. — RÉSUMÉ.

Il ne sera peut-être pas inutile de rassembler en quelques pages les résultats auxquels cette étude nous a

---

(1) *Atharva-véda*, IV, 32, 7.

conduits : nous laisserons de côté les circonstances secondaires et les hypothèses, ou du moins nous séparerons avec soin ce qui est conjectural des faits que nous pouvons regarder comme acquis.

Le mythe d'Hercule et de Cacus, l'un des plus anciens, sinon le plus ancien, de la race indo-européenne, s'est conservé avec une rare fidélité, quoique avec les changements accessoires qu'y a apportés le génie différent de chaque peuple, en Italie, en Grèce, dans l'Inde, dans la Perse et dans la Germanie.

Ce n'est pas par l'uniformité des lois de l'esprit humain, encore moins par le hasard, qu'on peut expliquer la ressemblance des récits que nous avons comparés, car l'analyse philologique nous a fait constater partout la présence de certains noms qui attestent une descendance commune. Sans le secours de la philologie, les recherches de mythologie comparée courent risque d'aller à l'aveugle, car le champ de l'interprétation est illimité ; mais, avec l'aide des noms, qui sont comme la marque attachée à la fable et attestant son origine, les chances d'erreur se trouvent singulièrement diminuées. Une seule preuve grammaticale parle plus haut que les ressemblances les plus frappantes dans l'idée générale d'un mythe, et les récits les mieux concordants prouvent moins pour l'identité primitive, qu'un seul nom mythique comme *Vritra*, Ὄρθρος, *Çabala*, Κέρβερος, *Sárameya*, Ἑρμείας, Καικίας, *Caecius*, conservé dans les diverses langues, et transformé, comme on devait s'y attendre, suivant les lois phonétiques qui ont présidé à leur formation. En effet, la mythologie comparée n'a pas pour but de rechercher dans les religions de tous les peuples les croyances qui peuvent leur être communes : cette étude, qui a sans doute son utilité, doit rester réservée à la philosophie. Mais la mythologie comparée est avant tout une science historique, et c'est l'origine et le développement des conceptions religieuses, et non leur plus ou moins de ressemblance, qu'elle se propose d'observer.

Dirigée d'après ce principe, la mythologie comparée ne doit pas étendre ses recherches au-delà des croyances d'une seule race: car elle écartera, comme une hypothèse qu'elle est dans l'impossibilité de vérifier, l'idée d'une religion primordiale commune à tous les peuples. Si pourtant, comme cela nous est arrivé, elle croit rencontrer dans une autre race des traces évidentes de croyances identiques, elle devra rechercher si ce n'est pas par un emprunt qu'elles ont passé d'une religion à une autre.

Prenant pour point de départ le récit de Virgile, nous avons reconnu dans la fable de Cacus une légende italique, ayant ses racines dans le sol du Latium, sur le terrain même où la Rome des rois était assise. A ce signe, nous avons présumé son antiquité, car les peuples ont l'habitude de placer tout près d'eux la scène des actions mythiques qui composent le fond de leurs croyances. Les cérémonies qui se rattachent à cette histoire, telles que les sacrifices qui dans les premiers temps de Rome se célébraient tous les dix jours à l'*ara maxima*, la présence des prêtres Saliens à l'autel, les noms du *forum boarium,* de la porte *Trigemina,* du temple de *Jupiter Inventor,* de la maison et de l'escalier de Cacus, le caractère archaïque du rite, enfin l'union intime qui existe entre la victoire du dieu et la cérémonie si romaine du triomphe, nous ont confirmé le caractère latin de la légende.

Le mouvement d'esprit qui, à partir du quatrième siècle de Rome, a eu pour but de transformer la religion italique d'après le modèle de la mythologie grecque, et de chercher des rapports, la plupart du temps fictifs, entre les dieux du Latium et les divinités ou les héros helléniques, n'a pas épargné la légende de Cacus. Les noms des personnages ont été changés; mais on respecta l'ordonnance du récit et l'aspect général de la fable. D'après un ensemble de circonstances que nous ne pouvons rappeler ici, nous avons reconnu dans Hercule le dieu Sancus, c'est-à-dire Jupiter, qui portait à l'Autel Maxime le surnom de *Recaranus,* c'est-à-dire *Recuperator.* Quant au brigand vaincu par le dieu, son nom était d'abord *Caecius.* Les hellénistes de Rome en firent plus tard Cacus, c'est-à-dire le *Méchant;* on l'opposa à Evandre, le *Bon,* personnage complétement apocryphe, inventé de toutes pièces par les mythologues. Sous ce vêtement grec, la fable s'est conservée, et les cérémonies auxquelles elle donnait lieu en perpétuèrent le souvenir.

Tandis que la domination romaine, qui passa son niveau sur la province, étouffa ou empêcha d'arriver jusqu'à nous les légendes probablement bien variées des diverses cités de l'Italie, la Grèce, libre et divisée, conserva presque autant de formes différentes du mythe hellénique, qu'elle comptait de peuplades. Par une fiction qui leur appartient en propre, les Grecs placèrent au-dessous des dieux et comme procédant d'eux, un monde de héros qui répètent leurs hauts faits sur la terre. La légende latine se trouve donc reflétée chez eux dans une infinité de fables semblables par le fond, variées dans le détail, rapportant aux noms les plus divers un exploit toujours le même. Le combat des Dieux contre les Géants, celui de Jupiter contre Typhon, d'Apollon contre le serpent Python, de Persée contre la Gorgone, de Bellérophon contre la Chimère, d'Héraclès contre Géryon, sont autant de variétés locales de la même donnée mythique. Grâce à un esprit plus poétique et plus riant que celui des Latins, les Grecs conservent une partie des circonstances purement fabuleuses : la lutte se passe ordinairement dans le ciel ou dans des contrées imaginaires ; les noms sont restés plus transparents et laissent entrevoir, sans autre secours que la langue grecque, qu'il est question d'un combat entre des forces de la nature.

Non-seulement chaque tribu hellénique modifia le mythe à son gré, mais il changea de caractère à mesure que le peuple grec avança en âge. L'expédition des Argonautes nous représente la fable de Géryon à une époque où commencent les aventures lointaines et les expéditions maritimes : peut-être faut-il voir aussi quelques traits de notre mythe, mêlés sans doute à des événements historiques, dans l'enlèvement d'Hélène et la guerre de Troie.

Un peuple qui aimait autant le merveilleux devait choisir avec joie tous les prétextes pour orner et varier la narration primitive : il en trouva l'occasion dans les homonymes qui se présentaient dans le cours du récit, et qui, invitant le conteur à sortir de la route habituelle, le mettaient sur la voie d'aventures nouvelles et extraordinaires. En suivant ces sentiers de traverse, on rencontra la fable des Pommes d'or du jardin des Hespérides, celle de la Toison d'or et de l'Égide, celles d'Andromède, d'Ariane et de Pasiphaé. Une fois que l'on connaît le point de rencontre par où ces fables aboutissent à la donnée première, elles s'expliquent d'elles-mêmes, car elles reproduisent fidèlement dans le détail toutes les circonstances du thème primitif.

Si de la Grèce nous passons dans l'Inde, où des monuments littéraires incomparablement plus anciens permettent de remonter bien au-delà des temps homériques, nous retrouvons notre mythe, avec toutes les circonstances et le plus grand nombre des noms qui s'y rattachent, parfaitement raconté dans les védas. Seulement, au lieu d'une aventure fabuleuse, nous sommes en présence d'un fait naturel; au lieu d'un événement une fois arrivé, nous voyons un phénomène périodique. Il n'est pas question d'une lutte entre des héros imaginaires : c'est *Dyaus*, c'est-à-dire le ciel, et après lui *Indra*, qui déchire *Vritra*, c'est-à-dire le nuage : en le frappant de sa foudre, il en fait jaillir des flammes, et il délivre les eaux que le monstre tient enfermées. Au lieu de *Vritra*, nous trouvons aussi, pour désigner le nuage, le nom d'*Ahi*, c'est-à-dire *le serpent :* soit qu'en effet le peuple ait cru voir l'image d'un serpent dans les replis du nuage, et qu'il ait pris le dard de la foudre pour la triple langue du monstre, soit que le mot *ahi* ait signifié d'abord l'*ennemi*, et qu'il faille attribuer à une confusion occasionnée par le langage la forme de dragon donnée par tous les peuples à l'ennemi du dieu suprême. Quant aux vaches volées par le démon, elles sont une création de l'idiome primitif, qui désignant chaque objet d'après sa qualité la plus saillante, avait choisi l'idée de mouvement (*gu, gam*), pour nommer le bœuf d'une part, la nuée qui s'en va dans le ciel de l'autre. Ainsi dans le même instant où le mythe s'explique, il s'évanouit : on peut dire qu'il n'existe qu'à condition de n'être pas compris.

Les auteurs des plus anciens chants védiques ne se laissent pas duper par le double sens des mots qu'ils emploient : ils s'amusent des images que leur idiome leur fournit de lui-même, mais ils font cesser l'illusion quand il leur plaît, et à la peinture fantastique font succéder tout à coup la réalité nue. Après avoir dépeint les vaches volées par le brigand, ils montrent l'eau qui tombe sur la terre, et après avoir appelé *Vritra* le plus méchant et le plus lâche des êtres, ils emploient son nom dans le sens ordinaire de nuage.

Dans l'Inde comme dans la Grèce, la langue finit par s'obscurcir, et le fait naturel se change en une scène fabuleuse, le phénomène périodique en une ancienne tradition. De même encore que chez les Grecs, des équivoques de détail produisent de nouvelles formes mythiques; le double sens de *devî* (nuée brillante, déesse), fit supposer que *Vritra* enlevait les nymphes célestes; peut-être le poème du *Râmâyana* repose-t-il sur cette donnée. Les mots *parvata* (nuage, montagne), *pur* (nuage, ville), transformèrent *Indra* en destructeur de montagnes et en preneur de villes.

En comparant entre elles la fable de l'Inde, celle de la Grèce et celle de l'Italie, beaucoup de circonstances jusque-là inexplicables s'éclaircissent d'elles-mêmes. Plusieurs des malentendus qui ont donné lieu à des mythes nouveaux doivent être rapportés à un idiome antérieur au grec, au latin et au sanscrit; mais la langue des védas, la plus rapprochée de cet idiome, nous permet souvent de deviner quel est le nœud de l'erreur. D'autre part, des divinités ou des êtres fabuleux se montrent dans les védas sous leur première forme : c'est ainsi que nous avons reconnu dans Cerbère le chien qui hurle dans la tempête et qui emporte sur l'aile des vents les âmes des morts. *Sârameya* est un autre nom du même être : mais les Grecs, en faisant de lui leur Hermès (Ἑρμείας), lui firent don de la forme humaine. C'est ce même amour de l'art qui les porta à représenter Géryon comme un guerrier grec, tandis qu'ils cachent le monstre

Vritra sous la figure du chien à deux têtes, Orthros. La comparaison du mythe indien nous permet aussi de reconnaître d'où vient l'idée des bœufs tirés à reculons vers l'antre de Cacus : c'est l'image des nuées qui, par un effet physique aisé à expliquer, ont l'air de marcher contre le vent, et qui parurent attirées par l'haleine embrasée du serpent, une fois qu'on fut convenu de représenter sous cette forme le ravisseur des nuages.

La nature de l'homme est complexe, et il lui serait impossible de ne pas mettre quelque chose de son être moral dans les mythes qui occupent son imagination. Le démon qui retient les eaux du ciel fut regardé comme un type de méchanceté et de perversité, le dieu qui le foudroie, comme le vengeur de la justice. C'est ce côté religieux, déjà indiqué chez les Romains et chez les Grecs, très-visible dans certains hymnes védiques, qui frappa surtout les Perses ; donnant au mythe de *Vritra* un développement extraordinaire, ils en firent le cadre de leur religion. Le *Vritra* védique devint chez eux *Ahriman*, et la lutte des deux êtres merveilleux se prolongea pour les Perses à travers l'immensité du temps et de l'espace : lutte morale avant tout, où chaque homme doit prendre parti, et dont l'avenir de tous et de chacun est le prix. Cette conception gigantesque n'empêche pas la légende primitive de survivre dans sa forme plus restreinte et plus modeste; tous les saints du Parsisme livrent pour leur compte le combat qu'*Ormuzd* soutient contre *Ahriman*, et le dragon lançant des flammes, attirant à lui sa proie, se rencontre sous les pas de tous les prophètes de l'Avesta et de tous les rois du *Schâh-namèh*.

La Judée appropria au monothéisme, et transforma en apologue la légende de la Perse : le serpent tentateur du troisième chapitre de la Genèse rappelle trop directement *Ahriman*, pour ne pas être une importation de l'Iran. La même croyance reparaît d'une façon encore plus distincte dans l'Apocalypse, et se répandit de là dans le monde chrétien : les traditions locales sur des monstres vaincus par des héros purent continuer de vivre, en s'autorisant du récit sacré, et en substituant aux anciens vainqueurs les saints de la religion chrétienne.

La Germanie enfin a reçu, et conserve encore aujourd'hui sa part des croyances primitives : une quantité de locutions, de noms et d'usages se rapportent au mythe de *Vritra*. D'un autre côté, l'ancienne littérature de la Germanie est pleine du souvenir de ce mythe. Le poème des *Nibelungen* célèbre la victoire de *Siegfried* sur le serpent qui gardait les trésors du roi *Nifling* (roi des nuages). Les chants scandinaves rapportent au dieu *Donar* (le Tonnerre) le même exploit, et le racontent en le dégageant des éléments étrangers que le poème germanique y a mêlés.

Nous avons essayé de montrer ce que deviennent les mythes quand l'âge de foi est passé, et que la religion qui les soutenait commence à se dissoudre. Ils sont exposés à se survivre à eux-mêmes, au milieu de générations nouvelles qui tantôt les tournent en moquerie et tantôt les interprètent de la façon la plus arbitraire. S'ils servent de thème à la poésie, celle-ci en les embellissant les dénature : s'ils subsistent dans la mémoire du peuple et les écrits des compilateurs, ils se perpétuent avec un mélange singulier de fidélité dans les circonstances secondaires, et d'erreurs dans l'aspect général. Eschyle immortalise la fable des Titans en la défigurant, Denys d'Halicarnasse, au contraire, raconte avec une grande exactitude le mythe de Cacus tout en faisant d'Hercule un prince grec, et de Cacus un roi du Latium. Dans les poèmes modernes de l'Inde, *Indra* et *Vritra* sont dépeints comme deux adeptes du panthéisme brahmanique : pour obéir à *Brahma*, ils se livrent combat, bien qu'ils sachent que le monde et eux-mêmes ne sont qu'apparence ; mais les circonstances de la lutte sont exactement celles du mythe védique. Livrés à des mains d'ouvriers, ces blocs de marbre passent obscurément d'une construction dans une autre ; s'ils tombent aux mains de quelque sculpteur de génie, ils deviennent célèbres, mais ils cessent d'être reconnaissables.

Il y a toutefois d'heureuses rencontres dans l'histoire des mythes : un esprit poétique, amoureux du passé, peut rendre la vie à ces créations du premier âge de l'humanité. Pour les ranimer, il n'est pas nécessaire qu'il les comprenne : il suffit qu'il suive exactement les contours de la narration populaire, et qu'il y mette quelque chose de la foi et de la naïveté des croyances primitives. Virgile a raconté l'histoire d'Hercule et de Cacus comme l'aurait pu faire un poète des temps védiques, et les vers qu'il met dans la bouche des prêtres Saliens ne seraient pas déplacés dans le plus ancien des hymnes de la race arienne.

La longue suite des aventures de notre fable nous montre avec quelle persistance une conception se maintient dans le souvenir des peuples ; persistance qui n'est pas plus étonnante, après tout, pour la mythologie que pour la langue, car on peut dire que nous répétons encore dans les mêmes termes les fables qui ont charmé nos premiers pères. Mais ce qui, à nos yeux, n'est pas moins remarquable que cette durée qui ressemble presque à l'immortalité, c'est l'usage bien différent qu'ont fait du même mythe les diverses fractions de la race indo-européenne. Chez les Grecs, il est réservé à la poésie ; chez les Romains, il est une tradition nationale, et entre dans la vie religieuse et politique du peuple ; les Indous, devenus étrangers à leur mythologie, en font le texte des interprétations les plus forcées, et y cherchent la confirmation de leurs spéculations philosophiques. Les Iraniens, donnant un tour métaphysique à la fable, y trouvent la matière d'une religion.

Mais partout, quel que soit le sort réservé au mythe, les plus anciennes institutions, les usages les plus vénérés s'y rapportent et le rappellent. Les dieux de la Grèce, les oracles de Delphes, les premiers sacrifices et le plus grand autel de Rome nous ramènent à cette tradition : le Péan retentit pour la première fois en l'honneur de la victoire que l'Inde et la Perse ont prise pour type de toute victoire. Peut-être faut-il voir dans cette conception, qui occupe une si haute place dans les religions et dans les usages de la race indo-européenne, le premier fait de sa vie intellectuelle.

Partout aussi la poésie s'en empare : elle retourne constamment à ces récits qu'elle ne peut oublier. Le drame joué tous les cinq ans à Delphes et les chœurs des frères Saliens, les odes chantées à Olympie et les *chandas* de l'Inde, célèbrent un thème unique. Ce n'est pas seulement la communauté du langage et des croyances qui fait que les peuples ariens peuvent se regarder comme frères : leur poésie s'abreuve aux mêmes sources. L'épopée surtout, cette fleur de l'esprit indo-européen, s'est instinctivement nourrie de ces idées, et elle les a mêlées aux grands événements qu'elle représente. Le *Râmâyana* et l'Iliade reposent peut-être sur la même donnée, et l'Odyssée, l'Énéide, les *Nibelungen* et le *Schâh-nameh* contiennent certainement des épisodes qui, sous des noms différents, retracent un seul et même fait. Tel est l'attrait invincible des fables : l'épopée, qu'elle soit l'œuvre collective d'une nation ou le fruit du génie poétique d'un seul homme, s'est partout complu à fixer les images qui se sont réfléchies les premières dans l'esprit de la race.

LE MYTHE D'OEDIPE [1]

« Plus on pénétrera dans la nature intime des mythes primitifs, plus on se convaincra qu'ils se rapportent pour la plus grande partie au Soleil. » Cette opinion de M. Max Müller, qui peut sembler singulière et paradoxale, vient d'un sentiment vrai des conditions où se trouvait placée l'humanité dans son enfance. Le spectacle en effet qui dut frapper d'abord l'esprit de l'homme, c'est le corps lumineux qui montait et descendait dans le ciel en vertu d'une force qui lui semblait propre, qui distribuait à tous les êtres la chaleur et la vie, et paraissait planer en maître sur le monde, dont il était l'habitant le plus puissant et le plus beau. Les premiers sujets d'entretien, les premiers thèmes poétiques de l'humanité durent être la naissance de l'astre, toujours saluée de nouveaux cris de joie, ses combats contre l'obscurité, son union avec les nuées, son pouvoir le plus souvent salutaire, mais quelquefois acca-

[1] *Revue archéologique*, 1863.

blant et mortel, sa disparition sous l'horizon qui ressemblait à une fin précoce. Pour comprendre le charme singulier et l'intérêt inépuisable qui s'attachaient à ce sujet, il n'est pas nécessaire de se reporter vers ces âges lointains. Il suffit de sortir pour quelques jours des habitudes de la vie moderne. Un séjour aux champs, une traversée en mer, un voyage à pied en sont assez pour rendre présent le pouvoir de ce maître tour à tour doux ou terrible que nous oublions quelquefois dans nos villes. Je me souviens que commençant avec un ami une excursion dans les montagnes, par une matinée grise qui pouvait aussi bien annoncer la pluie et le froid que faire place au plus beau jour, ce fut le soleil, avec ce qu'il promettait ou ce qu'il faisait craindre, qui fit d'abord tous les frais de notre entretien. En vain touchions-nous à d'autres points : nous revenions à ce sujet qui dépassait en intérêt tous les autres. Que ne devait pas être le soleil pour un peuple nomade sans moyens assurés de subsistance, sans connaissance des pays qu'il parcourait, livré aux dangers que chaque nuit amenait avec elle, désarmé devant l'hiver comme devant la chaleur de l'été? Le besoin d'adoration naturel à l'homme l'entraîna, aussi bien que son goût pour le merveilleux et la conscience de sa faiblesse, à se faire un dieu de l'être incompréhensible dont il ignorait la nature et dont il éprouvait à tout moment la puissance.

La plus ancienne histoire que les hommes se soient contée a donc été celle de ce héros brillant de force et d'éclat dès les premières heures de son existence, généreux et grand durant sa vie, mais frappé au terme de sa course d'un coup qu'il ne pouvait éviter. Avant de songer à porter leurs regards sur eux-mêmes, nos ancêtres connaissaient déjà les aventures du souverain céleste. Ce n'est que par degrés que l'homme arrive à s'intéresser au récit de ses propres destinées. L'ordre généalogique imaginé par les mythologues répond assez bien au progrès de la pensée humaine : c'est Jupiter qui est le commencement de tout; après lui viennent les autres dieux, qui à leur tour donnent naissance aux héros et aux rois de la terre; les simples mortels sont les derniers venus dans l'histoire, de même qu'ils forment dans la fable le dernier anneau de la chaîne des créatures. Les récits dont nous parlons n'ont d'ailleurs aucune prétention astronomique : ils ne nous enseignent ni la mesure du temps, ni la connaissance des éclipses. Quand ils parlent du Soleil, c'est pour le montrer quittant le lit de l'Aurore à l'orient et la retrouvant le soir à l'autre bout de l'horizon, ou conduisant ses chevaux sur un chemin escarpé où nul autre ne saurait les maintenir, ou se consumant à la fin du jour au milieu de l'incendie qu'il a allumé.

Le grand nombre de ces légendes ne doit pas nous étonner. Ceux qui font un reproche aux interprètes de la mythologie d'adapter la même explication à une multitude de fables et de retrouver le même être sous les masques les plus divers, ne songent pas que la mythologie grecque ne formait point dans le principe le récit suivi et bien enchaîné que nous possédons aujourd'hui, mais qu'elle est le produit d'une compilation où la même fable a dû se glisser plus d'une fois, grâce aux variantes de la narration, à la différence du nom des personnages et au changement des lieux où est censée se passer l'action mythique. Si quelque chose peut nous faire comprendre cette sorte de double emploi, ce sont les recueils que l'Allemagne forme en ce moment des contes et des légendes populaires de ses provinces. Les mêmes histoires y reviennent perpétuellement, recueillies en Souabe, en Silésie, dans la Thuringe, dans le Holstein; mais aucun de ces récits n'est exactement semblable à l'autre : ils diffèrent entre eux par les noms des personnages, par le lieu de la scène, par les incidents, par l'aspect général. Chaque contrée a modifié le thème primitif et l'a marqué de son originalité.

On a noté souvent la quantité de synonymes que possède le grec pour désigner la mer, et l'on a dit avec raison que cette richesse de termes convenait bien à un peuple de marins. Encore aujourd'hui, si l'on examine les noms donnés par nos paysans aux phénomènes naturels, on sera surpris de la diversité des mots qu'ils emploient. Pour beaucoup de variétés d'un seul et même fait, que nous comprenons sous un seul nom, le paysan a des désignations particulières dont il se sert avec justesse : cette sorte de vocabulaire est le produit d'une longue suite d'observations et constitue une science qui se transmet chez les laboureurs et chez les bergers. L'esprit observateur des Grecs, servi par un idiome flexible, multiplia les surnoms donnés aux phénomènes de la nature. Le soleil par exemple (pour revenir à notre point de départ) n'apparut pas sous le même aspect aux pâtres de la montagne ou aux laboureurs de la plaine ; l'insulaire lui donna d'autres noms que l'habitant de terre ferme. Si l'on veut bien réfléchir que toutes ces désignations prirent un caractère sacré, puisqu'elles s'appliquaient à un être divin, on comprendra que le même personnage puisse se rencontrer dans la mythologie grecque sous un grand nombre de noms différents.

A ces noms se rattachaient des locutions proverbiales qui résumaient d'une manière pittoresque les divers épisodes de la vie du dieu. Nous n'avons qu'à écouter le peuple pour entendre encore aujourd'hui de ces façons de parler, où un fait de la nature est présenté sous une forme vive et brève. Tantôt ces propos sont l'inspiration subite de celui qui parle : plus souvent ce sont des locutions consacrées, qui se répètent de temps immémorial. Qui n'a entendu dire à nos paysans que *la lune rousse brûle les bourgeons?* Assurément il n'y a rien là de mythique : c'est une phrase convenue, à laquelle celui qui l'emploie donne un sens plus ou moins littéral. Mais supposons que le nom de lune rousse forme en français, comme il l'aurait fait en grec ou en sanscrit, un seul mot : admettons que ce terme soit sorti de l'usage journalier. La phrase que nous venons de citer pourra devenir, pour un âge qui n'en comprendra plus le sens, l'énoncé d'un événement historique. Pour peu qu'il y ait d'autres propositions du même genre se rattachant au même sujet, le fait en question viendra prendre sa place dans une narration fabuleuse.

L'histoire des dieux ne formait pas dans le principe un récit : c'étaient des propos incohérents, quoique très-arrêtés dans leur teneur. Les transitions, l'enchaînement, l'ordre, la logique furent introduits après coup par les conteurs qui, recueillant ces phrases dont ils cherchaient le sens, crurent y reconnaître les débris d'anciennes traditions ou les oracles mal conservés de la sagesse antique. Pour retrouver la signification d'un mythe, il faut donc essayer d'abord de le réduire à ses éléments primitifs : toutes les parties de la narration n'ont pas la même antiquité. Il faut défaire l'œuvre du narrateur, élaguer tout ce qui est de seconde main et ramener le conte à ses traits primordiaux. Les phrases que le peuple répétait à la vue des phénomènes de la nature ont été pour l'imagination d'un âge plus récent comme un sommaire à développer, comme les pensées détachées que le maître donne à relier et à expliquer à son élève.

Je prends comme exemple l'histoire d'Ixion. La fable raconte que ce roi des Lapithes ou des Phlegyens fut admis à la table des dieux et qu'il osa former le projet de séduire Héra. Zeus, pour se convaincre de son audace sacrilége, fit d'un nuage une figure semblable à Héra, ou, selon d'autres, créa une nymphe Néphélé avec laquelle Ixion engendra les Centaures. En punition de son crime,

Ixion fut attaché sur une roue enflammée qui tourne éternellement dans l'espace. Tel est le récit des poètes : Pindare (1) voit dans le supplice d'Ixion le châtiment infligé à l'impie qui le premier osa violer les lois de l'hospitalité.

Qu'était à l'origine ce criminel Ixion? Le trait caractéristique de son histoire est le supplice auquel il fut condamné. *Ixion tourne et tournera sans fin sur une roue enflammée :* c'est là le point de départ du mythe. Si nous examinons le nom de notre héros, nous verrons qu'il y est fait mention de cette roue. Ixion correspondrait en sanscrit à un mot *akshivan*, voulant dire *celui qui a une roue* ou *qui tourne sur une roue* (2). A une époque où la véritable nature d'Ixion avait cessé d'être comprise, le peuple qui veut se rendre compte des mots dont il reçoit l'héritage, inventa pour lui ce genre de supplice. *Il est le père des Centaures.* M. Adalbert Kuhn (3) a montré l'identité des Centaures et des Gandharvas, ces êtres fantastiques qui jouent dans la mythologie indienne le même rôle que les Centaures chez les Grecs, et qui représentent les nuages

---

(1) *Pyth.*, II, 39.

(2) *Akshi, aksha, akshan,* trois mots d'origine identique, qui veulent dire *œil, axe, roue, char;* le latin *axis,* le grec ἄξων, sont de la même famille. L'α initial s'est affaibli en ι, comme dans ἵππος, sanscrit *açva,* et comme dans le latin *ignis,* sanscrit *agni.* Ce changement de l'α en ι est assez fréquent en grec devant deux consonnes ou une lettre double (voy. Curtius, *Journal de Kuhn,* III, p. 412). L'allongement du second ι d'Ixion paraît avoir pour cause la suppression du *v* ou digamma (comp. Ebel, *Ibidem,* t. VI, p. 211) : on trouve le même allongement dans les noms d'Orion, de Pandion, d'Arion, d'Amphion, etc.

(3) *Gandharven und Centauren.* Dans son journal de *Philologie comparée,* t. I, p. 513 ss.

chevauchant dans le ciel. Ixion chez les Grecs est le Centaure par excellence, puisqu'il est le père de cette famille de monstres : il correspond au Gandharva védique. Nous sommes donc bien près de deviner ce qu'est cette roue enflammée que nous figure son nom. Les védas parlent souvent de la roue du soleil et de la lutte que soutient le dieu suprême pour l'arracher aux mains du démon qui personnifie la nuit et la stérilité (1). *Ixion tourne éternellement sur sa roue*, n'était donc pas, dans le principe, l'énonciation d'un supplice, mais l'expression d'un fait naturel. *Ixion aime Héra*, c'est-à-dire la déesse de l'atmosphère, est une affirmation qui n'a pas besoin d'être expliquée si l'on se rappelle qu'Héra est l'épouse de Zeus dont Ixion est un dédoublement. *Ixion s'unit avec la Nuée*, est une autre forme de la même idée. Ces quatre faits, formant autant de proverbes, furent recueillis et combinés ensemble par un âge qui crut y apercevoir les épisodes d'une aventure à moitié oubliée.

Les fables n'ont donc pas été créées d'un jet et de toutes pièces : les événements essentiels et les noms des personnages appartiennent à une époque, la disposition et la morale du récit appartiennent à une autre ; nous appellerons la première époque l'âge naturaliste, et nous donnerons le nom d'âge moraliste à la seconde. A l'âge naturaliste remontent les conceptions qui, n'étant plus comprises, parurent plus tard bizarres ou monstrueuses ; à

---

(1) A. Kuhn, *Die Herabkunft des Feuers*, p. 56.

l'âge moraliste, les explications destinées à rendre compte de ces faits, à les justifier ou à les atténuer.

La poésie populaire rajeunit constamment les anciens héros et leur donne l'aspect des grands modèles contemporains. Dans les chansons de gestes du xiiᵉ siècle, Charlemagne est un chevalier qui va aux croisades. La même transformation a été opérée par l'âge moraliste : les usages, les institutions que nous révèlent les fables sont celles de l'époque où elles ont été arrangées. L'historien qui irait chercher dans les chansons de gestes des renseignements sur Charlemagne s'exposerait aux plus singulières erreurs ; mais ces poèmes deviendront des documents fidèles si l'on s'attache à y étudier la peinture de la société féodale qui les a produits. Les mythologues qui, comme Banier, composent avec les noms des dieux la liste des anciennes dynasties de la Grèce, méconnaissent la nature des mythes ; mais si l'on veut se contenter de rechercher dans les fables l'image des idées et des institutions, on en tirera des indications précieuses. Le mythe d'Héraclès nous montre, dans la personne d'Eurysthée, la royauté instituée à Thèbes ; les Argonautes nous transportent dans une époque d'expéditions maritimes et nous font assister à l'établissement des colonies ; les sept chefs devant Thèbes nous représentent un temps de guerres et de profonds déchirements intérieurs. Plus abondants et plus intéressants encore seront les renseignements que nous donneront les fables sur les mœurs et sur les usages, sur l'état des croyances, sur l'organisation de la famille et de la cité. Pour tout cet ordre de faits les mythes sont de l'histoire.

Appliquons maintenant ces idées à la fable d'Œdipe. Quel est ce personnage qui s'appelle lui-même, au début de la pièce de Sophocle, *le célèbre Œdipe* (1)? Ces événements tragiques qui ont remué si profondément les entrailles de la Grèce et inspiré à Sophocle le chef-d'œuvre de l'art dramatique, qui les a imaginés? Que faut-il penser de la fatalité qui pousse le héros de ces aventures au parricide et à l'inceste? Est-ce, comme on l'a dit, une leçon de modération proposée aux hommes? ou la leçon est-elle venue après coup se mêler au récit et lui donner un aspect moral qu'il n'avait pas dans le principe?

L'histoire d'Œdipe est dans toutes les mémoires. Un oracle avait prédit à Laïos, roi de Thèbes, que son fils était condamné par le sort à être parricide et incestueux : il fit exposer l'enfant nouveau-né sur le Cithéron (d'autres disent à Sicyone). Un berger pris de pitié le recueillit et l'appela Œdipe, parce qu'il avait été trouvé les pieds percés d'une corde et gonflés; l'enfant grandit au milieu des bergers, ou suivant d'autres à la cour de Polybe, roi de Corinthe, qui l'adopta comme son fils. Arrivé à l'âge d'homme, comme il revenait de Delphes, il rencontra Laïos, son père, dans un chemin où leurs chars ne pouvaient s'éviter. Une querelle s'engage, et Œdipe tue Laïos

(1). αὐτὸς ὧδ' ἐλήλυθα,
ὁ πᾶσι κλεινὸς Οἰδίπους καλούμενος.

sans le connaître. Il vient à Thèbes, que désolait un monstre qui dévorait tous ceux qui ne répondaient pas à ses questions. Œdipe résout l'énigme du Sphinx, et l'oblige à se précipiter du haut de son rocher. En récompense, il obtient le pouvoir royal et la main de Jocaste, veuve de Laïos : ainsi se trouve accomplie la prédiction de l'oracle. Mais bientôt un mal inconnu fait périr les fruits de la terre, les petits des animaux, les enfants des hommes, c'est la colère des dieux qui vengent le meurtre de Laïos. Œdipe fait rechercher l'assassin et il découvre le double forfait dont il s'est rendu coupable. Dans son désespoir il s'arrache les yeux et quitte la ville de Thèbes. Le lieu de sa sépulture est inconnu ; mais la possession de ses os assure le pouvoir à la contrée où ils reposent.

S'il ne nous restait de toute la mythologie grecque que ce seul récit, nous serions assurément fort embarrassés de dire ce qu'est Œdipe. Mais en rapprochant certains traits de son histoire d'événements analogues faisant partie de la vie d'autres héros, nous pourrons, d'après ces caractères communs, déterminer sa nature et en quelque sorte le classer. Un premier fait de la légende est celui-ci : *Œdipe est vainqueur du Sphinx*. Nous avons essayé ailleurs de montrer ce qu'il faut voir dans ces monstres, si nombreux dans la mythologie grecque, qui, sous des aspects divers, représentent toujours le même être (1). Le Sphinx est de la même famille que la Chimère et la Gorgone ; le combat où il succombe est une des

(1) V. ci-dessus, p. 95.

cent formes qu'a revêtues la lutte de Zeus contre Typhon ou celle d'Apollon contre le serpent de Delphes. Hésiode, dans la généalogie qu'il nous donne de cette famille de monstres, fait du Sphinx la fille d'Orthros et de la Chimère, la petite-fille de Typhon et d'Echidna. Mais si le Sphinx n'est qu'une variété locale de l'espèce dont Typhon est le principal représentant, nous sommes amenés à penser qu'Œdipe est un héros du même caractère que Zeus, Apollon, Héraclès, Bellérophon, c'est-à-dire une personnification de la lumière. Cette supposition, si étrange qu'elle puisse paraître au premier coup d'œil, sera, nous l'espérons, justifiée par la suite de ce travail. Mais il faut d'abord examiner les circonstances qui semblent donner à la lutte d'Œdipe un aspect particulier.

Le nom de Sphinx, qui a conduit certains interprètes à chercher dans l'Égypte la patrie de notre mythe, est parfaitement grec : il convient très-bien à l'être qui enlace (σφίγγει), et il répond exactement, quant au sens, au *Vritra* des védas. Si, du nom, nous passons à la forme du Sphinx, nous voyons bien qu'elle témoigne de l'imagination capricieuse des Grecs, qui sut varier à l'infini l'apparence de ces êtres fantastiques : mais, à le regarder de plus près, le Sphinx n'a rien dans sa structure que nous ne retrouvions chez l'un ou l'autre des membres de la famille. Echidna a, comme lui, la tête d'une jeune fille; la poitrine et les griffes du lion, la queue du serpent et les ailes de l'oiseau lui appartiennent en commun avec Typhon. Quand les Grecs entrèrent en contact avec l'Égypte, ils reconnurent quelque analogie entre leur Sphinx et les lions à tête humaine assis devant les palais de Memphis : ils donnèrent en conséquence le nom grec aux statues égyptiennes, par une confusion dont l'histoire des religions anciennes offre de nombreux exemples (1).

Le Sphinx est envoyé à Thèbes par Héra, la déesse de l'atmosphère, absolument comme les monstres que combat Héraclès. Athéné prête son secours à Œdipe comme elle se trouve auprès d'Héraclès dans ses divers travaux et comme elle est l'alliée de tous les dieux vainqueurs dans ces luttes de l'air. Nous avons vu par la comparaison d'autres mythes ce que représente la montagne sur laquelle le Sphinx est assis : en se précipitant de son rocher et en se brisant, le monstre nous figure le nuage qui éclate et tombe en pluie sur la terre. La phrase proverbiale qui disait : *Œdipe a tué le Sphinx*, était l'expression populaire et locale qui marquait cet événement de l'atmosphère.

Mais la lutte d'Œdipe contre le monstre a un caractère à part : c'est un duel où l'intelligence a remplacé la force (2). Pourquoi le Sphinx est-il dépeint comme propo-

---

(1) L'un des exemples les plus remarquables est le mélange du Typhon d'Homère et d'Hésiode avec le Typhon égyptien. La confusion du sphinx thébain et du sphinx de l'Égypte, se trouve déjà dans Hérodote, qui parle des ἀνδροσφίγγες égyptiens. Les sphinx de l'Égypte n'ont pas de mamelles : voilà pourquoi Hérodote les appelle des sphinx mâles.

(2) Il s'entend de soi qu'à l'origine Œdipe était conçu comme un héros armé de l'épée ou de la massue. Sa vie présente encore un autre exploit surnaturel, qui nous est attesté par un ancien poète béotien, la célèbre Corinne : c'est la victoire sur le renard de Teumesse. Les circonstances de la lutte ne sont pas venues jusqu'à nous, nous savons seulement par d'autres

sant d'obscures questions à ses victimes? Pourquoi Œdipe, au lieu de tenir la massue comme Héraclès, ou de manier l'épée comme Persée, est-il transformé en devineur d'énigmes? Deux circonstances ont contribué à donner à la fable ce tour caractéristique. La première a été déjà indiquée ailleurs (1). Le nuage, prototype des monstres mythiques, fait entendre de sourds grondements qui sont regardés comme une voix prophétique ou comme un langage incompréhensible pour les hommes. Hésiode, en parlant de Typhon, dit qu'il produit des sons que les dieux seuls comprennent; Pindare appelle le tonnerre une voix divine. Ce n'est pas Apollon qui prophétisait d'abord à Delphes, c'était le serpent englouti dans ces lieux. Un serpent rend des oracles dans l'antre de Trophonius; Géryon (autre monstre de même origine) prophétise à Padoue. Il faut entendre dans le même sens ce que la fable nous dit du Sphinx : Sophocle l'appelle un devin, un poète au langage ambigu (2). *Le Sphinx prononce des mots que les hommes ne peuvent comprendre.* Il n'en fallut pas plus à l'esprit des Grecs, désireux de varier et de rajeunir un thème uniforme, pour donner un tour nouveau à la défaite du monstre thébain. Si Œdipe était

récits qu'il était impossible de prendre ce renard à la course, qu'il ravageait la Béotie et qu'on mit à sa poursuite le chien de Képhalos, lequel ne manquait jamais sa proie. Il s'engagea entre les deux animaux une course et une poursuite sans fin. C'est ce renard merveilleux que, selon une très-ancienne tradition, Œdipe aurait vaincu. — On peut induire de ce récit que diverses légendes se rattachaient au nom d'Œdipe.

(1) V. plus haut.
(2) *Œdipe roi*, p. 1199.
Τὴν γαμψώνυχα παρθένον χρησμῳδὸν. — Comparez vv., 36, 130, 301.

parvenu à en triompher, c'est qu'il avait compris son langage.

Une circonstance tout accidentelle contribua à donner à la fable cet aspect particulier. On sait quelle influence l'étymologie populaire peut exercer sur la forme d'un mythe : un nom qu'on ne comprend plus est décomposé d'une façon arbitraire et expliqué par un conte; c'est ce qui arriva pour le nom d'Œdipe (Οἰδίπους). Le peuple crut y reconnaître le verbe « savoir » (οἶδα) : nous avons encore dans ce jeu de mots de Sophocle

$$ὁ μηδὲν εἰδὼς Οἰδίπους$$

une allusion à ce sens prêté au nom d'Œdipe. Pour expliquer la seconde partie du mot, on fit entrer dans le récit et l'on plaça dans la bouche du Sphinx une énigme qui circulait sans doute depuis longtemps parmi le peuple : « Quel est l'animal qui a quatre pieds le matin, deux à midi, trois le soir? » Œdipe devint l'homme qui connaît le mot de l'énigme des pieds, et l'on fut ainsi conduit à donner une forme précise à cette idée : que le héros thébain avait compris le langage du Sphinx.

Parmi les noms donnés dans les Védas au monstre que combat le dieu solaire, il en est un que nous retrouvons dans la légende d'Œdipe : c'est *dasyu*, c'est-à-dire l'*ennemi*. Ce mot est dérivé de la même racine *das* qui a encore formé en sanscrit le mot *dâsa* « esclave ». *Dâsa* se retrouve en grec sous la forme δᾶος qui, comme l'atteste Hésychius, veut dire esclave, et qui, de la comédie grecque, a passé sur la scène latine sous la forme *Davus* (1). Comme dans le mot sanscrit *dasyu* le sens primitif « ennemi » s'est conservé dans le dérivé grec δάιος- δήιος δᾶος. Par le changement du *d* en *l* que les dialectes grecs présentent encore pour d'autres mots (2), δάος est devenu λαός : il est vrai que dans la langue classique λαός ne signifie pas *esclave*, mais *foule*, *peuple*; mais en examinant l'emploi de ce mot dans les plus anciens textes, on aperçoit encore des traces nombreuses du premier sens. Quand Homère dit, par exemple, en parlant des guerriers qui entourent Pandaros :

ἀμφὶ δέ μιν κρατεραὶ στίχες ἀσπιστάων
λαῶν, οἵ οἱ ἔποντο, ἀπ' Αἰσήποιο ῥοάων (3)

il prend le mot λαός dans le sens individuel et non dans le sens collectif. C'est la même signification qu'il faut donner à ce mot dans les expressions consacrées ποιμὴν λαῶν, ἄναξ λαῶν, κοίρανος λαῶν. Le changement qui a conduit ce terme, dont

---

(1) Δάος est la transcription régulière du sanscrit *dâsa*; le σ devait tomber entre les deux voyelles, comme dans le génitif γένε-ος pour γένεσ-ος, en latin *gener-is*, ou comme dans νυός pour νυσός (en latin *nurus*). Mais ainsi que cela est arrivé pour ἠFώς, αὔFως (en sanscrit *ush-as*, en latin *aur-ora*), le σ a été remplacé par un digamma, de sorte qu'il faut lire δαFος. Priscien atteste la présence du digamma dans le mot λαός qui, comme nous allons le voir, n'est qu'une variante de δάος; il cite le nom ΛαFοκόFων, *in tripode vetustissimo* (l. 22, VI, 69, éd. Hertz). Nous trouvons sur une inscription λαυαγήτα (*Corp. Inscr.* I, 1466). C'est ce digamma que les écrivains latins nous ont conservé, quand ils empruntèrent le nom grec et en firent leur *Davus*.

(2) Par exemple dans Ὀλυσσεύς (pour Ὀδυσσεύς), λίσκος (pour δίσκος), λάφνη (pour δάφνη), et dans λάσιος « velu » à côté de δασύς.

(3) Il., IV, 90 Cet emploi est très-fréquent dans Homère. Comp. entre autres : Il., II, 578, IX, 116, XIII, 710, etc.

le sens premier était *esclave*, à signifier d'abord *foule* (1),
et enfin *peuple*, *nation*, est certainement un fait remarquable dans l'histoire de la civilisation grecque (2). Cette
transformation nous est attestée par le témoignage explicite d'un ancien qui, à propos de la forme attique λεώς,
fait la remarque que ce mot ne signifie pas toujours la
foule, mais qu'il peut s'appliquer aussi à un seul homme,
pour dire qu'il est soumis à un autre : il cite à ce sujet
Hécatée qui s'est servi de ce terme pour exprimer qu'Héraclès était soumis à Eurysthée (Εὐρυσθέως λεώς) (3).

De même que δάος est devenu λαός, δάιος par un changement identique a fait λάιος, qui ne s'est conservé que
comme nom de l'ennemi combattu par Œdipe. Laïos est
l'équivalent du *dasyu* védique, dont il tient la place dans
notre légende (4). La lutte du dieu s'est donc conservée

---

(1) Comme dans ces vers d'Homère :

τοὶ δ' ἅμ' ἕποντο
ἠχῇ θεσπεσίῃ, ἐπὶ δ' ἴαχι λαὸς ὄπισθεν.

(2) Les deux sens se touchent encore dans ces vers d'Eschyle :

λέλυται γὰρ
λαός, ἐλεύθερα βάζειν,
ὡς ἐλύθη ζυγὸν ἀλκᾶς.
(Perses, v. 592).

C'est le même mot *dâsa*, mais mieux conservé parce qu'il se trouve en
composition, qui nous est resté dans le mot δεσπότης. Il est remarquable
que le mot *daqyu*, qui est la forme zende de *dasyu*, ait éprouvé un changement de sens analogue : *daqyu* ne veut pas dire *ennemi* ou *esclave*, mais
province.

(3) Σημειωτέον δὲ ὅτι οὐχ ἁπλῶς τὸν ὄχλον σημαίνει, ἀλλὰ τὸν ὑποτεταγμένον. Ἑκαταῖος γὰρ τὸν Ἡρακλέα τοῦ Εὐρυσθέως λεὼν λέγει, καίτοι ἕνα ὄντα. (Hipponax, dans les *Anecdota* de Cramer, t. I, p. 265.)

(4) On montrait le tombeau de Laïos en plusieurs lieux, et ces lieux
étaient pour la plupart dévoués aux divinités infernales. (Apoll. III, 15, 7.
Cf. Schneidewin, *Die Sage vom Œdipus*, p. 169, 175, 182.)

sous une double forme dans l'histoire d'Œdipe, puisqu'il est successivement vainqueur de Laïos et du Sphinx; mais de pareils dédoublements n'ont rien qui doive nous étonner. Toutes les fois qu'un fonds de croyances populaires est remanié par les hommes d'un autre temps, des erreurs de ce genre se produisent, et deux noms différents appartenant à un même personnage donnent naissance à deux récits distincts. La vie d'Héraclès est une série de combats toujours les mêmes où le lieu de la scène et le nom de l'adversaire sont les seuls termes qui varient : dans les contes bretons nous trouvons jusqu'à dix et douze fois le récit, à peu de chose près identique, d'une même aventure qui recommence perpétuellement.

Un des incidents ordinaires de la lutte du dieu védique contre le démon, c'est la délivrance des nuées qui sont figurées comme des jeunes filles : pendant qu'elles sont captives, elles s'appellent *dâsapatnis*, les femmes de l'ennemi; délivrées, elles deviennent *devapatnis*, les femmes du dieu. On comprend dès lors ce que signifiait le langage populaire, quand il parlait des femmes de Laïos qu'Œdipe avait épousées. Nous savons en effet, par le témoignage de Phérécyde (1), qu'outre Jocaste Œdipe épouse plu-

---

(1) *Fragments des historiens grecs*, éd. Car. et Théod. Müller, I, p. 85. Phérécyde nomme deux de ces nymphes : Euryganie et Astyméduse. Selon certains écrivains, Euryganie est une sœur de Jocaste. Ajoutons qu'Épicaste « la brillante » est aussi le nom d'une femme de Zeus, et Jocaste « la violette » celui d'une femme d'Apollon. Le père d'Euryganie se nomme Hyperphas.

sieurs autres femmes. Quand le héros solaire fut pris pour un personnage humain, on chercha à accorder ces circonstances avec les mœurs et les usages de la Grèce, et l'on ne nomma plus qu'une seule femme d'Œdipe, Jocaste ou Épicaste, ou bien l'on parla de mariages successifs.

Quand Œdipe, dit la fable, eut reconnu le mariage incestueux qui l'unissait à sa mère et la rencontre fatale qui lui avait fait tuer son père, il s'arracha les yeux. *Œdipe est aveuglé*, disait en effet le peuple, dans son langage expressif, quand le soleil avait disparu; car le même mot qui marque l'obscurcissement sert aux idiomes primitifs pour désigner la cécité (1). Le nom même d'Œdipe vient, si nous ne nous trompons, de l'idée qu'un peuple enfant se faisait du soleil couchant. On peut en effet voir dans Οἰδίπους le nom du soleil au moment où il va toucher l'horizon, lorsque, par l'effet des vapeurs qui flottent dans les couches inférieures de l'atmosphère, il semble de moment en moment augmenter de volume. Peut-être même est-il permis de voir dans ce mot une allusion à la blessure dont parle l'histoire d'Achille, et qui doit avoir son origine dans quelque ancien mythe solaire, car nous retrouvons la même circonstance dans les légendes de Balder et de Sigurd chez les Scandinaves, dans celles d'Isfendiar et de Rustem chez les Persans.

---

(1) Comp. le double sens de *cœcus* en latin. M. Pott, dans le *Journal de Kuhn* (t. II, p. 101), a consacré un travail spécial à toute une série d'expressions du même genre. C'est ainsi que *andha* « aveugle », en sanscrit, est un nom des ténèbres.

Une fois que la lumière du jour est obscurcie, Œdipe meurt; nul ne sait où reposent ses os. Selon une tradition, on se le représentait continuant son existence au fond d'un souterrain. Plusieurs peuples se vantent de posséder son tombeau, de même que l'île de Crète se faisait gloire d'avoir le tombeau de Zeus. Colone, petit bourg de l'Attique où l'on rendait un culte à différentes divinités infernales (1), était au nombre des lieux qui prétendaient avoir été témoins des derniers moments d'Œdipe. On sait comment Sophocle, s'appuyant sur des traditions locales (2), tira parti de cette circonstance. L'idée que la possession des cendres d'Œdipe assurait au pays la puissance, rappelle le trésor des Nibelungen et les légendes analogues des mythologies germanique et scandinave.

La naissance d'Œdipe, qu'on plaçait tantôt à Thèbes, tantôt à Sicyone, tantôt au Cithéron, est conforme à ce qu'on raconte de la naissance de Romulus, de Cyrus, de Féridoun, de Kei-Khosrou : c'est la même histoire de l'enfant abandonné qui grandit dans la solitude, qui apprend plus tard le secret de sa naissance, et qui signale bientôt par ses hauts faits son courage et sa noblesse. Une tradition citée par le scholiaste d'Euripide (3) et

---

(1) Voy. C. Fr. Hermann, *Quæstiones Œdipodeæ*, Pars III. — Schneidewin, *Die Sage vom Œdipus*, p. 192. — Preller, *Griechische Mythologie*, II, p. 240.

(2) Œdipe à Colone, v. 62. Cf. Otfr. Müller, *Gesch. der griech. Literatur*, II, 136.

(3) *Phœnissæ*, 26 et 28.

par Hygin (1) le montre flottant sur l'eau dans une caisse comme Persée. Le conte des pieds liés d'une corde est, comme on l'a reconnu depuis longtemps, sorti d'une autre étymologie du nom d'Œdipe.

Les crimes qui rendent l'histoire d'Œdipe si tragique appartiennent à l'imagination du second âge de la Grèce, qui voulut tirer un enseignement de la légende et expliquer un châtiment dont on ne pouvait comprendre les motifs. D'où vient en effet qu'Œdipe, après avoir sauvé sa patrie et gagné la royauté par son courage, soit frappé de cécité et meure loin de son pays? Pourquoi ce contraste entre la gloire du héros et le malheur qui l'atteint? Quand Œdipe livrait son combat contre le Sphinx dans les airs, épousait les nuées et disparaissait sous l'horizon, son histoire n'avait pas besoin d'explication morale; mais une fois qu'Œdipe fut devenu un prince thébain, délivrant sa ville d'un fléau, et, malgré ses hauts faits, privé de la vue et chassé de son royaume, l'instinct de justice naturel à l'homme se révolta et chercha dans la vie du héros les crimes qui avaient attiré la colère divine. Comme cette vie présentait, outre la défaite du sphinx, deux actes, à savoir la mort de Laïus et le mariage avec Jocaste, on supposa que c'étaient là les deux causes du châtiment céleste. On chargea donc Œdipe des deux plus grands forfaits qui se pussent concevoir, l'inceste et le parricide : Laïus qu'il avait tué, était son père;

---

(1) *Fab.* 66.

Jocaste qu'il avait épousée, était sa mère. Ainsi s'expliquait sa fin terrible. Une idée familière à cette époque, celle de la fatalité, vint se mêler à cette suite de catastrophes : les deux crimes qui amènent la punition d'Œdipe étaient inévitables comme la punition elle-même. L'oracle de Delphes prévoyait ces malheurs et les avait annoncés à l'avance.

Cette interprétation a trouvé un adversaire en M. le professeur Domenico Comparetti, qui, dans un travail intitulé *Edipo e la mitologia comparata* (1), attaque l'idée que l'histoire d'Œdipe ait eu un point de départ naturaliste. Ce serait un conte moral destiné à montrer que l'homme ne peut pas échapper à sa destinée et qu'un premier malheur en entraine à sa suite une foule d'autres. Réduite à ses éléments, l'histoire d'Œdipe se ramènerait à trois formules bien connues qui figurent dans quantité d'autres contes : 1° des parents exposent leur enfant pour éviter un malheur qui cependant s'accomplit; 2° une reine ou une fille de roi est proposée en récompense à celui qui tuera un monstre; 3° une énigme est donnée à deviner avec peine de mort pour celui qui n'y réussira point. Ces trois formules combinées auraient fait tous les frais du récit.

Nous avons répondu ailleurs au savant professeur de

(1) Pise, 1867.

Pise (1). Disons seulement ici qu'il ne nous paraît pas avoir assez distingué les temps. Je suis loin de prétendre qu'il faille voir des dieux solaires dans tous les personnages qui tuent des monstres et délivrent des princesses enchaînées. Mais avant d'entrer dans la mise en scène des contes, il faut que ces incidents aient figuré en des récits où ils eussent leur raison d'être. C'est par les mythes qu'ils devinrent assez familiers à l'imagination populaire pour passer à l'état de lieux communs. On ne s'expliquerait pas pourquoi les mêmes formules se rencontrent en Perse, en Germanie, en Grèce, si derrière la formule ne se trouvait pas la croyance naturaliste. Les contes de fées sont le dernier résidu de la religion d'un peuple : il nous semble prématuré de placer ce résidu aux temps qui ont précédé Homère et Hésiode.

(1) *Revue critique* du 22 janvier 1870.

DE
LA GÉOGRAPHIE DE L'AVESTA[1]

Le *Vendidad* commence par un chapitre dont la critique s'est occupée souvent, sans réussir à en déterminer le vrai caractère. On sait qu'il se compose d'une énumération de provinces créées successivement par Ahura-Mazda, et d'une série de fléaux opposés par Anra-Mainyus aux productions d'Ormuzd. Dès l'origine des études zendes, on s'accorda à attribuer à ce morceau une haute importance. Heeren (2) et Rhode (3) y virent la description géographique de l'Iran au temps de Zoroastre. L'ordre où sont énumérées les diverses régions créées par Ormuzd répond, suivant Rhode, à la marche progressive de la conquête arienne. Lassen, dans son grand ouvrage sur l'Inde (4), adopte en partie cette opinion ; il remarque

---

(1) *Journal asiatique*, 1862.
(2) *Ideen zur Geschichte*, etc. I, p. 498.
(3) *Die heilige Sage des Zendvolks*, p. 61.
(4) *Indische Alterthumskunde*, I, p. 526.

que la liste de l'*Avesta* se dirige vers l'ouest, et l'Airyana vaêja étant nommé comme la première création d'Ormuzd, il suppose que cette contrée a dû être le séjour primitif de la race. Haug (1), reportant encore plus haut l'antiquité du premier fargard, en fait un document contemporain de l'occupation de ces provinces, et en quelque sorte le journal de l'émigration iranienne (2). Assurément, si l'opinion des savants que nous venons de nommer était fondée, il faudrait regarder le premier fargard, non pas seulement comme le morceau le plus important de tout l'*Avesta*, mais comme le plus ancien chapitre des annales de la race indo-européenne; car les renseignements védiques sont loin de se rapporter à une époque aussi reculée. Mais un examen attentif de la composition de ce morceau nous empêche de souscrire aux conclusions historiques qu'on s'est peut-être trop hâté d'en tirer.

Au commencement du premier fargard, Ormuzd expose à Zoroastre qu'il a créé un lieu de délices, fermé de toutes parts; s'il n'était pas fermé de toutes parts, le monde corporel (3) tout entier se serait rendu dans l'Airyana vaêja. Ce dernier mot amène l'insertion d'un

---

(1) Dans l'ouvrage de Bunsen, *Ægypten's Stellung in der Weltgeschichte*, t. V, 2ᵉ partie, p. 104. (Voyez les objections faites par M. Kiepert dans les *Monatsberichte* de l'Académie de Berlin, 1856, p. 621.)

(2) Comparez aussi le livre de M. Obry : *Du Berceau de l'espèce humaine*, et celui de Pictet : *les Origines indo-européennes, ou les Aryas primitifs*.

(3) La distinction du *monde corporel* et du *monde incorporel* est familière à l'*Avesta*; la seconde expression désigne le monde des âmes ou *fravashis*.

long passage, probablement étranger au *Vendidad*, contenant la liste des contrées créées par Ormuzd et des oppositions d'Ahriman. La voici :

CRÉATION D'ORMUZD.	CRÉATION D'AHRIMAN.
1. L'airyana vaêja de la bonne création.	Le grand serpent et l'hiver.
2. Gâu, qui renferme Sughdha.	La guêpe qui détruit les troupeaux.
3. Môuru.	Les mauvais discours.
4. Baghdhî.	Les animaux dévorants.
5. Niçâ.	Le doute.
6. Harôyu.	La paresse et la pauvreté.
7. Vaêkereta, qui renferme Dujak.	La péri qui s'attacha à Kereçâçpa.
8. Urva.	Les impuretés.
9. Khnenta, qui renferme Vehrkâna.	La pédérastie.
10. Haraqaiti.	L'enterrement des morts.
11. Haêtumat.	La sorcellerie.
12. Ragha.	Le doute.
13. Chakhra.	L'incinération des morts.
14. Varena aux quatre angles.	De mauvais signes et des fléaux.
15. Hapta Hendu.	De mauvais signes et une mauvaise chaleur.
16. L'ouest de Ranha.	L'hiver.

On a toujours supposé qu'il y avait une corrélation particulière à établir entre les provinces créées par Ormuzd et les fléaux opposés par Ahriman; les Parses, et, d'après eux, Anquetil, traduisent comme si Ahriman envoyait les animaux dévorants à Baghdhî, la sorcellerie à Haêtumat, l'enterrement des morts à Haraqaiti, et ainsi des autres : tel n'est pas, à notre avis, le vrai sens du chapitre. Les diverses contrées de l'Iran étant attribuées à Ormuzd, et devant, selon la croyance parse, augmenter son pouvoir, la symétrie qui règne dans toute la religion mazdéenne exigeait qu'Ahriman opposât création à création; il ne s'agit pas pour lui de nuire à telle ou telle production d'Ormuzd en particulier, mais de rétablir l'égalité entre les deux principes en augmentant la somme de maux, à mesure qu'Ahura-Mazda accroît le nombre des biens. La liste d'Ahriman se compose des fléaux ordinairement attribués au mauvais génie et des péchés les plus sévèrement condamnés par la loi zoroastrienne. Il suffit de parcourir cette liste, d'ailleurs pleine de termes vagues et de répétitions, pour se convaincre qu'elle a été intercalée sans intention aucune de la mettre en rapport historique ou géographique avec les provinces d'Ormuzd. Il n'y a pas plus de raison de placer l'hiver dans l'Airyana vaêja, que de mettre le siége du doute à Niçâ ou celui des mauvais discours à Môuru. Ce sont là des maux d'une nature générale, destinés à tenir en échec la création d'Ormuzd, mais non à frapper telle contrée en particulier.

C'est pourtant l'erreur qui a servi de point de départ à toutes les conjectures. L'hiver étant créé en opposition à l'Airyana vaêja, on a supposé que cette région devait être particulièrement froide, et l'on a cherché au nord, du côté des sources de l'Oxus et de l'Iaxarte, ou vers le plateau de Pamir, quelque rude climat qui pût convenir à cette province. Le fait est d'autant plus étonnant, que l'Airyana vaêja est constamment décrit comme un lieu où les hommes vivent dans l'abondance et le bonheur, et que l'hiver est au contraire regardé dans l'*Avesta* comme le plus grand de tous les fléaux ; on lui donne l'épithète de *daêva-dâta* « créé par les dévs », d'*aghavat* « pervers », on le regarde comme la punition des péchés les plus énormes (1), et le *Vendidad* suppose un démon spécial du nom de *zemaka*, qui le personnifie (2). Voilà donc la contrée que les Ariens célèbrent comme la meilleure de toutes, et que le monde entier voudrait envahir, livrée en proie au plus grand des maux, comme l'appellent les livres zends, *fraêçtem vôighnananm* (3). Encore ne disons-nous rien du grand serpent, opposé à l'Iran-vej, et que, en bonne logique, il faudrait aussi y mettre à demeure !

Les critiques modernes qui ont placé l'hiver dans l'Airyana vaêja n'ont pas été plus inconséquents, après tout, que les Parses eux-mêmes, qui, par un étrange oubli de leurs propres doctrines, ont commenté et même interpolé en ce sens le *Vendidad*. Nous trouvons, en effet, après le verset 8, une sorte de glose explicative ainsi conçue :

« Il y a là dix mois d'hiver, deux mois d'été ; et ces mois sont froids pour l'eau, froids pour la terre, froids pour les arbres. Puis, vers le milieu de la terre, vers le cœur de la terre, vient l'hiver, le plus grand des maux. »

Sans rapport avec ce qui précède, d'un sens vague et incohérent, coupant malencontreusement l'énumération, ce développement porte tous les caractères d'une addition

---

(1) *Vendidad*, VII, 69.
(2) *Ibid.*, IV, 139.
(3) M. Bunsen est le seul qui ait cherché à sauver cette contradiction, en supposant qu'une révolution géologique avait changé le climat de l'Airyana vaêja, et déterminé du même coup l'émigration des Ariens. (Ouvrage cité, t. V, 2º partie.)

faite après coup, ou d'une citation inopportune amenée par le mot *zyão* « hiver ». M. Spiegel a signalé un certain nombre d'interpolations du même genre, dont les unes sont antérieures à la traduction pehlvie, les autres postérieures (1). Celle que nous venons de signaler est ancienne, puisqu'elle est reproduite dans le pehlvi et développée par le *Minokhired*. Pour se faire une idée de la foi aveugle avec laquelle les Parses acceptent toutes les contradictions qui peuvent se trouver dans leurs livres sacrés, il faut lire la description que le *Minokhired* donne de l'Iran-vej; il commence par citer, d'après le *Vendidad*, l'hiver qui y règne dix mois; il en fait une peinture aussi affreuse que possible; puis il ajoute que l'Iran-vej est la meilleure des contrées et le séjour des bienheureux (2).

Laissant de côté le malentendu qui a fait chercher au nord l'emplacement de l'Airyana vaêja, voyons ce qu'il faut penser de la nature de ce pays. D'après le *Minokhired*, les hommes y vivent trois cents ans, le bétail cent cinquante; le mensonge y est inconnu; le dêv des mauvais désirs y a moins de pouvoir qu'ailleurs; on y voit peu de maladies; dix hommes se rassasient avec un seul pain; il naît un enfant à chaque couple tous les quarante ans. La loi des habitants est celle des *paoiryo-tkaésha*, c'est-à-dire des ancêtres, et quand ils meurent, ils sont saints. Leur chef est Gopatishâh (Keï Kobad), et leur roi,

---

(1) *Ueber einige eingeschobene Stellen des Vendidad.* Mémoires de l'Académie de Bavière, t. VI.

(2) Spiegel, *Traduction de l'Avesta*, p. 61, note.

Çerosh, en zend *Çraosha* « la Foi ». En lisant cette description, on est frappé de la ressemblance qu'elle présente avec le paradis de Yima. A vrai dire, c'est la même peinture dont les traits sont matérialisés. Dans le var construit par Yima, il n'y a ni faim, ni pauvreté, ni maladie; les hommes et les animaux sont immortels; la nourriture est inépuisable; le père et le fils ont l'aspect de jeunes gens de quinze ans; tous les quarante ans il naît à chaque couple un fils et une fille. D'un autre côté, Yima porte dans le *Vendidad* le surnom de *çrûtô airyênê vaêjêhê*, « célèbre dans l'Airyana vaêja », ce qui prouve qu'il appartient à cette contrée. On sait enfin que Yima construit son paradis pour y transporter la semence de tous les hommes, de tous les animaux et de toutes les plantes, et les mettre à l'abri des rigueurs de l'hiver. Selon la tradition des Parses, Yima ouvrira son var à la fin des temps et repeuplera le monde. Or, l'Airyana vaêja ne paraît pas avoir d'emploi différent; la dénomination complète de cette région est *airyanem vaêjô vanuhyâo dâityayâo*, ce qui veut dire « l'excellente semence de la bonne création ». Tout nous porte donc à croire que le var de Yima et l'Iran-vej ne sont au fond qu'un seul et même lieu; c'est la région où séjournent les âmes des bienheureux, destinées à revenir sur la terre après la défaite d'Ahriman. On sait que des dédoublements de ce genre ne sont pas rares aux époques sans critique. C'est ainsi que certains auteurs chrétiens distinguent le paradis terrestre, situé à l'est de la terre au haut d'une montagne, du pays d'Eden, qui, à une élévation moins grande, forme un plateau tout alentour (1). Il semble, du reste, que les Parses aient conservé un vague souvenir de l'identité des deux contrées en question; ils mettent le var de Yima dans l'Iran-vej, lequel lui-même est placé sous la terre (2).

On voit assez par ce qui précède que l'Airyana vaêja est un pays entièrement fabuleux. Ne nous étonnons pas que les Parses l'aient pris pour une province de l'Iran. Le var de Yima a eu le même sort; il est devenu le Vardjem-guerd (*var Yima kereta* « le var fait par Yima ») qui figure dans le *Bundehesch* comme nom de province. Les anciens dieux de l'*Avesta* ayant été transformés en rois, il ne faut pas être surpris que les contrées mythiques où ils avaient leur demeure les aient suivis du ciel sur la terre. Des noms qui ne répondaient à rien de réel se sont mêlés de la sorte à la géographie véritable et n'ont pas peu contribué à l'obscurcir.

Parmi les régions citées dans le premier fargard, l'Iran-vej n'est probablement pas la seule qui soit de nature fabuleuse. Mais la plupart de ces noms de pays ne reparaissent en aucun autre endroit de l'*Avesta*, et les renseignements donnés par le premier fargard sont trop sommaires pour que nous osions hasarder des conjectures sur ce sujet. Il est difficile pourtant de ne pas reconnaître encore le var carré (3) de Yima dans le pays de Varena

---

(1) Dillmann, *Das christliche Adambuch*, p. 132, note.
(2) Spiegel, *Grammatik der Pârsisprache*, p. 120.
(3) *Vendidad*, II, 61.

aux quatre angles, où Thraêtaona a tué le serpent Dahâka.

L'insertion de noms de lieux imaginaires au milieu d'une liste géographique donne à tout le premier fargard une couleur assez moderne. Les noms de ville qui y sont cités n'ont d'ailleurs rien d'archaïque : la forme *Baghdhî* (Bactres), si nous la comparons à la forme *Bakhtari*, qui se trouve sur les inscriptions des Achéménides, et au grec Βάκτρα, montre un affaiblissement des consonnes qui, comme l'a fait remarquer M. Spiegel, laisse déjà pressentir la forme moderne *Balkh*. Je n'insiste pas ici sur l'âge qu'il convient d'attribuer au premier fargard ; il me suffit d'avoir montré qu'il n'y a aucune raison pour le placer à une époque plus reculée que le reste des livres zends; encore moins ce chapitre pourra-t-il servir de point de départ pour démontrer la haute antiquité de l'*Avesta*.

Le caractère mythique se retrouve dans les *keshvars* et les *paradis* de la cosmogonie iranienne.

On sait que les Parses divisent la terre en sept parties appelées *keshvars* (zend *karshavare*), disposées symétriquement autour d'un centre qui est l'Iran. Nous trouvons déjà cette division appliquée à la terre dans l'*Avesta*, où l'on rencontre assez souvent l'expression *gâm haptôkarshavairîm* (1), la terre aux sept keshvars. Mais il est vraisemblable que les keshvars, avant d'être considérés comme une division terrestre, ont désigné sept mondes

(1) Burnouf, *Journal asiatique*, 1846, I, p. 110, note.

distincts, répondant aux sept planètes. Quoique les noms soient assez difficiles à expliquer, on reconnaît clairement qu'ils n'expriment aucune idée géographique; ce sont des termes abstraits, composés de manière à se correspondre deux à deux. Les voici :

(Karshavarem) *Arezahê*   (Le keshvar) du mérite.
Çavahé   du profit.
Fradadhfshu   qui crée les troupeaux.
Vidadhfshu   qui multiplie les troupeaux.
Vôuru-barsti
Vôuru-jarsti
Qaniratha-bâmya

D'après les Parses eux-mêmes, le *qaniratha* (le *khounnerets* d'Anquetil) représente à lui seul la terre tout entière (1). Le *Minokhired* dit qu'à moins d'être dieu ou démon, l'on ne peut passer d'un keshvar dans l'autre. La première partie du mot, *karsha*, veut dire *fossé*. Cette représentation s'est conservée dans la cosmographie du manichéisme; le ciel, suivant Mani, est entouré d'un large fossé qui défend Dieu et les anges contre les agressions des démons (2).

Après avoir désigné les sept cieux planétaires, *karshavare* a été employé pour marquer une division géographique, et, comme nous l'avons dit plus haut, il est déjà usité en ce sens dans l'*Avesta*. L'idée des sept cieux n'en est pas moins restée familière au parsisme; ils sont

---

(1) Spiegel, *Die traditionelle Literatur der Parsen*, p. 106; *Bundehesch*, chap. xi.
(2) Flügel, *Mani und seine Lehre*, p. 219.

nommés et décrits dans l'*Ardaviráf-námeh*. Ils ont passé dans le judaïsme de la dernière époque, ainsi que dans la cosmographie chrétienne, où ils ont produit, par contre-coup, les sept cercles de l'enfer.

Le mot *paradis*, qui a pénétré par l'hébreu et le grec dans toutes les langues modernes de l'Europe, est originaire de la Perse : *pairidaêza* veut dire un enclos (1) Nous ne trouvons pas ce mot employé dans l'*Avesta* en son sens mythique ; mais on en peut reconnaître la seconde partie, *daêza*, dans une locution persane qui équivaut à notre paradis terrestre, et dont nous allons dire quelques mots, *kang-diz*. D'après le *Bundehesch*, le Kang-diz est un pays où séjournent les bienheureux, voisin du Vardjemguerd ; Massoudy en fait une grande ville, fondée par Kaï-Khosrou aux extrémités de l'Orient et habitée par plusieurs empereurs de la Chine (2). Dans Firdousi, c'est le château d'Afrasiab, pris d'assaut par l'armée des Iraniens (3). La science géographique persane s'est emparée du Kang-diz, c'est à partir de ce lieu qu'elle compte les degrés de longitude. La première partie du nom se trouve une fois dans l'*Avesta* (4), sous la forme *kanha*, que les Parses traduisent par *kangdiz ;* mais l'étymologie de *kanha* est obscure.

---

(1) Dans la description d'une cérémonie de purification, on lit ces mots : « aêtadha hê aêtê mazdayaçna anhâu zemô pairidaêzam pairi daêzayan. « Alors ces mazdayaçniens feront sur cette terre un enclos. » (*Vend*., V, 146.)
(2) Voyez *Introduction à la Géographie d'Abou'lféda*, p. ccxx.
(3) *Schâh-Nameh*, édition de M. Mohl, t. IV, p. 99.
(4) *Aban-yesht*, cardé XIV.

Le sens de *daêza* n'offre, au contraire, point de difficulté. *Daêza* répond exactement au sanscrit *deha*, qui est seulement employé dans le langage philosophique pour désigner le corps, comme enveloppe matérielle de l'âme; mais le féminin *dehî*, usité dans les *Védas*, est resté plus près du sens primitif, et marque une levée de terre, un rempart (1). Tel est aussi le sens de *daêza*; *pairidaêza* répond donc à notre mot *circonvallation*.

Les Parses se sont servis de ce terme, ainsi que de *var*, pour marquer des lieux fabuleux. Si nous en jugeons par le *Schâh-Nameh*, qui reproduit avec la plus grande fidélité les conceptions de la vieille mythologie iranienne, il semble qu'il y ait eu un grand nombre de *daêzas*; le château de Bâhman (2), le château blanc, le château d'airain, lesquels, comme le *Kang-diz*, sont conquis par les héros fabuleux de l'Iran, sont le souvenir encore reconnaissable d'anciennes spéculations mythiques ou astronomiques (3).

---

(1) *Ayam sradur iha madishtha âsa yasye 'ndro vritrahatye mamâda | purûni yaç cyautnâ çambarasya vi navatim nava ca dehyo han.* | « Voilà quel était le doux et enivrant breuvage dont Indra s'enivra pour tuer Vritra, anéantissant les nombreux efforts de Çambara et ses quatre-vingt-dix-neuf remparts » (*Rig-véda*, VI, XLVII, 2. Cf. VII, 6, 5.)

(2) *Schâh-Nameh*, édition Mohl, t. II, p. 511; t. IV, p. 99; *ibid.*, p. 536. Le moyen âge chrétien se faisait du paradis terrestre une idée qui se rapproche beaucoup des châteaux ou *diss* du *Schâh-Nameh*. On se figurait le paradis entouré de hautes murailles et flanqué de tourelles. (M. Alfred Maury, *Essai sur les légendes pieuses*, p. 86.) D'après une légende qui, suivant toute apparence, vient de l'Orient, Alexandre s'en va à la conquête du paradis terrestre; il arrive jusqu'aux murs de la forteresse, qu'il ne réussit pas à franchir. (Zacher, *Alexandri Magni iter ad paradisum*.)

(3) C'est à des représentations de ce genre qu'il faut rapporter le passage suivant de Celse, conservé par Origène (*Apologie*, VI, 22) : « Les Perses

Les observations que nous venons de faire se touchent toutes par un point, c'est que la Géographie de l'*Avesta* est essentiellement fabuleuse. Il ne faut pas nous laisser induire en erreur par les Parses; aucun peuple n'a pratiqué l'évhémérisme d'une façon plus complète. Tous les noms sont historiques pour eux; il n'y en a peut-être pas un seul qui doive l'être pour nous. Dans les prétendus rois de l'ancien Iran, on a reconnu des divinités védiques; les contrées mentionnées dans les livres zends, à l'exception de quelques noms aisément reconnaissables, n'ont pas plus de réalité que les personnages. Cette absence de tout renseignement positif est un des caractères les plus singuliers de l'*Avesta*; on n'y trouve même pas le nom du peuple pour lequel il a été composé. Les livres zends sont une mine inestimable pour la mythologie comparée; ils ont la plus haute valeur pour le critique qui étudie les religions; mais le géographe a peu de chose à y prendre, et l'historien ne saurait assez s'en défier.

ont quelque chose de semblable (à l'échelle de Jacob) dans leurs cérémonies de Mithra; ils ont une figure symbolique représentant les deux grands mouvements du ciel, d'une part le mouvement des étoiles fixes, de l'autre celui des planètes et le passage des âmes à travers ces astres. Cette figure est une échelle (en grec κλίμαξ, probablement des enceintes concentriques disposées par échelons), avec sept portes, et une huitième porte au-dessus. La première porte est de plomb, la deuxième d'étain, la troisième de cuivre, la quatrième de fer, la cinquième d'un mélange de métaux, la sixième d'argent, la septième d'or. Ils attribuent la première à Saturne, la seconde à Vénus, etc. » Comparez aussi le célèbre passage d'Hérodote sur les sept enceintes d'Ecbatane, peintes de différentes couleurs (*Hist.* I, 98).

LA LÉGENDE DU BRAHMANE

CONVERTI PAR ZOROASTRE [1]

Tous les lecteurs du Zend-Avesta d'Anquetil-Duperron connaissent Tchengrénghâtchah, le brahmane converti par Zoroastre, dont le nom, s'il faut en croire le traducteur français, figure dans les livres zends. Il n'est peut-être pas sans intérêt de rassembler le petit nombre de faits qui concernent ce nom, et de reconnaître quel est le personnage qui se cache derrière cette appellation barbare.

Anquetil possédait au nombre de ses manuscrits le *Tchengrénghâtchah-nameh* (2), poëme en langue persane, qui, comme on le verra plus loin, a dû être composé dans l'Inde à une époque assez récente. C'est là qu'il trouva (ch. IV et V) le récit qu'il inséra dans sa *Vie de Zoroastre*. On y raconte, en effet, que le bruit de la réforme religieuse de l'Iran s'étant répandu, l'un des plus célèbres brahmanes de l'Inde, Tchengrénghâtchah,

---

(1) *Journal asiatique*, 1862.
(2) Fonds d'Anquetil, 10. Supplément d'Anquetil, 13.

écrivit au roi Goustasp une lettre où il traitait le Prophète d'imposteur et se chargeait de le confondre. Les deux rivaux furent mis en présence ; mais Zoroastre, ne donnant pas même à son adversaire le temps de lui adresser les questions qu'il s'était promis de lui poser, les lui montra résolues par avance dans l'Avesta. Tchengrênghâtchah se rendit à une marque aussi évidente de l'origine sacrée du livre, embrassa la loi nouvelle, et quatre-vingt mille sages de l'Inde suivirent son exemple.

L'Orient a donné naissance à un grand nombre de récits de ce genre : l'un des plus connus est le *Çankaradigvijaya*, ou *la Conversion des contrées par Çankara* (1). On y représente Çankara, l'un des plus illustres philosophes védantistes, triomphant successivement par sa science de douze sectes différentes et les convertissant à sa doctrine. Le *Tchengrênghâtchah-nameh* est composé sur le même plan. Qu'Anquetil ait fait entrer un récit moderne dans sa *Vie de Zoroastre*, cela n'a rien de surprenant, car, on peut le dire sans manquer de respect à la mémoire de l'intrépide et illustre savant, il a composé cette biographie sans aucune critique, à l'aide de renseignements de tout âge et de toute provenance. Mais ce qui est plus singulier, il retrouve le même personnage en deux endroits des livres zends. Voici le premier, tel qu'il est dans la traduction d'Anquetil (2) :

---

(1) Voyez sur cet ouvrage les *Asiatic Researches*, XVI, p. 11 ; le *Çankara* de Fr. Windischmann, et Lassen, *Indische Alterthumskunde*, IV, p. 648 et 838.

(2) *Vispered*, I, 1 ; Anquetil, I, II, p. 84.

« J'invoque et je célèbre le premier des cieux, le premier de la terre, le premier des êtres aquatiques, le premier des animaux terrestres, la première des grandes productions, le premier des êtres brillants et intelligents, *le premier des Tchengrênghâtchahs* saints, purs et grands. »

Il faut traduire :

« Je loue et j'appelle les chefs des êtres célestes, les chefs des êtres terrestres, les chefs des êtres aquatiques, les chefs des êtres qui sont sous le ciel, les chefs des êtres ailés, les chefs des êtres rapides, *les chefs des êtres à marche pesante,* purs, chefs de pureté. »

Pour comprendre ce passage, il faut se rappeler que, suivant les croyances mazdéennes, chaque ordre d'êtres dans la création a son chef : celui des êtres célestes est Ormuzd, celui des êtres terrestres est Zoroastre, celui des êtres aquatiques le poisson Kar-mahi, et ainsi de suite. Le mot qui, par une certaine analogie de son, a amené l'erreur d'Anquetil est *canranhâcanm*, génitif pluriel de *canranhâkhs*. Ce mot doit se décomposer, comme l'a fait voir M. Windischmann, de la façon suivante : *canra* et *hâkhs*. Il marque les animaux munis de sabots et signifie proprement *corneis pedibus sequens*.

Nous avons ici un exemple de la façon dont Anquetil interprète les textes zends : il ne s'en rapporte pas toujours à ses maîtres, les Parses, et il introduit à l'occasion ses propres conjectures dans la traduction. Nous n'avons pas besoin de dire, en effet, que la version pehlvie ne fait mention nulle part de Tchengrênghâtchah.

Il nous reste à chercher quel est le véritable nom du brahmane qu'une légende moderne des Parses met en présence de Zoroastre. Dans le *Desatir*, ce livre apocryphe dont M. de Sacy a démontré l'origine relativement récente (1), il est question aussi de brahmanes convertis par le prophète iranien. L'un s'appelle Bias, et l'on a reconnu avec raison en lui Vyâsa, l'auteur fabuleux des Védas; l'autre est nommé *Senkerâkâs*, et le commentaire persan prend soin de nous expliquer que par ce nom est désigné Tchengrénghâtchah (2). En comparant ces deux formes entre elles, on reconnaît dans les deux premières syllabes le nom du philosophe védantiste Çankara, cité plus haut, et qui, dans la prononciation moderne, doit sonner *Chenker*. Quant à la fin du mot, c'est une corruption du sanscrit *âcârya* (en prâkrit, *âcayya*) « maître », surnom ordinaire de Çankara; Tchengrénghâtchah n'est autre que *Çankarâcârya*. Les Indous n'ont jamais perdu le souvenir de cette identité : on le voit par le *Dabistan*, où les traducteurs, renseignés sans doute par la tradition indienne, mettent en note à *Tchengrénghâtchah* le nom sanscrit de ce personnage.

Çankara ayant vécu vers le milieu du vıııᵉ siècle de l'ère chrétienne, nous avons la certitude que le *Desatir*, le *Dabistan* et le *Tchengrénghâtchah-nameh* ne remontent pas à une époque plus éloignée. Mais il n'y a aucun doute que ces trois ouvrages, et surtout le dernier,

---

(1) *Journal des Savants*, 1821.
(2) *Desatir*, I, p. 190.

ne soient plus modernes. On comprend les raisons qui ont pu porter un Parse à opposer Vyâsa, l'auteur présumé de toute la littérature brahmanique, à Zoroastre, qui est en quelque sorte le Vyâsa de l'Iran. Quant à Çankara, c'est le rôle de vainqueur des hérétiques, que lui attribuent le *Çankaradigvijaya* et quelques autres écrits du même genre, qui l'a fait choisir pour marquer par sa défaite la supériorité du prophète de la Perse.

SUR LA

COMPOSITION DES LIVRES ZENDS

Il semble que l'antiquité des livres zoroastriens ne puisse plus donner lieu au doute, depuis que le déchiffrement des inscriptions de Persépolis est venu attester que la langue de ces livres est, à quelques légères différences près, celle de la Perse au temps des Achéménides. Mais la question n'est pas si simple : pour nous garder de toute confusion, il faut d'abord faire une différence entre la langue et la doctrine de l'*Avesta*.

De graves témoignages donnent à penser que le zend (c'est ainsi qu'on s'est habitué à appeler cette langue) a continué d'être cultivé après la chute de l'empire achéménide. M. Spiegel a appelé l'attention sur un certain nombre de passages du Vendidad qui ne se trouvent pas dans la traduction pehlvie (1). Ce sont en général des gloses explicatives n'ayant qu'un rapport assez lâche avec

---

(1) *Über einige eingeschobene Stellen im Vendidad.* Mémoires de l'Académie de Bavière. T. VI. On trouve des interpolations *Vendidad* I, 4. II, 130, 131. VIII, 245. *Yaçna* XIX, 46, etc. Cf. *Vendidad* IV, 127, où se trouverait, selon le commentaire pehlvi, une allusion à la vie d'Aderbât Mahresfand, qui appartient au temps des Sassanides.

le texte où elles sont intercalées, mais écrites dans le même idiome. Si l'on songe à l'exactitude de la traduction pehlvie, qui ne néglige aucun mot de l'original zend, on sera conduit à supposer que ces gloses ne se trouvaient pas sous les yeux du traducteur.

Voici un fait plus significatif. On sait qu'au temps des Achéménides les Perses possédaient de nombreux livres religieux; Hermippos de Smyrne, qui vivait à la fin du IIIe siècle avant J.-C., rapporte que Zoroastre passait pour avoir composé vingt fois cent mille lignes, et que les Perses indiquaient le sujet de chacun de ces livres. On peut rapprocher de ce témoignage celui de l'*Uléma-i-islam*, qui dit que l'Avesta avait dans le principe vingt et un nosks, dont un seul a été conservé. Or, il existe un livre écrit en zend appelé le Vispered, où sont invoquées, comme autant d'objets sacrés, différentes parties de l'Avesta : mais dans cette énumération on ne trouve que le nom de parties qui n'ont pas péri. Cela peut donner à penser que le Vispered est d'une époque relativement récente.

L'incroyable incorrection du texte ne favorise que trop l'hypothèse d'additions faites dans un temps où le zend était déjà une langue morte. Sans doute ces fautes peuvent être mises sur le compte des copistes : mais il se pourrait aussi que dans certains morceaux elles eussent fait partie de la rédaction. Le désordre de la déclinaison et la construction irrégulière des adjectifs placés à un autre cas que les substantifs, s'expliquent quand on songe que le pehlvi, idiome sorti du zend, est sans déclinaison. C'est ainsi que les documents latins du vıɴɪᵉ siècle trahissent l'habitude de la *lingua vulgaris* par l'incertitude dans l'emploi des cas. Je veux seulement conclure de ce qui précède que la rédaction en langue zende n'est pas une garantie suffisante d'antiquité. Il faut maintenant examiner le caractère général de ces textes avant de nous prononcer sur leur âge.

Le style sec de l'Avesta n'a rien de ce qui rappelle les œuvres primitives. Les prescriptions sont minutieuses à l'excès. Certaines épithètes sont invariablement attachées au même substantif : des distinctions revenant sans cesse, comme « le monde corporel et le monde incorporel, — les fautes commises soit en pensée, soit en parole, soit en action, — l'acte effectué avec conscience ou sans conscience, — le péché commis pour la première fois, pour la deuxième, pour la troisième fois », donnent à diverses parties de l'Avesta l'aspect d'un livre de casuistique. Il fallait qu'une longue pratique eût fixé toutes les parties du culte. Les décisions sur les objets en apparence les plus secondaires ont le même caractère sacré que les préceptes les plus importants. Tout est mis uniformément dans la bouche d'Ahura-Mazda. Que faut-il faire quand quelqu'un a touché le cadavre d'un homme ou d'un chien? Les vases qui ont appartenu à un mort, combien de fois les faut-il laver s'ils sont en or, s'ils sont en argent, s'ils sont en terre ou en bois? Sur toutes ces questions, Ahura-Mazda donne à Zoroastre les réponses les plus précises.

La forme du dialogue dénote, à ce qu'il semble, l'origine du livre. C'est le recueil de la science des écoles, disposé par questions et réponses. La forme du dialogue est tellement entrée dans les habitudes des rédacteurs, qu'il en est résulté des contre-sens étranges : le dieu Çraosha (la Foi) demande quelque part à une Drukhs (un mauvais esprit) quelles sont les mauvaises actions qui renforcent son pouvoir; celle-ci lui répond comme ferait un mobed interrogé par son disciple, et elle énumère les quatre espèces de péchés qui augmentent le plus sa force, ainsi que la manière de les expier.

L'origine de l'Avesta se montre encore mieux dans le respect dont est entouré tout ce qui touche à l'état sacerdotal. Partout l'atharvan (prêtre du feu) tient le premier rang : tandis qu'il n'y a qu'un nom pour désigner le guerrier et le laboureur, il y en a neuf pour marquer les subdivisions de la profession sacrée. Dans un endroit où il s'agit de fixer le prix qu'il convient de donner au médecin, le Vendidad proportionne la grosseur du salaire à la fortune du malade; quant au prêtre, il s'acquittera en donnant sa bénédiction (1). Si au contraire un atharvan réclame le prix de ses purifications, et s'il part mécontent du salaire qu'il a reçu, une souillure éternelle s'attache à la maison où on lui a refusé le loyer de sa peine. La haine qui éclate contre ceux qui prennent faussement le titre de prêtres nous éclaire encore mieux sur la provenance de l'Avesta. Au commencement du

---

(1) *Vendidad*, VII, 105.

XVIII° fargard, Ahura-Mazda parle avec un sentiment d'animosité marquée de ceux qui portent les insignes de l'atharvan, mais qui ne méritent pas d'en prendre le nom. En un autre endroit, il est dit que si quelqu'un qui n'a pas appris d'un prêtre les rites sacrés, essaye d'exécuter les cérémonies de purification, loin de laver les souillures, il les multiplie. Les fidèles devront s'emparer du faux prêtre, l'attacher avec des chaînes et lui couper la tête.

La prière a dans l'Avesta une importance extraordinaire : mais il faut qu'elle soit dite de la façon prescrite, dans l'ordre et avec les repos indiqués, à l'heure du jour ou de la nuit pour laquelle elle a été faite (1). Les prières sont classées selon le nombre de fois qu'elles doivent être répétées : les unes doivent l'être deux fois, d'autres trois fois, quatre fois, cent fois et même mille fois. Certaines oraisons, même dites avec négligence, ont encore un pouvoir énorme. On peut aussi les faire réciter par le prêtre. Il n'y a pas de crime, si grand qu'il soit, la tromperie, le meurtre et même l'enterrement des morts, que la prière n'enlève « comme le vent nettoie le ciel » (2).

Si l'on examine ces prières, on trouve de longues et symétriques nomenclatures où les mêmes louanges sont adressées uniformément à tous les dieux, et où l'on vise surtout à n'oublier aucune divinité ni aucun de ses attributs. Les divinités sorties du rituel, comme Çraosha (la

---

(1) *Vendidad*, IV, 122.
(2) *Vendidad*, VIII, 82, V, 69.

Foi), Manthra-çpenta (la Parole sainte), sont sur le même rang que les anciens dieux tels que Ahura-Mazda et Mithra.

L'Avesta est extrêmement sobre de renseignements sur tout ce qui ne touche pas à la religion. Sauf dans le premier fargard, il n'est question qu'une fois d'une ville (1); il n'est point parlé de roi : on ne nomme que le chef de la maison, le chef de la famille, le chef de la tribu, le chef de la contrée. M. Spiegel en conclut que l'Avesta reflète un état social très-simple, tel qu'il existait avant la fondation de la monarchie perse; mais cette conclusion ne nous paraît pas nécessaire. Si ces livres ont été faits pour des dissidents vivant en dehors de l'organisation officielle, comme ce fut par exemple le cas pour les Mazdéens sous les Arsacides, il est naturel que les rois soient passés sous silence. Il y a des passages qui prouvent que la culture générale n'était pas d'une si grande simplicité. Zoroastre interroge Ahura-Mazda sur la manière de préserver la pureté du feu, et dans une énumération des différentes espèces de feux, il cite ceux qui ont servi à la préparation du verre, de l'airain, de l'or, de l'argent et du fer. La plupart des mots employés en cet endroit paraissent d'origine sémitique, particulièrement le mot *tanûra*. Si les amendes sont estimées en pièces de bétail, cela ne prouve pas, comme l'a pensé M. Spiegel, que l'usage de la monnaie fût inconnu : on y peut voir de vieilles formules comme en contiennent toutes les religions.

(1) *Yaçna*, xix, 51.

Un passage du Yaçna est ainsi conçu : « Haoma donne la sainteté et la grandeur aux maîtres de maison qui récitent les *naçkas*. » Le mot *naçka*, d'origine sémitique, veut dire transcription ; c'est un terme fort en usage chez les massorètes. L'écriture zende et l'écriture pehlvie sont sémitiques et proches parentes de l'écriture syriaque. Ajoutons que la division en versets, qui est adoptée dans tout l'Avesta, paraît également sémitique.

Pour revenir à l'esprit général de l'Avesta, il est difficile de croire qu'un grand peuple comme la Perse des Achéménides se fût astreint aux innombrables entraves qui lient le mazdayaçnien à toutes les heures du jour et de la nuit. La récitation des prières forme sa principale occupation : il est souillé par le contact de la moitié des êtres ; s'il les touche, si l'un des objets à son usage en est touché, il est obligé à de longues purifications. Qu'on lise, par exemple, dans le Vendidad, la peine réservée à celui qui laisse tomber sur la terre l'os d'un homme mort, quand ce ne serait que l'articulation du petit doigt ! De pareilles prescriptions semblent plutôt le fait d'un petit nombre de sectaires. Ce sont précisément les singularités du culte, les côtés bizarres ou repoussants du zoroastrisme, que le Vendidad préconise le plus. Le commandement auquel les livres zends attachent le plus d'importance, c'est d'exposer les cadavres aux chiens et aux oiseaux de proie ; le plus grand crime, c'est d'enterrer un mort. Or nous savons que si l'exposition des morts existait déjà du temps des Achéménides, elle n'était pas encore d'un usage général : les corps des rois étaient portés dans un tombeau dont parlent les anciens. Nous voyons dans Hérodote des hommes enterrés vivants et des coupables condamnés au feu, ce qui, d'après la loi mazdéenne, serait un crime irrémissible.

Le fanatisme qui règne dans l'Avesta dénote une époque de rivalités religieuses. Tout ce qui n'est pas mazdayaçnien (adorateur de Mazda) est appelé daêvayaçnien (adorateur des démons). Ces désignations font supposer la coexistence de deux ou de plusieurs religions. Le médecin qui veut guérir les sectateurs de Zoroastre doit d'abord essayer sa science sur les infidèles : s'il en fait l'épreuve trois fois et qu'il tue trois fois les daêvayaçniens, il ne sera pas médecin ; s'il les guérit trois fois, il pourra être médecin des mazdéens. La plus grande offense qu'on puisse commettre, c'est de s'unir par le mariage à un adorateur des daêvas : celui qui commet ce crime fait dessécher un tiers des eaux, un tiers des arbres, détruit un tiers de la création d'Ahura-Mazda : il doit être tué comme les animaux les plus impurs.

L'histoire prouve qu'il est difficile de fixer des dates précises pour un ensemble de livres religieux. L'Avesta, par le fond de sa doctrine, est certainement ancien. Ce qu'Hérodote rapporte sur les croyances perses est en général d'accord avec les doctrines de l'Avesta. La confusion de Bérose, qui fait de Zerovanus un ancien roi, prouve que le Temps sans limites (*zrvânem akaranem*) était déjà adoré comme dieu au ive siècle avant Jésus-Christ. Théopompe, un contemporain d'Aristote, connaît les périodes de 3000 ans rapportées par le *Bundehesch*, pendant lesquelles règnent tour à tour Ahriman et Ormuzd. Mais ce n'est pas une raison pour placer avant la fin de l'empire achéménide tous les livres écrits en langue zende que nous possédons.

Nous avons voulu ici indiquer des possibilités plutôt que trancher une question pour laquelle la science n'a pas encore de données suffisantes. Il se pourrait qu'une partie des livres zends eût été rédigée d'après d'anciens souvenirs durant les temps de persécution et de fanatisme qui précédèrent l'établissement des Sassanides. L'exemple du Bundehesch montre qu'un âge récent est parfaitement compatible avec l'orthodoxie de la doctrine.

DE LA
MÉTHODE COMPARATIVE
APPLIQUÉE
A L'ÉTUDE DES LANGUES [1]

Au début de ces leçons de grammaire comparée, je sens tout le poids de la responsabilité qui repose sur moi. Vous auriez voulu, et autant que personne j'aurais désiré, que cet important et difficile enseignement fût introduit au Collége de France par l'éminent indianiste que les suffrages du Collége avaient proposé en première ligne. M. Adolphe Regnier était le représentant naturel d'une science qu'il a fait avancer par de remarquables travaux. En apportant dans ses leçons les qualités qui distinguent ses ouvrages, une méthode exacte et rigoureuse, une rare pénétration d'esprit, des vues larges et élevées, M. Regnier aurait fondé un enseignement que nous pouvions opposer sans crainte aux chaires de philologie comparée dont l'Allemagne et l'Angleterre sont justement orgueilleuses. Personne, mieux que lui, ne

[1] Première leçon faite au Collége de France, 1864.

pouvait naturaliser parmi nous une science qui, pour nous agréer, a besoin de beaucoup de rectitude et de réserve, et qui, sans rien perdre de ses vertus natives, doit contracter le ton et adopter les allures de l'érudition française. M. Regnier a cru ne pouvoir déférer au vœu spontanément exprimé par le Collége. A son défaut, je viens vous apporter la promesse de mon dévouement à des études qui ont été et qui seront à l'avenir le travail constant de ma vie. J'essayerai de mériter votre bienveillance, de justifier le vote des professeurs et de répondre au choix du ministre, en consacrant tous mes efforts à la tâche honorable qui m'a été confiée.

Nouvelle au Collége de France, la chaire de grammaire comparée ne date pourtant pas d'aujourd'hui. Elle a été instituée, il y a douze ans, à la Faculté des lettres, et M. Hase, qui en fut alors chargé, a terminé par cet enseignement sa vie longue et bien remplie de savant et de professeur. Par son éducation littéraire, M. Hase appartenait à l'école des Heyne et des Villoison, et il avait depuis longtemps marqué sa place à leurs côtés, quand les premiers résultats de la linguistique arrivèrent à sa connaissance. Mais il ne conçut pas contre la science nouvelle les sentiments de défiance ou de dédain qui se sont fait jour chez quelques philologues étrangers. La bienveillance de son caractère, non moins que la largeur de son esprit, le préservèrent de cette faiblesse. Tout en continuant de se vouer de préférence aux travaux qui avaient assuré sa renommée, il suivit avec attention les progrès de la grammaire comparée. Lorsque, en 1852, il fut chargé de cet enseignement, il y apporta sa connaissance profonde des idiomes classiques. Quant à la méthode comparative, elle lui était familière, au moins par un de ses côtés, car il l'appliquait en maître aux diverses époques de la langue grecque. Quand M. Hase, soit dans sa belle édition du *Thesaurus*, soit dans son cours, retraçait l'histoire d'un mot grec et le suivait, à travers toutes ses transformations, depuis Homère jusqu'aux écrivains byzantins ou jusqu'aux chants populaires de la Grèce moderne, il faisait pour la langue hellénique ce que la grammaire comparée fait pour l'ensemble de la famille indo-européenne. Nous l'avons vu, pendant douze ans, et presque jusqu'à la dernière heure, parcourir d'un pas lent, mais sûr, le cercle de son enseignement, mêlant à ses leçons des digressions qu'il savait toujours rendre instructives, et semant sur son chemin les trésors d'une érudition exacte, curieuse et attrayante.

Cependant je ne voudrais pas affirmer que le cours de M. Hase répondît exactement à l'idée qu'on peut se faire, d'après les grands travaux de ce siècle, d'un cours de grammaire comparée. Ce qui caractérise cette science nouvelle, c'est moins encore le nombre des idiomes qui forment la matière des observations que la méthode qui préside aux rapprochements et la direction générale des recherches. De tout temps on a comparé le latin au grec, et les langues anciennes aux langues modernes; mais le goût avait plus de part à ces comparaisons que la rigueur scientifique, et les observations, qui pouvaient être justes, n'étaient ni assez approfondies, ni assez enchaînées entre elles. Quand on relit aujourd'hui le livre ingénieux où le président de Brosses exposait ses vues sur l'origine du langage, ou le mémoire, d'ailleurs si remarquable, que Fréret a composé sur la parenté des langues de l'Europe, on éprouve la même impression que ressent le géologue ou le physiologiste, en se reportant aux théories hypothétiques ou aux classifications superficielles du dernier siècle. Ce n'était pas la sagacité ou le savoir qui manquaient à de Brosses ni à Fréret; il leur manquait deux choses : un terme de comparaison pour classer les faits qu'ils avaient observés, et un instrument de précision pour rendre les observations plus sûres et plus complètes. La découverte du sanscrit vint fournir l'un et l'autre.

Comment un idiome asiatique, dont les Grecs et les Romains ont ignoré jusqu'au nom, nous a-t-il pu mieux renseigner sur la structure des langues de la Grèce et de l'Italie, que ne l'avaient su faire ceux qui autrefois parlaient ces langues et qui en avaient fait un examen approfondi? D'où vient que la découverte du sanscrit a marqué une ère nouvelle dans les études de linguistique, et qu'elle n'a pas rendu moins de services aux savants qui s'occupent des idiomes germaniques, slaves ou celtiques, qu'à ceux qui veulent se rendre compte de la formation du grec et du latin? Il importe de répondre à ces questions, car le rôle du sanscrit dans les recherches grammaticales a donné lieu à de nombreux malentendus. D'excellents esprits ont pu penser qu'une langue, en apparence si éloignée de nous, était un objet de stérile curiosité, ou qu'instructive et intéressante par elle-même, cette étude devait rester réservée aux seuls orientalistes; ou bien encore, tout en reconnaissant le rapport qui unit le sanscrit aux idiomes de l'Europe, on s'est trompé sur la nature de ce rapport, et l'on n'a pas toujours compris de quel genre est le secours que les recherches grammaticales doivent tirer de la langue de l'Inde. Je voudrais montrer pourquoi le sanscrit, interrogé à propos, apporte la lumière et l'ordre dans l'étude des langues de l'Europe. C'est là, je le sais, un sujet quelque peu aride, et les usages de cette maison m'autorisaient à vous présenter, pour commencer, des vues plus générales et un thème moins didactique. Mais je crois que dans un cours de grammaire comparée, la méthode est la première chose qu'il faut mettre en lumière. Une fois que vous aurez approuvé le principe de notre science, vous accueillerez plus volontiers les résultats auxquels elle conduit. Nous ne sommes pas ennemis en France de ce qui est nouveau; mais les voies mal définies nous répugnent, et l'obscurité, en toutes choses, nous est odieuse.

Pour faire l'épreuve d'une méthode, il est bon de la mettre à l'œuvre sur un terrain qui soit très-connu. Le groupe indo-européen comprend un vaste ensemble d'idiomes; outre le sanscrit, le grec et le latin, il contient les dialectes de la Perse et de l'Arménie, le celte, ainsi que les langues germaniques et slaves. Mais je ne ferai pas défiler sous vos yeux une armée aussi bigarrée. Une pareille revue nous procurerait probablement plus de fatigue que d'instruction, et notre regard, éparpillé sur trop d'objets à la fois, finirait par ne plus rien distinguer. L'intérêt et le profit de ces recherches ne sont pas en raison du nombre des idiomes comparés : tout dépend de la netteté et de la rigueur des observations. Il vaut donc mieux nous restreindre aux langues classiques; ce que nous aurons dit des rapports qui unissent le sanscrit, le grec et le latin, nous pourrons l'étendre quelque jour aux autres idiomes de la famille.

Quand les fondateurs de la Société asiatique de Calcutta, commençant à s'enquérir du passé de l'Inde, entreprirent l'étude du sanscrit, ils furent étonnés de la ressemblance frappante qui existait entre le vocabulaire de cette langue et celui des langues anciennes de l'Europe. Ce qui augmenta la surprise, c'est que la similitude était d'autant plus parfaite, que les idées exprimées étaient plus simples : les mêmes mots, en sanscrit, en grec, en latin, servaient à désigner la parenté, les membres du corps humain, les animaux domestiques, les nombres, toutes ces notions qui ont dû fournir les premiers mots de chaque langue, et qui excluent l'hypothèse d'un emprunt. Les ressemblances ne se bornaient pas au vocabulaire : elles s'étendaient à la partie la plus intime de la langue, à l'organisme grammatical. On retrouva en sanscrit les mêmes moyens de dérivation et de composition qu'en latin et en grec; les mêmes suffixes pour marquer le comparatif et le superlatif; les mêmes désinences pour indiquer les cas, les nombres, les temps, les voix et les modes. On remarqua aussi qu'en général les mots paraissaient plus intacts, les flexions plus pleines et plus régulières en sanscrit que dans les langues classiques, qui semblaient avoir subi en bien des endroits des altérations et des contractions. L'affinité était indubitable; mais il était plus facile de la constater que de l'expliquer. La première supposition qui se présenta fut que les Indous étaient les ancêtres des peuples de l'Europe, et que le sanscrit était la langue mère du grec et du latin. Mais un examen plus attentif montra que cette hypothèse n'était pas fondée : bien qu'en général le sanscrit nous donne des formes plus archaïques que le latin ou le grec, on trouva pourtant un certain nombre de points où il est surpassé en fidélité par les langues classiques. Elles ont gardé un petit nombre d'anciennes formes qui manquent en sanscrit; elles se sont préservées de quelques altérations dont fut atteint de bonne heure le système phonique de la langue indienne. C'est tantôt l'un, tantôt l'autre de ces idiomes qui présente un état de conservation plus parfait. Le même raisonnement qui avait fait reconnaître depuis longtemps que le latin ne pouvait en aucune façon être regardé comme une langue dérivée du grec, dut faire admettre que ni le grec ni le latin n'étaient dérivés du sanscrit. On reconnut (et c'est le principe qui sert encore aujourd'hui de fondement à la grammaire comparée) que le sanscrit n'est pas la souche qui a porté nos langues de l'Europe, mais qu'il est une branche sortie de la même tige.

On commença donc à rapprocher le sanscrit du grec et du latin, et l'on s'aperçut aussitôt qu'une comparaison de ce genre reposait sur un principe plus stable, et donnait des résultats plus sûrs, que la grammaire grecque et latine, telle qu'elle avait été cultivée jusqu'alors. Ce qui a toujours empêché l'étude comparative du grec et du latin de donner tout le fruit qu'on en attendait, c'est qu'elle pouvait bien relever des différences de forme et constater des divergences grammaticales; mais, une fois qu'elle avait mis en présence les deux langues qu'elle comparait, il lui était impossible de distinguer avec certitude ce qui était original et primitif de ce qui était nouveau et altéré. Quelle est, de *septem* ou de ἑπτά, de τέσσαρες ou de *quatuor*, de *sum* ou de εἰμί la forme la mieux conservée? Les désinences latines en *bam* et en *bo*, qui servent à marquer l'imparfait et le futur, dans *amabam*, par exemple, et dans *amabo*, et qui n'ont pas d'analogues en grec, sont-elles anciennes ou nouvelles? Le supin latin est-il une forme de création récente, appartenant spécialement à la langue de l'Italie, ou est-ce une forme primitive que le grec a perdue? Sans sortir du grec, quel est le dialecte le plus ancien? ἵππω renferme-t-il un allongement, ou bien ἵππου une contraction? A ces questions et à cent autres de même nature, la grammaire gréco-latine ne pouvait rien répondre, ou ne répondait que par des hypothèses. Elle se trouvait en présence d'un problème qui était insoluble avec les seules données qu'elle possédait.

Je suppose que nous ayons conservé d'un ancien auteur latin, de Plaute, par exemple, des manuscrits assez nombreux, mais tous de même famille, tous plus ou moins altérés, mutilés et interpolés. Les variantes de ces manuscrits, qui nous serviront bien à reconnaître que le texte est corrompu, ne nous aideront que médiocrement à le restituer. Mais qu'un bon et ancien exemplaire de Plaute, d'une récension différente, le palimpseste de la bibliothèque Ambrosienne, par exemple, vienne à être retrouvé : non-seulement je comprendrai mieux l'écrivain et j'aurai une idée plus nette du texte primitif, mais les variantes des autres manuscrits s'expliqueront d'elles-mêmes, les mutilations, les interpolations paraîtront au jour, ainsi que le principe qui a présidé à ces altérations. Grâce au guide que nous aurons trouvé, nous serons en mesure de contrôler nos manuscrits, qui, à leur tour, pourront nous servir à vérifier et à corriger dans ses défectuosités le texte nouvellement découvert.

Telle est la nature du secours que le sanscrit est venu nous apporter. Il fut le terme de comparaison que la philologie classique avait vainement cherché jusque-là. Comme l'époque où le sanscrit s'est détaché de la souche indo-européenne est évidemment plus reculée que celle où le latin a commencé à se distinguer du grec, et à plus forte raison, que celle où le grec s'est divisé en dialectes, tous les doutes devaient cesser, quand le sanscrit venait confirmer l'authenticité d'une forme ou l'ancienneté d'une loi.

En rapprochant de *septem* et de ἑπτά le nom de nombre sanscrit *saptan*, de τέσσαρες et de *quatuor* le pluriel *catvâras* (quatre), de *sum* et de εἰμί la première personne *asmi*, on vit, au premier coup d'œil, de quel côté étaient les altérations les plus fortes et de quelle façon ces altérations s'étaient produites. En observant que les supins latins, comme *statum*, *datum*, *notum*, correspondent, dans la langue de l'Inde, à des infinitifs comme *sthâtum*, *dâtum*, *gnâtum*, on reconnut que le supin est une forme ancienne, et l'on vit du même coup quelle en est la valeur originaire : c'est un infinitif, ou, pour mieux dire, un nom verbal, très-voisin, par sa formation, des substantifs comme *interitus*, *raptus*, *cursus*. Un coup d'œil jeté sur la conjugaison sanscrite fit constater que la désinence de l'imparfait *amabam* et celle du futur *amabo* sont de création nouvelle, et un examen attentif prouva que ces terminaisons *bam*, *bo*, proviennent d'un verbe auxiliaire, le même qui se retrouve dans l'anglais *to be*, et dans l'allemand *ich bin*, *du bist*. La question si longtemps controversée des dialectes grecs reçut enfin sa solution, car on vit que tous contenaient des formes anciennes à côté de formes plus ou moins altérées. Entre les génitifs ἵπποιο et ἵππου, il n'y eut plus d'hésitation possible pour savoir lequel des deux était le plus intact : ἵπποιο, qui lui-même est pour ἱππόσιο, correspond aux génitifs sanscrits en *asya*, comme *açvasya*; l'ι, en tombant, amena le rapprochement des deux ο : ἱπποο, et cette dernière forme se contracta en ἵππου. Jusque-là les faits de la grammaire classique, connus en eux-mêmes, présentaient autant d'énigmes quand on en voulait saisir le rapport. Ils ressemblaient à une histoire dont nous saurions les événements pris un à un, mais où l'enchaînement serait nul et dont toutes les dates nous manqueraient. Un témoin inattendu vint du fond de l'Orient trancher des débats séculaires, introduire dans l'histoire des langues une chronologie au moins relative, mettre chaque fait à sa place, et fournir ce critérium sans lequel aucune science ne peut avancer.

Il y a un moyen indirect, mais frappant, de montrer le service que la découverte du sanscrit a rendu aux études grammaticales : c'est de faire, en quelque sorte, la contre-épreuve, et de voir où était arrivée la philologie classique, réduite à ses seules forces, au commencement de ce siècle et dans un ouvrage capital d'un de ses plus illustres représentants. Gottfried Hermann était un esprit de beaucoup de hardiesse et de vigueur : il avait reconnu les lacunes et les défauts de l'enseignement grammatical de son temps, et il se proposa d'y remédier, non par la méthode comparative, encore inconnue, mais par tous les moyens qui étaient à sa disposition, par une analyse plus approfondie des dialectes, par un examen critique des grammairiens anciens et par les lumières de la philosophie. Son traité sur la réforme de la grammaire grecque, rempli de vues spirituelles, est encore aujourd'hui d'un haut intérêt.

Mais que faut-il penser quand Gottfried Hermann considère l'ablatif comme un cas de création récente que le grec n'a jamais connu, dont les Latins ont été privés dans les premiers temps, et qu'ils ont imaginé pour éviter des équivoques et pour débarrasser leur datif du trop grand nombre d'emplois dont il était chargé? Bornant à ce sixième cas l'étendue possible de la déclinaison, l'auteur démontre, par des arguments tirés de la nature de l'esprit humain, qu'il ne saurait y avoir de langue possédant une déclinaison plus complète. Au moment où il publiait son livre, les premières grammaires sanscrites arrivaient en Europe, et l'on y pouvait voir que la langue de l'Inde a huit cas, en dépit des raisons déduites de la philosophie de Kant. L'analyse comparative devait prouver plus tard que l'ablatif latin est identique avec l'ablatif sanscrit, et que les adverbes grecs en ως, comme οὕτως, πρώτως, καλῶς, ne sont autre chose que d'anciens ablatifs semblables par la forme aux ablatifs archaïques latins comme *gnaivod, ead, suprad*.

En même temps que la connaissance du sanscrit mettait de l'ordre dans les faits grammaticaux, elle avait encore pour résultat d'augmenter singulièrement la précision des observations. La langue de l'Inde est d'une rare transparence, grâce à son antiquité et au travail d'une longue suite de grammairiens, les plus ingénieux et les plus subtils qui aient jamais été. Quand on rapproche un mot grec ou latin du mot sanscrit correspondant, on s'aperçoit aussitôt que le sens étymologique devient plus clair, et que les formes grammaticales prennent plus de relief et de netteté. Comme si nos yeux s'étaient armés du microscope, des syllabes entières, dont nous voyions à peine la trace, reparaissent dans leur intégrité; les éléments constitutifs du mot se découvrent à la vue, et l'on distingue clairement les soudures qui se sont opérées entre la racine, le suffixe et la désinence. Nous ne sommes pas obligés de recourir en sanscrit, pour décomposer les mots, à une dissection violente : les diverses parties qui ont servi à les former se détachent d'elles-mêmes, et nous constatons sans peine la valeur et le rôle de chacune des pièces qui ont concouru à former l'ensemble. Ce n'est donc pas un médiocre avantage pour le philologue de consulter la langue sanscrite avant de se prononcer sur l'origine ou sur le sens des termes ou des formes en grec et en latin. Au lieu d'user sa vue sur des monnaies dont la légende est effacée et l'effigie douteuse, il a devant lui la médaille presque à fleur de coin, avec son inscription encore lisible et son empreinte encore fraîche.

Je voudrais, par quelques exemples, montrer le degré de précision que le sanscrit est venu ajouter aux recherches grammaticales. Le secours qu'il apporte en bien des rencontres à l'étude des langues classiques, est comparable à celui que nous tirons du latin pour l'étude du français. En effet, quoiqu'il ne puisse être question d'un rapport de filiation, l'état de conservation du sanscrit est si parfait, qu'il fournit souvent les mêmes renseignements que s'il était la langue mère du grec et du latin.

Pour reconnaître, par exemple, comment se sont formés les futurs français, comme *je porterai, je servirai,* nous consultons les autres langues romanes et la basse latinité, qui nous apprennent que *je porterai* est pour *ego portare habeo, je servirai* pour *ego servire habeo.* Cette syllabe *ai* qui termine notre futur n'est autre chose que le présent de l'auxiliaire *avoir*. Dans certaines langues néo-latines, l'union de l'infinitif et de l'auxiliaire n'est pas encore complète. En espagnol, *je le ferai* se rend par *hacer lo he,* c'est-à-dire *facere illud habeo,* et en ancien provençal, *je vous dirai* par *dir vos ai; nous vous dirons,* par *dir vos em.* Saint Augustin, dans un de ses *Sermons au peuple,* dit en parlant du règne de Dieu : *Petant aut non petant, venire habet.* « Qu'on l'appelle ou qu'on ne l'appelle point, il viendra. » En présence de ces faits, il ne peut y avoir de doute sur l'origine de notre futur. Mais comment distinguerai-je la composition des futurs grecs, comme καλέσω « j'appellerai », φιλήσω « j'aimerai », λύσω « je délierai », si je ne consulte pas une langue qui remplisse à l'égard du grec le même office que le latin à l'égard du français, et qui me mette sur la voie de l'origine de cette lettre σ, que le grec, ne pouvant l'expliquer, appelle la figurative du futur ? Nous voyons qu'en sanscrit le verbe εἰμί correspond à un verbe *asmi,* dont la racine est *as.* C'est précisément la racine du verbe εἰμί, devenu verbe auxiliaire, que nous trouvons plus ou moins contractée ou mutilée dans les futurs comme καλ-έ-σ-ω, φιλ-ή-σ-ω. De même que le futur français s'est formé par l'adjonction de l'auxiliaire *avoir*, le futur grec a pris l'auxiliaire *être*, et il n'y a d'autre différence entre les deux langues que celle d'une soudure plus ou moins intime.

On rencontre en français beaucoup de mots déclassés, c'est-à-dire sortis de la catégorie grammaticale à laquelle ils appartenaient dans le principe, et de forme tellement effacée, qu'il serait impossible, sans le secours du latin, de reconnaître l'empreinte dont ils avaient été autrefois marqués par la grammaire. Ainsi le mot *viande* est pour nous un substantif féminin singulier; mais il représente en réalité un participe pluriel neutre, formé du verbe *vivere* : *vivenda*. *Viande* voulait dire anciennement et signifie encore au xvii° siècle ce qu'il faut pour vivre, et nous voyons en effet que chez nos vieux écrivains, il est employé dans le sens général de « provision, nourriture ». « Sa viande estoit un peu de poirée », dit l'auteur de la *Vie d'Isabelle*, sœur de saint Louis. « On ne pouvoit mie assez trouver viandes aux hommes et aux chevaux », rapporte la Chronique de Saint-Denis. Des déclassements analogues se rencontrent dans les langues anciennes. Ainsi aux yeux des Latins, le mot *femina* était un substantif; mais, en réalité, il est un participe formé de la même manière que les participes grecs en μενος, μενη, μενον. *Femina* vient d'une racine *fe*, qui veut dire « allaiter, nourrir », qui a donné, entre autres dérivés, *fetus, fecun-*

dus, felix. Le sens propre de *femina* est « celle qui allaite ». On retrouve en sanscrit, employée comme verbe, cette racine qui ne subsiste en latin que dans ses dérivés et dans ce participe.

La méthode comparative, on le voit, emploie les mêmes procédés, et elle n'est pas moins utile, qu'il s'agisse de débrouiller les origines du français à l'aide du latin, ou d'éclairer le grec et le latin en les rapprochant du sanscrit. Mais cette étude des langues, si intéressante par elle-même, a en outre des applications nombreuses et fécondes. Permettez-moi d'en rappeler quelques-unes.

Quand la grammaire comparée n'aurait pour résultat que de rendre les grammaires ordinaires plus logiques et plus simples, il faudrait déjà la tenir en haute estime. Quel est l'écolier dont le bon sens n'ait protesté intérieurement, quand son rudiment, après lui avoir expliqué qu'on répond par l'ablatif à la question *ubi*, ajoute que, dans telle ou telle circonstance, on y répond par le génitif; qu'on dit bien, par exemple, avec l'ablatif: *Natus est Parisiis*, mais qu'il faut dire avec le génitif: *Natus est Lutetiæ?* Le désarroi de notre élève deviendra encore plus grand lorsque, arrivant à la même règle en grec, on lui apprendra que c'est par le datif que, dans cette langue, on répond à la question de lieu. La grammaire comparée met fin à ces contradictions et à ces incertitudes; elle nous apprend que le grec et le latin ont possédé anciennement un cas qu'on appelle locatif, dont le rôle était d'exprimer l'emplacement où l'on est, et dont le caractère distinctif était la désinence *i*. Ce cas a subsisté pour les noms de ville de la première et de la deuxième déclinaison latine ; il existe encore en grec dans les noms comme Σαλαμῖνι, et nous le retrouvons en latin dans des formes isolées, comme *domi*, *humi*. La grammaire traditionnelle dicte ses prescriptions comme les décrets d'une volonté aussi impénétrable que décousue : la philologie comparée fait glisser dans ces ténèbres un rayon de bon sens, et au lieu d'une docilité machinale, elle demande à l'enfant une obéissance raisonnable.

Mais notre science n'éclaire pas seulement la structure grammaticale des langues classiques ; elle nous permet d'en mieux apprécier les qualités, et, par ce côté, elle touche de près à la critique littéraire. De même qu'après avoir voyagé à l'étranger nous apercevons plus nettement les traits distinctifs de la nation dont nous faisons partie, le meilleur moyen de constater ce qui appartient en propre à un idiome, c'est de le comparer à la langue d'où il est sorti ou à celles dont il s'est anciennement séparé. Le grec et le latin ne sont pas la simple continuation de l'idiome primitif de la race indo-européenne : ils ont innové sur beaucoup de points ; ils ont acquis des facultés nouvelles, et le génie de ces races si bien douées se révéla d'abord dans leur langue, qui fut la première de leurs œuvres d'art. Mais comment distinguerons-nous les qualités acquises des qualités reçues au berceau, et comment pourrons-nous reconnaître, parmi tant de biens héréditaires, ce qu'elles doivent à elles-mêmes, si nous ne rapportons les idiomes classiques à un état plus ancien, et si nous ne les rapprochons, à défaut de la langue mère aujourd'hui perdue, de l'une des sœurs issues du même sein? Les témoignages d'admiration n'ont jamais manqué au grec et au latin; mais nos éloges seront plus précis et plus justes, si nous pouvons dire ce que ces langues étaient à leur origine, et ce qu'elles sont devenues, grâce aux progrès de la raison et grâce au génie de la race.

Essayons, en ce qui concerne le grec, de montrer quelques-uns des résultats que peut donner ce genre d'analyse.

La langue indo-européenne, autant que nous en pouvons juger par la comparaison et l'induction, n'était pas, comme on pourrait être tenté de le croire, une langue pauvre et grossière. Elle devait être, au contraire, une langue sonore, souple, abondamment pourvue en mots et en flexions de toute espèce. Mais si nous en jugeons par le dialecte védique, qui est resté le plus près de cette langue mère, on pouvait lui adresser le même reproche qu'aux œuvres de la statuaire antique; d'une beauté de formes irréprochable, elle laissait à désirer pour l'expression. Le vocabulaire védique est riche; mais il comprend beaucoup de mots synonymes, et les mêmes mots sont susceptibles d'acceptions très-diverses; c'est la confusion féconde d'une époque créatrice. La langue grecque n'a rien laissé périr de ces richesses; seulement, en sage ménagère, elle sépare ce qui est dissemblable, et destine à de nouveaux usages ce qui était surabondant.

La même racine *bhâ*, dans les Védas, veut dire « briller » et « parler », comme si l'homme confondait ses sensations et assimilait l'éclat de la voix à celui de la lumière. Le grec distingue ces deux ordres d'idées, et fait un triage parmi les dérivés de la racine *bhâ* : les uns, comme φάος « lumière », φαέθω « briller », φαίνω « paraître », φέγγος « éclat », se rapportent à l'idée de jour et de clarté; les autres, comme φημί « je dis », φάσκω « je parle », φωνή « le son », φθόγγος « la voix », contiennent l'idée de bruit et de parole. En voyant une ligne de délimitation séparer les dérivés d'une même racine, nous constatons l'effort instinctif fait par l'esprit hellénique. Sans créer aucun mot nouveau, les Grecs enrichissent leur langue, car c'est accroître sa fortune que d'en éloigner les causes de désordre; et ce n'est pas au nombre, mais à la valeur, et, en quelque sorte, au titre des mots, que s'estiment les ressources d'un idiome.

Le même fait s'est produit pour la grammaire : celle des Védas a une singulière variété de formes, une quantité vraiment étonnante de suffixes et de flexions. Mais ce mécanisme si compliqué ne répond pas à ce qu'on serait en droit d'en attendre, et l'on ne voit pas toujours l'utilité de ces rouages si nombreux et si bien agencés. Beaucoup de suffixes védiques ne modifient pas d'une façon sensible le thème auquel ils viennent se souder; et il arrive souvent que plusieurs formes grammaticales expriment la même notion et peuvent se remplacer l'une l'autre. Il semble que le langage, dans l'exubérance et l'insouciance de la jeunesse, oublie de faire valoir les ressources qu'il s'est créées, et qu'au lieu d'employer ce qu'il a produit, il tire continuellement de lui-même de nouvelles richesses. La Grèce, parmi cette profusion de formes, a fait un choix : elle en garde une partie, rejette ce qui est de trop, ou bien attache une valeur précise et distincte à ce qui faisait double emploi dans le principe. La grammaire comparée nous montre bien, par exemple, que les quatre différents temps qui expriment en grec le passé, à savoir, l'imparfait, l'aoriste, le parfait et le plus-que-parfait, existent dans la langue des Védas; mais ils sont usités pêle-mêle l'un pour l'autre, et il est impossible d'apercevoir une nuance qui les sépare. Et de fait, quand, par l'étymologie, on en analyse la composition, on ne voit pas d'où ils auraient pris des acceptions différentes. Le grec n'a pas laissé sans emploi ces divers moyens d'expression; par des distinctions fines et justes, il sépare, dans l'usage, l'imparfait de l'aoriste et le parfait du plus-que-parfait; attribuant à chacun une fonction à part, il change en *temps* véritables ce qui n'était, dans le principe, que des formations différentes. L'esprit grec, s'emparant des forces inactives du langage, en a varié les applications et doublé la puissance.

C'est surtout dans la syntaxe que nous pouvons surprendre les progrès que la Grèce a fait faire à la pensée humaine. La langue des Védas est énergique et concise, propre aux inversions, remplie d'images splendides et capable d'élans passionnés : c'est, en un mot, la langue de la poésie lyrique. Mais comme dans le parler d'un enfant, les propositions se suivent, et ne s'enchaînent ni ne se pénètrent jamais. Le grec, aux qualités qu'il tient d'un âge antérieur, joint des ressources nouvelles. Cet heureux mélange de synthèse et d'analyse, qui permet tantôt de concentrer plusieurs idées dans un mot et tantôt de les détailler et de les placer l'une à côté de l'autre; ces conjonctions qui sont comme les articulations de la phrase; ces divers modes de la conjugaison grecque, auxquels la langue, par une création qui lui est propre, a donné les plus riches développements; ces propositions subordonnées qui disposent la pensée sur divers plans; toutes ces ressources, on les chercherait vainement en sanscrit, et on ne les trouverait au même degré dans aucun autre idiome de la famille indo-européenne. Il y a un mot charmant qui revient souvent dans Homère, et qui caractérise à merveille la langue grecque : ἔπεα πτερόεντα. Paroles ailées, en effet, langue admirable, le plus merveilleux instrument que l'esprit d'un peuple ait jamais façonné ! Mieux nous en aurons observé le développement, plus nous aurons de motifs pour l'aimer. A l'admiration un peu confuse que nous devons à notre éducation classique, la grammaire comparée fait succéder une appréciation réfléchie, qui nous fait découvrir, dans les aptitudes particulières de la langue grecque, les propres traits distinctifs du génie hellénique.

On voit comme la grammaire comparée touche de près à l'histoire littéraire. Mais elle a encore d'autres applications. Il y a une question, souvent débattue par la philosophie, qui tire de notre science des lumières inattendues : c'est la question de l'origine du langage.

Si l'invention du langage humain a paru quelquefois un problème inexplicable, ce ne sont pas tant les noms donnés aux objets qui ont embarrassé le philosophe, que ces syllabes additionnelles, ces suffixes, ces flexions, dépourvus en apparence de toute valeur propre, et dont le seul rôle semble être de modifier l'idée principale ou d'indiquer les relations que nos idées ont entre elles. On s'est demandé comment l'homme a pu inventer des exposants de rapports si bien combinés, et à l'aide de quel autre langage il en a fait comprendre l'usage à ses semblables. La grammaire comparée démontre que les désinences étaient, à l'origine, des racines ayant une existence individuelle : elle observe comment elles sont venues s'ajouter à d'autres racines, et elle parvient souvent à faire voir que ce qui est flexion dans une langue est resté préposition ou pronom dans une autre. Ces longues listes de désinences que nous apprenons au collége sous le nom de déclinaisons et de conjugaisons, ne sont pas pour la grammaire comparée une suite de signes algébriques s'adressant uniquement à la mémoire. Elle en pénètre la signification primitive : elle montre que la déclinaison se compose d'une série de pronoms ou de prépositions, exprimant des idées de localité, qui viennent s'ajouter tour à tour à une racine nominale ; elle fait voir que la conjugaison consiste dans l'addition des pronoms personnels à une racine verbale, prise tantôt à l'état nu, et tantôt renforcée ou redoublée. ou augmentée d'une racine verbale auxiliaire. Devant ces faits, le problème se simplifie et s'éclaire. La grammaire comparée n'apporte pas une théorie nouvelle sur l'origine du langage : elle montre ce qu'une langue est à son origine. Ce n'est pas la première fois que l'observation persévérante dissipe les obscurités et arrive à une conclusion positive et naturelle, là où la raison, toujours trop prompte à abdiquer, était disposée à voir un mystère.

Il me resterait à vous parler des informations que la grammaire comparée a fournies à l'histoire. Mais vous connaissez ces belles découvertes de notre siècle : qui n'a entendu parler de ces antiques Aryas, dont la philologie, par des prodiges de pénétration, a retrouvé l'état social, les usages, les idées, les croyances, et dont l'histoire morale nous est aujourd'hui mieux connue que certaines époques de l'histoire romaine? La méthode comparative, appliquée à l'étude des langues, a renouvelé la carte ethnographique du globe. Elle a découvert des liens de parenté entre des peuples qui, comme les Grecs et les Perses, se traitaient l'un l'autre de barbare, et elle a constaté une diversité d'origine entre des nations qui, comme les Grecs et les Égyptiens, se croyaient étroitement unies. Elle a déchiffré des textes dont le sens était perdu depuis des siècles, reconquis sur le passé des époques qu'on pouvait croire vouées pour toujours à l'oubli, et reconnu dans la langue un témoin fidèle de temps qui avaient disparu sans laisser ni annales, ni monuments.

Les titres généalogiques d'une partie de l'humanité ont été retrouvés. La conformité des idiomes, pareille à ces antiques symboles que les Grecs emportaient en signe de parenté ou d'alliance, a fait reconnaître comme frères des peuples séparés les uns des autres par la distance, par les mœurs, par la religion, par la diversité de leur destinée. En même temps se sont expliquées certaines affinités profondes, certaines ressemblances d'aptitude et de génie, qui empêchent de confondre le groupe indo-européen, considéré dans son ensemble, avec le groupe sémitique, et avec les autres fractions de la grande famille humaine.

Ce sont là les corollaires de notre science. Il n'est personne qui les ignore. Mais ce serait peu de prendre connaissance des résultats de la grammaire comparée, si nous n'étions en mesure de les contrôler, et si nous ne travaillions à les confirmer et à les accroître. Les théories de linguistique générale, les vues d'ensemble, les grands aperçus historiques, toutes ces considérations élevées que nous aimons en France, et avec raison, finiraient par s'épuiser ou par s'éloigner de la vérité, si nous dédaignions l'étude des faits du langage, et si nous cessions de manier nous-mêmes l'instrument de vérification et de contrôle, qui est en même temps l'instrument des découvertes, je veux dire l'observation. C'est par le détail que les sciences vivent et se renouvellent. Le jour où nous nous contenterions de recevoir de seconde main la science toute faite, nos théories seraient bientôt faussées par des expériences inexactes, ou, ce qui ne vaut guère mieux, nous aurions des vues générales dont nous ne pourrions prouver la solidité. Ce doit être ici le laboratoire philologique, et je voudrais nous y voir travaillant ensemble, dans cet esprit de recherche sévère, à la propagation et au progrès de notre science. Ai-je besoin de dire que nous ne devons nous laisser devancer par aucun peuple étranger dans ces belles études? Nos traditions les plus récentes s'y opposent. A côté du nom de Humboldt et de Grimm, l'Europe savante place le nom immortel d'Eugène Burnouf. C'est là, pour son pays, un engagement aussi bien qu'un titre d'honneur. Nous nous devons à une science que nous avons le droit de regarder en partie comme française.

DE LA FORME
ET DE LA FONCTION DES MOTS [1]

Avant de reprendre où nous l'avons laissée notre analyse des langues indo-européennes, je voudrais essayer de vous montrer que l'histoire des formes du langage n'est que la moitié de la grammaire comparative, et que cette étude purement extérieure des mots doit toujours être éclairée et contrôlée par l'examen de la signification. En d'autres termes, la science du langage, si l'on ne veut pas qu'elle conduise à des résultats incomplets ou erronés, doit s'appliquer également à la forme et à la fonction des mots. Il est vrai, sans doute, qu'il est aussi impossible au grammairien d'étudier la forme des mots en faisant entièrement abstraction de leur sens, qu'il serait impossible d'expliquer la signification des mots sans tenir aucun compte de leur forme. Mais l'expérience prouve que tour à tour on a donné le pas à l'une ou à l'autre de ces deux recherches. Suivant la nature d'esprit

[1] Collége de France, 1866.

du grammairien et suivant l'école à laquelle il se rattache, c'est tantôt l'examen du sens, tantôt l'analyse du son, qui a paru constituer la partie essentielle de la science : naturellement la science change d'aspect, selon que prévaut l'une ou l'autre de ces deux études. Si l'on parcourt les principaux ouvrages de nos linguistes modernes, on ne saurait nier que ce qui a été nommé la morphologie des langues n'ait évidemment pris le dessus sur l'examen de la signification. Je voudrais vous faire voir que non-seulement l'observation extérieure des mots, poursuivie exclusivement, nous donnerait une idée inexacte de l'histoire du langage, mais qu'elle nous laisserait ignorer, dans la plupart des cas, la véritable cause de la transformation des idiomes.

Par une rencontre curieuse, ces deux directions différentes de notre science sont représentées par les deux seuls peuples qui aient entrepris en grammaire des recherches originales : je veux dire les Grecs et les Indous. Pour nous expliquer cette divergence, il faut nous rappeler quelle a été, dans la Grèce et dans l'Inde, l'origine des études grammaticales.

La grammaire, chez les Grecs, est née de la philosophie : le jeu des facultés de l'esprit avait déjà été observé et nos conceptions classées suivant certaines catégories, quand on s'avisa de rechercher si le langage répondait à ce classement et justifiait ces divisions. Un tel examen devait naturellement porter sur la fonction des mots, et non sur leur forme : on fut amené à distinguer les mots, non suivant les éléments dont ils sont composés, mais selon le rôle qu'ils jouent dans notre pensée; on n'étudia point les flexions grammaticales pour savoir quelle en est l'origine, mais pour connaître à quelles opérations de l'esprit elles correspondent. De ces observations sortit la grammaire telle que l'entendaient les Grecs et telle qu'ils l'ont transmise aux Romains et à l'Europe moderne. Prenez un à un les termes techniques dont nous nous servons encore aujourd'hui dans nos écoles : derrière le substantif, vous apercevez la substance; derrière l'adjectif, vous voyez l'attribut. Le sujet et le régime sont deux notions qui appartiennent à la logique au moins autant qu'à la grammaire. L'idée que le verbe « être » est nécessaire à toutes les phrases, comme la copule à tous les jugements, se rattache de la façon la plus étroite à la théorie du syllogisme. Il ne faut pas nous étonner de voir encore appliquer à nos langues modernes des distinctions qui avaient été inventées pour un idiome assez différent du nôtre : elles pouvaient être transportées sans peine du grec au latin, et du latin au français. La grammaire, telle que l'Occident l'a pratiquée pendant vingt siècles, expose les règles de l'entendement plutôt qu'elle ne poursuit l'analyse des idiomes. Elle est une sorte de science auxiliaire ou comme une vérification de la logique.

Je ne veux pas dire que l'antiquité n'ait pas étudié aussi la partie matérielle du langage. Mais les grammairiens qui ont dressé les paradigmes des flexions, qui ont relevé les formes exceptionnelles et donné les règles de dérivation des mots, avaient en vue le maniement pratique de la langue ou l'interprétation des auteurs. Ils regardaient ce recueil de faits comme un utile complément de la rhétorique; mais ils ne pensaient pas que des règles de contraction ou des listes de formes rares dussent servir à l'établissement d'une science. De même que, suivant Platon, le monde existe seulement par les rapports qu'il a avec les idées, les mots ne semblaient matière à observation scientifique que par les lois intellectuelles qui les gouvernent.

Chez les Indous, les recherches grammaticales eurent une tout autre origine : elles sont sorties de l'étude des Védas. Placés par la transmission orale en face d'un texte qui était regardé comme une révélation divine, les Indous furent conduits de bonne heure à observer les lois de la langue védique pour assurer l'intégrité du texte et maintenir la fidélité de la tradition. La superstition vint en aide aux progrès de la science, car l'idée que tout, dans ces hymnes, était d'une égale importance, et que chaque articulation, chaque inflexion du son avait un caractère sacré, ne dut pas peu contribuer à développer dans les écoles brahmaniques les habitudes de minutieuse attention et de rigoureuse exactitude. Les grammairiens indiens, aidés par un idiome d'une extrême transparence et stimulés par une prodigieuse sagacité, créèrent une sorte de chimie du langage. Ils ont décomposé les mots en leurs derniers éléments; ils ont noté l'action que les sons exercent les uns sur les autres; ils ont mesuré, avec une précision surprenante, la longueur relative des syllabes; ils ont dressé la liste des racines et celle des suffixes et déterminé la manière dont ces groupes phoniques se combinent ensemble. Mais c'est à la forme, bien plus qu'à la fonction des mots, qu'ils appliquèrent leur attention. L'étude du sens des mots demeura surtout réservée aux commentateurs et aux scoliastes. Quant à la grammaire indienne, née du besoin de conserver la lettre d'un texte sacré, elle a gardé le caractère qu'elle devait à son origine. Elle analyse de préférence la matière du langage, et c'est principalement par la dissection du corps des mots qu'elle témoigne de la vigueur et de la pénétration de l'esprit indien.

Ainsi la grammaire, cultivée avec une égale ardeur par les Grecs et par les Indous, a pris, chez ces deux peuples, un aspect fort différent. Les Grecs, préoccupés avant tout de la pensée, ont créé la philosophie du langage; les Indous, s'attachant surtout au son et à la forme, ont inventé une sorte d'histoire naturelle de la parole.

C'est la réunion de ces deux méthodes qui constitue la grammaire historique. L'objet de cette science est de rechercher dans l'esprit de l'homme la cause de la transformation des idiomes. Il ne faut pas nous étonner si la grammaire historique est restée également inconnue aux Grecs et aux Indous. Le réseau des divisions logiques que les Grecs avaient jeté sur leur idiome laissait échapper, sans les saisir au passage, les modifications qu'il subissait. Quant aux Indous, l'idée de l'histoire leur est étrangère. Ils ont analysé les mots de leur idiome comme ils auraient étudié les minéraux ou les plantes, car le langage, suivant la conception qu'ils avaient de l'univers, était, à leurs yeux, au même titre que toute la nature, une manifestation de l'âme du monde.

Venons maintenant à la grammaire comparée telle qu'elle a été pratiquée en Europe depuis cinquante ans, et voyons laquelle des deux méthodes a été employée de préférence. Il n'est pas douteux qu'on s'est toujours tenu bien plus près de la méthode indienne. C'est en observant les lois du langage sans consulter d'autre maître que le langage lui-même, c'est en notant les habitudes particulières à chaque idiome comme le physiologiste approfondit la structure des divers organismes, c'est, en un mot, par l'étude purement externe des phénomènes grammaticaux que la philologie comparative s'est constituée et a trouvé la voie des découvertes. Quand on lit les grands ouvrages de Bopp ou de Schleicher, il semble, par moments, qu'on ait devant soi la description d'un quatrième règne de la nature. Comme la matière du langage ne se renouvelle pas, mais entre seulement en d'autres combinaisons, comme les parties mortes d'un idiome sont remplacées par d'autres toujours tirées du même fonds, comme d'ailleurs ces phénomènes n'ont lieu que par altérations insensibles et par mouvements graduels, comme tous les faits se rapportent à des principes généraux, et que même les exceptions sont régies par des lois constantes, enfin, comme tout s'enchaîne et s'explique sans qu'aucun agent personnel intervienne d'une façon visible, on pourrait croire parfois qu'en vérité on lit un traité de géologie du monde grammatical ou qu'on assiste à une série de cristallisations de la parole. C'est cette méthode purement expérimentale qui a donné les résultats dont s'enorgueillit la linguistique moderne : elle est et elle restera toujours le seul moyen d'arriver à la connaissance positive des idiomes. Sans elle, toute grammaire scientifique est impossible ou n'aboutit qu'à des hypothèses.

Mais faut-il croire que la science que nous étudions consiste uniquement dans cette observation extérieure des formes du langage? Le grammairien est-il au bout de sa tâche, quand il a montré d'après quelles lois se modifient les sons, les mots, les flexions et la syntaxe d'une famille d'idiomes? Nous ne le supposons point. Il ne faut pas que la description du langage humain nous fasse oublier l'homme, qui en est à la fois le principe et la fin, puisque tout, dans le langage, procède de lui et s'adresse à lui. Le premier inconvénient d'une pareille méthode serait de nous donner, sur la marche des idiomes, des notions incomplètes ou inexactes. Permettez-moi, pour mieux me faire comprendre, de vous citer quelques exemples.

Quand nous ouvrons les livres qui exposent l'histoire des langues indo-européennes, nous trouvons à chaque page les mots d'altération, de mutilation, d'affaiblissement : nous voyons que les sons, purs à l'origine, se troublent et se corrompent; que les différentes lettres d'un mot, cédant à des affinités réciproques ou se détériorant par l'usage, s'assimilent ou se déforment; que des syllabes entières sont éliminées; que les mots se contractent et se dégradent. Quand on contemple ce tableau d'une dévastation toujours croissante, il semble que les idiomes soient sur la pente d'une décadence continue, et qu'on ait devant soi une image du monde, tel que nous l'a décrit Lucrèce :

> Omnia paulatim tabescere et ire
> Ad capulum, spatio ætatis defessa vetusto.

Et, de fait, quand nous voyons, par exemple, que le latin *ministerium* est devenu en français le mot *métier*, ou que le français *été* correspond tout à la fois au participe latin *status* et au substantif *æstas*, nous avons une preuve sensible de l'état de décomposition où peut arriver à la longue le système phonique d'un idiome. Il est bien vrai aussi que ces altérations ont l'inconvénient de nous dérober le secret de la formation des mots et de troubler la limpidité étymologique du langage : qui se douterait encore en français de la parenté des mots *venir* et *couvent*, si, d'une part, le verbe *venire* et, d'un autre côté, le substantif *conventus* n'en établissaient clairement l'affinité? Qui sentirait que notre verbe *coucher* renferme le même substantif latin qui est représenté en français par le mot *lieu*, sans le témoignage de *locus* et de *collocare?*

Mais ce serait une singulière erreur de croire que chacune de ces altérations fût un dommage porté à la langue, et qu'à chaque pas qui éloigne les mots de leur type primitif l'idiome se rapprochât de la décadence. Non-seulement c'est un fait que certaines langues, tout en s'altérant, ont gagné en précision et en richesse, mais on peut démontrer que souvent l'altération phonique aide les opérations de la pensée et doit être considérée, non comme un accident fâcheux, mais comme un changement favorable à l'expression de nos idées.

Parmi les mots qui se sont le plus éloignés de leur forme première, il faut placer sans contredit les noms de nombre. En cherchant l'étymologie de ces mots, on a reconnu qu'ils avaient généralement eu à l'origine une signification concrète. Les uns exprimaient la multiplicité d'une façon générale et avaient le sens vague de « troupe, amas, assemblage ». D'autres marquaient des objets naturels rappelant par leur quantité ou leur conformation le nombre qu'on voulait désigner. Ainsi les mots « cinq » et « dix », dans diverses familles d'idiomes, ont signifié d'abord la main ou les doigts. Dans les langues indo-européennes, quand on compare le sanscrit *daçan* « dix » au substantif *daksha* « la main droite », le latin *decem* avec *dextra*, le grec δίκα avec δεξιός, on peut supposer que les deux mots sont formés de la même racine signifiant « montrer » qui se retrouve encore sous la forme *diç* « montrer » en sanscrit, dans le mot *zeigen* (à côté de *zehn*) en allemand, et sous la forme *dic*, dans *index*, *indicis* (à côté de *digiti*), en latin. Mais s'il est vrai, comme on peut l'inférer de ces rapprochements, que le mot « dix » a été d'abord représenté par les deux mains, ne conçoit-on pas quel obstacle ç'eût été, je ne dis pas seulement pour les calculs mathématiques, mais même pour les opérations les plus simples de la vie, si le sens étymologique de ce mot ne s'était obscurci à la longue, si cette idée concrète des doigts ou de la main était venue embarrasser ou offusquer notre pensée, toutes les fois que nous eussions conçu la notion abstraite du nombre « dix ». En rendant les noms de nombre étrangers aux objets qu'ils avaient d'abord désignés, l'altération phonique a aidé l'émancipation de la pensée. Elle a favorisé les premiers pas de l'homme dans la voie de l'abstraction : elle a rendu à l'esprit humain un service analogue à celui que l'algèbre rend au mathématicien, quand elle remplace les noms de nombre par des signes plus abstraits encore.

Laissez-moi vous citer encore un autre exemple emprunté au même ordre d'idées. L'analyse étymologique a constaté qu'à partir d'un certain chiffre, les noms de nombre, dans les langues indo-européennes, sont formés par l'addition ou la multiplication des nombres inférieurs. Ainsi le mot « vingt », en sanscrit *vinçati*, n'est pas autre chose que « deux fois dix » *dvi-daçati*. Le mot « cent », en sanscrit *çatam*, est la partie finale du mot *daçatam*, qui veut dire une dizaine; pour avoir la forme complète, il faut suppléer le nombre simple *daçan* « dix » et dire *daçadaçatam* « dix dizaines ». C'est ainsi qu'en gothique « cent » est régulièrement exprimé par *taihun-*

téhund « dix fois dix ». Si l'on compare à cette forme *daçadaçatam* ou au *taihuntéhund* gothique notre monosyllabe « cent », on est obligé de convenir que l'abréviation est forte; mais en quoi le sens est-il altéré ? Entre ces mots, la différence est la même qu'entre nos monnaies modernes, dont le nom n'est qu'un souvenir historique, et les *livres* romaines qui, par leur poids, justifiaient la dénomination qu'on leur avait donnée.

Mais ce n'est pas seulement pour les noms de nombre que l'altération phonique a pu ronger le corps du mot sans en entamer la signification. Notre langue nous prouve à tout instant que la fonction des mots survit à la mutilation et même à la suppression des syllabes qui paraissaient les plus nécessaires au sens. En latin, l'idée de la possession est exprimée par le verbe *habere*, qui a donné en français le verbe *avoir;* d'un homme qui détenait le bien d'autrui, on disait : *dehibet*. Mais, dès la période la plus reculée que nous puissions atteindre en latin, le préfixe s'était contracté avec le verbe, et *dehibet* est devenu *debet*. La possession n'est plus exprimée que par la simple lettre *b*, car *de* est la préposition et *et* appartient à la flexion. Mais si du latin nous passons au français, nous voyons que dans le mot *il doit*, la possession n'est plus exprimée par rien, car la diphthongue *oi* représente simplement l'*e* de la préposition fondu avec l'*e* de la désinence. Néanmoins, nos négociants qui distribuent leurs livres par « doit » et « avoir », comprennent parfaitement la signification de ces deux mots, ainsi que la relation qu'ils ont ensemble, quoique l'altération phonique les ait rendus étrangers l'un à l'autre.

Le grec nous offre, aussi bien que le français ou le latin, des exemples de mutilations du même genre. Le verbe substantif, en grec, a pour racine la syllabe ἐσ, que nous trouvons, par exemple, dans ἐσ-μέν, ἐσ-τί. C'est la même syllabe que nous avons dans le latin es-t, er-am (pour es-am) et à l'infinitif es-se. En sanscrit, la forme correspondante est as, qui se trouve, par exemple, dans as-ti « il est ». Mais une loi phonique particulière au grec fait que le σ, entre deux voyelles, tombe fréquemment; ainsi γένεσος est devenu γένεος, γένους; λύεσαι est devenu λύεαι, λύῃ; ἐλύεσο est devenu ἐλύεο, ἐλύου. Au participe du verbe εἰ-μί (pour ἐσ-μί) nous devions avoir ἐσ-ών. Mais la loi qui vient d'être indiquée a fait tomber le σ, de sorte qu'on a eu ἐ-ών, ἐ-όντος, qui est la forme habituelle dans Homère. A son tour, l'ε a été retranché dans le grec classique, de sorte qu'il n'est resté que ὤν, ὄντος, c'est-à-dire la désinence. Mais l'absence de la racine qui désigne l'être n'a jamais empêché le participe de conserver sa signification entière; dans aucune langue il n'a été si souvent traité de l'essence des êtres et des choses, τὸ ὄν, τὸ ὄντως ὄν, qu'en grec, où le participe et l'adverbe qui l'exprimaient n'avaient rien conservé du verbe « être ».

Il n'y a donc pas un lien nécessaire entre la dégradation des mots et celle de la pensée. Souvent même la pensée gagne à se détacher de la matière et à s'affranchir de la signification étymologique. Si nous prenons les termes qui représentent nos idées morales ou les conceptions de notre raison, nous avons parfois de la peine, sans le secours de l'analyse grammaticale, à en retrouver la signification première. Mais en quoi les mots de « Dieu, d'âme, de vertu, de pensée », ont-ils perdu à s'éloigner de leur sens primitif? Il est intéressant pour le philosophe de remonter à la source de ces idées. Il n'est sans doute pas indifférent de savoir que Dieu c'est à l'origine une personnification du jour; que l'âme c'était le souffle; que la vertu c'était la force; que penser c'était mettre en balance nos motifs d'agir. Mais ces termes, pour le sens que notre esprit y attache d'ordinaire, n'avaient rien à perdre à s'éloigner de leur origine. Nos langues modernes sont remplies de métaphores oubliées, d'images effacées, d'allusions souvent incompréhensibles à des croyances perdues ou à des usages abandonnés : c'est l'héritage des siècles passés dont nous n'avons gardé que ce qui nous est utile, et qui, loin de nous servir, nous aurait encombrés, si avec le temps il ne s'était pas façonné à des besoins nouveaux et à des habitudes d'esprit différentes.

L'attention que nous portons à la lettre du langage ne doit donc pas nous en faire oublier l'esprit : tout en notant avec le soin du naturaliste les moindres modifications éprouvées par les mots, il faut nous garder de croire que l'histoire des idiomes marche toujours de pair avec ces transformations des voyelles et des consonnes. Parmi les changements qu'éprouvent les langues, il y a au moins lieu de distinguer entre ceux qui entrainent véritablement un dommage pour la pensée et ceux qui ne sont qu'une mise en œuvre plus parfaite de la matière.

Ce que nous disons ici des mots s'applique à plus forte raison aux flexions grammaticales. Quand on compare les désinences du latin ou du gothique, si riches et si sonores, aux restes de flexion qui subsistent en français ou en anglais, on éprouve d'abord la même impression que devant un bas relief antique dont le temps aurait usé les figures et effacé les contours. Le verbe gothique *haban* « avoir », forme son prétérit d'après le modèle des verbes faibles, c'est-à-dire qu'au lieu de prendre immédiatement les flexions au parfait, il adjoint au thème *habai* un verbe auxiliaire qui porte ces flexions. Il fait donc :

habai-da	habai-dedum
habai-des	habai-deduth
habai-da	habai-dedun

Et au subjonctif :

habai-dedjau	habai-dedeima
habai-dedeis	habai-dedeith
habai-dedi	habai-dedeina

Que reste-t-il en anglais de cette conjugaison ? Excepté à la seconde personne du singulier, il en est resté seulement le *d*. On a donc :

I had	we had
thou hadst	you had
he had	they had

Mais ce *d*, dernier débris du verbe auxiliaire, suffit pour exprimer le passé; quant à la personne, il était devenu inutile de la marquer, car longtemps avant que les flexions eussent été mutilées de la sorte, l'habitude avait déjà commencé de les faire précéder des pronoms personnels. Je suis loin de prétendre que ce soit avec réflexion que l'homme ait ainsi altéré les mots et raccourci les formes grammaticales : mais le même instinct qui lui a fait trouver l'expression nécessaire pour marquer sa pensée, l'a porté à en éliminer tout ce qui était superflu. Il est naturel que le philologue, pour qui chaque mot, chaque flexion de la langue est un ami dont il sait l'histoire, ne les voie pas sans une sorte de regret se transformer jusqu'à devenir méconnaissables. Mais le philosophe a d'autres vues que l'archéologue : l'étude des idiomes, pas plus que celle des institutions, ne doit nous faire oublier l'objet pour lequel l'homme les a créés.

L'observation purement empirique des formes du langage n'aurait pas seulement le défaut de nous suggérer, sur le développement des idiomes, une idée incomplète et inexacte : elle nous laisserait ignorer la cause première de la transformation des langues, qui n'est pas fournie par l'analyse des mots, mais qu'il faut chercher en nous-mêmes.

Tout le monde sait que l'un des principaux caractères qui distinguent les langues romanes du latin, c'est la perte de la flexion casuelle des noms et des adjectifs. Si nous demandons d'où vient ce changement, l'observation externe nous révèle deux causes : la prononciation et l'accent tonique. M. Corssen a démontré que, vers la fin de l'empire romain, l'*o* et l'*u* avaient fini par se confondre ; que, de même, les sons de l'*e* et de l'*i* s'étaient tellement rapprochés, qu'il devenait difficile de les distinguer. D'un autre côté, l's commença de bonne heure à se détacher de la fin des mots, comme le prouvent les vieilles inscriptions latines et la versification du temps d'Ennius. Enfin l'*m* final avait très-peu de consistance, comme le prouvent également les inscriptions et comme l'élision le démontre surabondamment. On comprend que, par suite de ces divers défauts de prononciation, la barrière entre les différents cas ait fini par être rompue et qu'il soit devenu presque impossible de les démêler.

L'autre cause que nous indique l'observation extérieure se rapporte à l'accent tonique. M. Gaston Paris a très-bien montré que l'accent latin, qui déjà dans la plus ancienne période de la langue semble avoir été d'une grande force, n'a pas cessé, dans les siècles suivants, de gagner en énergie. Mais comme une règle particulière à la langue latine veut qu'il tombe toujours sur la pénultième ou l'antépénultième syllabe, la syllabe finale s'est ressentie de ce voisinage et a perdu en sonorité tout ce que gagnait la voyelle accentuée. Il en est résulté que les langues romanes, comme l'italien ou le provençal, ont cessé de distinguer les flexions casuelles, et que le français a été jusqu'à supprimer les syllabes finales ou à les rendre muettes.

Je suis loin de contester l'exactitude et l'importance de ces raisons. Mais ce sont là, si je puis parler ainsi, des causes secondes qui, à leur tour, ont besoin d'être expliquées par une cause d'un autre ordre. Nous reconnaissons que la prononciation et l'accent ont déterminé la perte des flexions casuelles : mais nous croyons qu'en dépit de la prononciation et de l'accent, les flexions auraient subsisté, si elles avaient encore été nécessaires à la langue latine. Quand on voit avec quel art instinctif les Germains ont su maintenir l'ordre dans leur système phonique, malgré l'ébranlement profond que la loi de substitution des consonnes y avait apporté, il est difficile d'admettre que la confusion dont nous parlions plus haut fût un mal irrémédiable. Quand nous observons, d'autre part, que malgré l'influence de l'accent, les langues romanes ont en général gardé leurs flexions verbales, on a peine à concevoir pourquoi les désinences casuelles devaient nécessairement succomber.

Il faut, si nous voulons comprendre la disparition des cas, examiner leur usage et remonter jusqu'à leur origine. Pour exprimer les relations que les noms et les pronoms ont entre eux, notre famille d'idiomes avait d'abord créé les cas. Le langage marquait de la sorte les relations les plus simples, les plus apparentes, telles que l'accusatif qui désigne la direction vers un endroit, l'ablatif qui indique l'éloignement, le locatif qui exprime la présence dans un lieu. Empruntés à l'idée de l'espace, les mêmes exposants furent ensuite employés pour marquer aussi le temps et la cause. Mais il est aisé de deviner que ces exposants ne pouvaient suffire pour indiquer toutes les relations que notre esprit est capable de concevoir. De bonne heure, le même cas dut cumuler l'expression de plusieurs rapports : ainsi l'instrumental, qui paraît avoir été d'abord un sociatif, c'est-à-dire qu'il marquait l'association de deux objets, désigna aussi l'instrument. *Dévébhis*, dans les Védas, signifie tantôt « avec les dieux », tantôt « par les dieux ». Chaque cas devint de la sorte l'expression de divers rapports; et plus une désinence fut chargée de fonctions différentes, plus la tentation devint grande de lui en confier de nouvelles, car le cas employé le plus fréquemment était aussi celui qui, à chaque besoin nouveau de l'esprit, se présentait le premier à la mémoire. C'est ainsi qu'en latin l'ablatif a fini par évincer le locatif et l'instrumental. Mais on conçoit sans peine que le langage n'aurait pas tardé à devenir inintelligible, si l'on n'avait pas remédié à l'insuffisance des premiers exposants. On adjoignit aux cas des adverbes marquant d'une façon spéciale la relation qu'on voulait exprimer, et l'habitude de voir souvent figurer ces adverbes à côté des mêmes cas, fit qu'ils contractèrent avec eux une affinité spéciale et qu'ils semblèrent les régir : d'adverbes, ils devinrent alors des prépositions.

Tel est l'état où nous trouvons le latin, qui se sert à la fois des flexions et des prépositions. On peut dire que cette période intermédiaire des langues indo-européennes a été la plus favorable à la peinture de l'idée; car le mot, comme éclairé de deux côtés à la fois, avait plus de relief et de netteté. Mais qui ne voit que la flexion casuelle, quand elle était précédée par la préposition, perdait, par là même, la plus grande partie de son utilité? Sans doute ces flexions donnaient au discours plus de variété et d'harmonie; elles permettaient des inversions qui nous sont impossibles aujourd'hui; elles se prêtaient mieux à la poésie et à la période oratoire. On peut regretter, pour la beauté de notre idiome, que les flexions ne se soient pas conservées. Mais, malgré tous ces avantages, les désinences casuelles étaient devenues le luxe de la langue latine : or, en fait de langage, le peuple, sans être toujours ennemi du superflu, se contente ordinairement du nécessaire. Il faut ajouter que ce luxe ne laissait pas d'être quelquefois incommode. Les flexions, en latin, sont fort diverses : si nous comparons les datifs *rosæ*, *domino*, *patri*, nous voyons que le même rapport est exprimé de trois manières différentes; on peut même dire de cinq, car les pluriels comme *dominis* et *patribus*, qui nous présentent deux nouvelles désinences, marquent le même cas que *domino* et *patri*. En remplaçant cette variété savante de terminaisons par la seule préposition *ad*, le langage, sans rien perdre qui fût essentiel, gagnait en simplicité. Conservées par la société polie et dans la langue écrite, les désinences devinrent incertaines et s'effacèrent peu à peu dans l'usage populaire. Quand survint la catastrophe qui, en bouleversant la société latine, fit disparaître les classes lettrées, les flexions nominales périrent avec elles.

Ce n'est donc point, comme on l'a dit quelquefois, pour remplacer les cas disparus qu'on eut recours aux prépositions : les prépositions, employées depuis un temps immémorial, avaient lentement miné l'existence des désinences casuelles. La prononciation et l'accent tonique ont fini par les faire disparaître. Mais ils n'auraient jamais eu raison de ces anciens serviteurs de la pensée, si la force qui les avait fait vivre, c'est-à-dire la signification, ne s'en était pas d'abord retirée.

Je me suis arrêté, trop longuement sans doute, sur cet exemple, parce qu'il est celui qu'on invoque d'ordinaire, quand on présente les idiomes comme des organismes portant en eux-mêmes le principe de leur croissance et le germe de leur destruction. Mais ce que nous avons dit des flexions casuelles, nous pourrions le dire des suffixes du comparatif et du superlatif, qui, sauf dans quelques mots isolés, ont également disparu des langues romanes. Cependant ces syllabes étaient accentuées en latin. C'est le besoin de simplicité qui fait confier à un seul comparatif, au mot *plus* ou au mot *magis*, le métier de comparatif et de superlatif qui était devenu trop compliqué, depuis que s'étaient multipliées les contractions entre le suffixe et les syllabes radicales.

S'il vous est arrivé de traduire en latin une page de Voltaire ou de madame de Sévigné, vous avez pu apprécier la différence des deux idiomes. N'avez-vous pas trouvé que les mots latins avaient trop de poids et de majesté? La pensée n'était-elle pas comme ralentie et embarrassée par ces désinences sonores que les mots traînent après eux? Ce vêtement trop ample, qui n'était pas une gêne pour Térence ou pour Catulle, mais que leurs descendants ne savaient plus porter, l'esprit moderne a fini par le dépouiller. Sans doute, plus d'une flexion a disparu, qui eût été une ressource précieuse pour notre langue; plus d'une forme est restée, qui n'est plus qu'une charge inutile. Mais il est dans la nature du langage de ne se modifier que par lois générales; si les agents dont s'est servi l'instinct populaire sont tantôt allés au delà, tantôt restés en deçà du but, ne méconnaissons point la cause intelligente qui les a fait mouvoir.

S'il fallait en croire les apparences, la pensée humaine se serait construit, à une époque reculée, un magnifique édifice qu'elle laisse exposé à toutes les intempéries de la nature et à la lente destruction du temps : comme un maître négligent, l'homme attendrait qu'une partie de sa demeure se fût effondrée pour assembler ensuite les ruines et pour étayer, à l'aide d'appuis extérieurs, les pièces qui se tenaient autrefois par une sorte de cohésion naturelle. Mais ce n'est là qu'une illusion. L'esprit humain ne laisse se perdre que les parties de l'édifice qui lui sont devenues inutiles : c'est parce qu'il a transporté ailleurs sa demeure et ses habitudes, que la destruction a prise sur ces murs inhabités.

Il est vrai que dans l'histoire de certains idiomes, il se présente des périodes où nous voyons le vocabulaire s'appauvrir et les richesses grammaticales disparaître sans compensation. Mais ce sont aussi, pour les peuples qui parlent ces langues, des époques d'abaissement intellectuel et moral, car une nation ne possède jamais que l'idiome dont elle a besoin. Qu'il survienne une époque de réparation, aussitôt la décadence de la langue s'arrête. On recueille alors précieusement les restes encore subsistants de l'ancien langage et les ressources qui n'ont pas été dissipées. On essaie même de faire revivre ce qui a disparu sans retour. L'histoire de la langue n'obéit donc pas à un principe qui lui soit propre ; elle marche toujours d'un pas égal, sinon avec l'histoire politique, du moins avec l'histoire intellectuelle et sociale du peuple : elle en est un fidèle commentaire.

Mais c'est dans la syntaxe qu'on voit le mieux l'œuvre personnelle et continue des peuples. Les modifications de la syntaxe n'ont pas moins d'importance que celles qui affectent le corps des mots et des flexions : chaque tour nouveau dont s'enrichit une langue est une création au même titre que l'invention des formes grammaticales. Quand, du mot latin *homo*, nous avons tiré notre pronom indéfini *on*, nous avons enrichi la conjugaison française d'une personne nouvelle. L'étude comparative des syntaxes permet d'observer clairement l'action des peuples et même celle de certains hommes sur la constitution de leur idiome : qui ne sait ce que l'italien doit à Dante, l'allemand à Luther, le français à Descartes et à Pascal? Ces grands hommes ont été d'autant plus sûrement des inventeurs en langage qu'ils songeaient moins aux tours et aux mots.

Ce n'est donc pas seulement à l'origine des races qu'il

faut placer la création des idiomes : nous les créons à tout moment, car tous les changements qui les affectent sont notre œuvre. De même qu'on doit chercher dans la structure de notre appareil vocal la raison première des altérations phoniques, de même tous les changements grammaticaux, si légers qu'ils soient, ont leur principe dans notre pensée. Il n'y a pas de langage en dehors de nous : même gravées sur la pierre ou sur l'airain, a dit Guillaume de Humboldt, les langues n'ont qu'une existence idéale. Les mots n'existent qu'au moment où nous les pensons et les comprenons.

L'observation extérieure des formes du langage, telle que l'ont pratiquée les Indous, n'est donc que le commencement et la base de la grammaire comparative. Les faits que l'observation constate ont besoin d'être rapprochés du principe qui les a produits. Il en est de ces faits comme de ceux que relève la statistique : elle a pour devoir de dresser ses listes sans autre préoccupation que la plus scrupuleuse exactitude ; mais elle ne serait qu'une science vaine, si l'économie politique, si l'histoire ne nous enseignaient pas la cause des faits et des chiffres ainsi assemblés. Si les Grecs, avec leur méthode philosophique, n'ont pas tiré de la grammaire tout ce qu'elle pouvait donner, c'est qu'ils cherchaient à lire dans l'esprit la cause des phénomènes du langage avant d'avoir exactement étudié ces phénomènes ; mais, fécondée par la connaissance positive et complète des faits, la même méthode nous fournira sur la nature de l'esprit humain, sur le développement de notre pensée, sur les divers génies des peuples, un trésor d'informations neuves et sûres. Ajoutons que notre science ainsi entendue prendra l'intérêt des études qui nous parlent de nous-mêmes. C'est le sentiment historique, c'est la présence de l'homme qui donne aux ouvrages de J. Grimm tant de charme et de vie. Par delà ces causes secondes, qu'on appelle la prononciation, l'accent, l'organisme grammatical, la philologie comparée doit nous faire connaître l'homme, puisque le langage est la plus ancienne, la plus spontanée et la plus continue de ses créations.

LES PROGRÈS

DE LA

GRAMMAIRE COMPARÉE [1]

Depuis que nous nous sommes vus, la science des langues a perdu l'homme éminent dont le nom, si souvent prononcé devant vous, doit encore revenir bien des fois dans nos entretiens. François Bopp est mort il y a quelques semaines, à l'âge de soixante-quinze ans. Jusqu'à présent, tous les savants adonnés aux mêmes recherches que nous poursuivons ici, pouvaient se considérer comme formant une famille dont le chef était encore au milieu d'eux. La première période de l'histoire de notre science se trouvait personnifiée en ce vieillard qui avait connu les maîtres de l'école de Calcutta, Colebrooke et Wilkins, et qui avait été lui-même le maître de Guillaume de Humboldt et d'Auguste-Guillaume Schlegel (2). Aujourd'hui

(1) Collége de France, 1867.
(2) Nous tirons ce dernier fait, qui est peu connu, de la correspondance d'Auguste-Guillaume Schlegel. « Mais figurez-vous cet enfantillage à mon âge! je n'ai pu résister au désir d'apprendre la langue sanscrite; j'étais ennuyé de ne savoir que des langues que tout le monde sait, et me voilà depuis deux mois écolier zélé des brahmes. Je commence à débrouiller

la philologie comparative a perdu son père : les origines de nos études, qu'hier nous pouvions toucher du doigt, appartiennent désormais au passé.

C'est honorer la mémoire de Bopp que de vous montrer, ainsi que je le veux faire aujourd'hui, comment une méthode qui, dans l'origine, servait à étudier l'ensemble de la famille indo-européenne, est également employée aujourd'hui pour analyser des groupes beaucoup plus restreints, et même pour approfondir le développement d'un seul idiome. A mesure que la méthode est mise à l'œuvre sur un terrain plus circonscrit, les enseignements qu'elle fournit deviennent plus précis et plus sûrs; il est même arrivé que, d'après ces recherches de détail, il a fallu redresser les données venant d'une première revue d'ensemble. Je vous citerai quelques exemples de ce genre de progrès, et je tâcherai de vous prouver que l'une et l'autre manière d'appliquer la grammaire comparative a sa légitime raison d'être.

Après que Bopp, dans ses premiers ouvrages, eut démontré d'une manière scientifique la parenté qui unit le sanscrit aux langues de l'Europe, et eut fait voir le profit qu'on pouvait tirer de cette identité d'origine pour l'explication de chaque idiome de la famille, l'objet que se proposèrent, à la suite du maître, ses disciples et ses émules, fut de continuer et d'étendre cette découverte. A quelques

assez facilement les caractères, je m'oriente dans la grammaire et je lis même déjà, avec le secours d'un Allemand que j'ai trouvé ici, l'Homère de l'Inde, Valmiki. » Lettre à Guillaume Favre, du 4 février 1815. (*Mélanges d'histoire littéraire*, par Guillaume Favre. Genève, 1856.)

années de distance, M. Pott et M. Benfey publièrent leurs premiers travaux étymologiques. Ce qui caractérise ces ouvrages, c'est qu'ils poussent de front l'étude simultanée de toutes les langues indo-européennes, et que, passant constamment de l'une à l'autre, ils les obligent à se servir réciproquement d'explication et de commentaire. Grâce à cette inspection générale, non-seulement les grandes lois, mais la plupart des rapprochements de détail qu'un premier examen pouvait faire découvrir, furent reconnus avec autant de pénétration que de savoir. Si les analogies bien plus que les différences servirent de point de mire aux recherches, il ne faut point s'en étonner : la joie était grande de trouver tant de liens entre des langues si éloignées en apparence. On prit plaisir à ramasser en gerbe autour d'une racine les mots qu'elle avait produits dans les divers idiomes de la famille, et à expliquer les termes obscurs et les anomalies grammaticales d'une langue par des mots restés clairs et par des formes regardées comme régulières dans une autre. Chaque fois qu'on ouvre ces livres, on est étonné de la science prodiguée par les auteurs, et pour peu qu'on ait le courage de se frayer un chemin à travers cette épaisse forêt de mots et de formes de toute espèce, on recueille à chaque pas les enseignements les plus variés et les plus curieux.

Cependant des recherches si étendues et si compliquées, entreprises presque au lendemain de la naissance de nos études, ne pouvaient manquer de donner prise à d'assez graves critiques. Nous hésiterons d'autant moins à les énoncer que les côtés faibles de ces ouvrages s'expliquent par le temps où ils parurent, tandis que les qualités qui les distinguent sont le propre mérite des auteurs.

En premier lieu, un certain nombre de rapprochements se sont trouvés inexacts, parce qu'ils venaient d'un examen insuffisant des idiomes mis en parallèle. La famille indo-européenne comprend un si grand nombre de langues, divisées elles-mêmes en tant de dialectes, qu'un seul homme ne peut avoir de toutes une connaissance également approfondie. Pour certaines d'entre elles, il fallut se contenter de dépouiller les lexiques et d'interroger les paradigmes des grammaires. Mais sans parler des pièges qui se multiplient sous les pas du linguiste, aussitôt qu'il a recours à de tels moyens d'investigation, il aurait fallu que l'analyse grammaticale, armée des instruments qu'avait fournis la nouvelle méthode, se fût préalablement exercée sur chaque idiome en particulier pour ne livrer à la comparaison finale que des matériaux suffisamment épurés.

Un ou deux exemples, que nous emprunterons à la langue latine, feront mieux comprendre l'inconvénient des comparaisons lointaines, quand les mots mis en présence n'ont pas été d'abord soumis à un examen minutieux. Prenons les mots latins *clamo* « je crie » et *clamor* « cri ». Nous verrons, d'une part, les étymologies que Bopp et Benfey ont cru pouvoir donner de ces termes, en les rapprochant de mots empruntés aux idiomes congénères; puis nous donnerons l'explication qui se présente, quand on se tient renfermé dans l'histoire de la langue latine.

Selon M. Bopp (1), le latin *clamo* serait identique au sanscrit *çrâvajâmi* « je fais entendre ». Pour apprécier la valeur de ce rapprochement, il faut savoir qu'il existe en sanscrit un verbe *çru* « entendre », dont la forme, dans une période plus ancienne, a dû être *kru*. Le verbe correspondant, en grec, est κλύω. En latin, outre le verbe archaïque *cluere*, nous devons rapporter à la même racine les mots *inclutus* et *cliens* (pour *cluens*). Les verbes sanscrits sont pourvus d'une forme appelée causative, qui indique que le sujet fait faire l'action marquée par la racine. Le causatif de *çru*, en sanscrit, est *çrâvajami* « je fais entendre ». Si l'étymologie de Bopp était fondée, il faudrait donc admettre entre *inclutus*, *cluens*, *clamo*, une parenté immédiate, quoique remontant aux temps de la période indo-européenne. De son côté, Benfey (2), dans son Lexique des racines grecques, propose pour le mot *clamor* une autre explication : il suppose que *clamor* est pour *clâd-mor*, et il rapproche ce dernier de la racine sanscrite *krad* « crier, pleurer », qui a donné en gothique *gretan* « pleurer », et à laquelle se rattacherait aussi, selon l'auteur, le grec κλάδος « bruit ». Les deux explications que nous venons de citer ne se ressemblent guère ; mais elles ont au moins ce trait com-

---

(1) *Grammaire comparée*, § 20.
(2) *Griechisches Wurzellexicon*, II, p. 132.

mun qu'elles placent l'origine des mots *clamo*, *clamor*, hors du domaine de la langue latine.

De graves objections s'opposent à l'une et à l'autre étymologie. Pour commencer par celle de Benfey, rien n'atteste l'existence en latin de la racine sanscrite *krad*; mais en supposant même que cette racine existât en latin, ce n'est pas le substantif *clamor*, mais le verbe *clamo* qu'il aurait fallu y rapporter. En effet, si *clamor* avait donné naissance au verbe, il aurait fait *clamorare*, comme *honor* fait *honorare*. D'un autre côté, le rapprochement de Bopp soulève de graves difficultés : *clamo* ne répond ni par le sens, ni par la forme, au causatif sanscrit *çrâvajâmi*. *Clamare* ne veut pas dire « faire entendre », mais « crier, appeler ». Si la racine renfermée dans *inclutus* et *cluens* a laissé un causatif en latin, c'est dans le verbe *cluere* « se faire entendre », qu'il faudra probablement le chercher. D'un autre côté, nous n'avons pas un seul exemple certain d'un *v* sanscrit représenté en latin par un *m*. Mais il n'est point nécessaire, pour expliquer *clamo* et *clamor*, d'aller demander des éclaircissements au sanscrit. Comme l'a d'abord fait observer Schweizer-Sidler (1), le latin seul, interrogé dans son histoire, suffit pour rendre compte de ces deux mots.

Il existe en latin un verbe *calare* « appeler », qui ne fait plus partie de la langue courante, mais qui ne s'en est pas moins conservé dans une locution toute faite,

---

(1) Journal de Kuhn, IV, p. 299.

calare comitia « convoquer les comices », et dans un certain nombre de dérivés, tels que *calendæ* « les calendes », *curia calabra* « la curie où l'on proclamait les calendes », *intercalaris* « intercalaire ». Le même verbe est renfermé aussi dans le mot *concilium* « assemblée », où son *a* s'est affaibli en *i*, comme celui de *tangere* dans *contiguus*. Le verbe correspondant en grec est καλέω « appeler ». De même qu'en grec, à côté de la racine καλ, il existe une forme κλα, qui se trouve, par exemple, dans κέκληκα, κλῆσις, ἐκκλησία, il y avait en latin, à côté de *cal*, une forme *cla*, qui s'est conservée dans *nomen-clator* « le nomenclateur, celui qui appelle les noms ». C'est un fait assez fréquent en sanscrit, en grec et en latin, qu'une racine terminée par une liquide ait à côté d'elle une forme secondaire où la liquide a changé de place avec la voyelle précédente, laquelle, par une sorte de compensation, s'allonge (1). En grec, par exemple, nous avons :

βαλ (ἔβαλον) et βλη (βέβληκα).
γεν (γένος) et γνη (γνήσιος).
δαμ (δαμάω) et δμη (ἄδμητος).
μεν (μένος) et μνη (μνήμων).
ταλ (τάλας) et τλη (τλῆναι).

Le même fait a lieu en latin.

C'est ainsi qu'à côté de

gen (*genui*), nous avons *gna* (*gnasci*).
ster (*sterno*), — *stra* (*stravi*).
ger (*germen*), — *gra* (*gramen*).
ter (*tero*), — *tri* (*trivi*).

Par la même interversion, *cal* est devenu *cla*, et a

(1) Comparez Pott, *Etymologische Forschungen* (2ᵉ édition), t. III, p. 1.

formé un substantif *clamus* ou *clama* qui est sorti de l'usage, mais dont l'existence nous est encore attestée par l'adjectif *clamosus*. De même que *fumus* a fait *fumare*, ou que *fama* a donné *infamare*, de même *clamus* ou *clama* a donné *clamare*. Ce dernier, à son tour, est le primitif de *clamor*.

Je ne veux pas dire qu'entre *calare*, καλέω et le sanscrit *çru*, il n'y ait point une parenté éloignée. Mais l'étymologie scientifique ne consiste pas à indiquer vaguement l'affinité qui peut exister entre deux termes : il faut qu'elle satisfasse à ce que M. Littré appelle l'*historique* et la *filière*, c'est-à-dire qu'elle retrace, lettre pour lettre, l'histoire de la formation d'un mot, en rétablissant tous les intermédiaires par lesquels il a passé.

L'exemple suivant nous montre qu'il suffit quelquefois d'une simple contraction pour rendre un terme méconnaissable. Quelle est l'étymologie de *cuncti* « tous » ? M. Pott songe à un redoublement de la préposition *cum*. Jacob Grimm soupçonne une parenté avec le gothique *hun* « aliquis ». Mais M. Corssen a reconnu que *cuncti* est pour *councti*, comme *ducere* est pour *doucere*; *councti* vient lui-même de *cojuncti*, par une syncope dont le latin archaïque offre d'assez nombreux exemples. *Cuncti* et *conjuncti* sont donc deux formes jumelles. Du même coup s'explique le verbe *cunctari*, qu'on avait rapproché du sanscrit *çank* « penser » et du gothique *hugs* « esprit ». *Cunctari* est pour *cojunctari*, et *Cunctator*, pris dans son sens étymologique, n'est pas, comme l'expliquent nos dictionnaires, celui qui diffère, mais celui qui combine.

C'est pour avoir pris dans les vocabulaires les matériaux de leurs comparaisons, sans avoir considéré d'assez près les habitudes spéciales de chaque idiome, que les philologues dont nous parlons se sont quelquefois trompés. Chose singulière! le danger des rapprochements précipités ne laissait pas que d'être aperçu par chacun des savants de cette école, quand il observait les travaux de ses confrères. Ainsi M. Pott, rendant compte du Lexique des racines grecques de M. Benfey, signale les périls d'une méthode qui prétend tout expliquer et ne sait point se résoudre à l'ignorance de beaucoup de choses. De son côté, M. Pictet, le célèbre celtologue, celui de tous les savants contemporains qui a peut-être usé le plus largement des rapprochements de cette sorte, ne put se défendre de quelque inquiétude, quand il vit Bopp faire entrer le vieil irlandais dans ses comparaisons. Comme M. Pictet avait de la famille celtique une connaissance particulière, il vit très-bien à quelle quantité d'erreurs l'usage des lexiques et des grammaires pouvait donner lieu. Il fit remarquer que les grammairiens et les lexicographes irlandais offrent pêle-mêle les formes de périodes tout à fait différentes, sans se mettre en peine des changements accomplis pendant un espace de dix siècles. Il conclut que, pour comparer en toute sûreté l'irlandais aux autres idiomes indo-européens, il faut attendre qu'on ait fait d'une manière complète l'histoire des variations du celtique (1). Rien n'est plus sensé que ce langage : mais il suffit de remplacer « irlandais » par « sanscrit », pour avoir la critique que M. Weber, en sa qualité d'indianiste, adresse aux comparaisons de Pictet.

Un second reproche qu'on peut faire à ces savants, c'est qu'ils n'ont pas tenu assez compte du remaniement que chaque peuple fait subir à l'idiome qu'il reçoit en héritage. Le philologue qui veut expliquer les locutions françaises *quoique, pourvu que,* ne s'attend pas que le latin lui en fournira les prototypes tout formés. *Quoique* représente le latin *quid quod; pourvu que* répond à *pro viso quod.* Mais si les différentes parties de ces mots, prises une à une et en elles-mêmes, sont latines, c'est le propre de la langue française de les avoir fondues ensemble et d'en avoir fait des locutions d'une signification indivisible. C'est un principe qu'on a quelquefois perdu de vue dans l'explication des langues anciennes. Quand M. Bopp rapproche la particule grecque γάρ du sanscrit *karhi* (2), il rapporte à l'époque reculée où le grec s'est séparé du sanscrit ce qui, en tant que mot composé, est le bien propre et indépendant des deux idiomes. Il n'y a d'ailleurs aucune parenté, ni de signification, ni de forme, entre γάρ et *karhi. Karhi* signifie « quando? », tandis que γάρ a le sens du latin « enim ». Γάρ, formé comme τάρ et αὐτάρ,

---

(1) *Journal asiatique,* 1840, tome IX, page 230.
(2) *Grammaire comparée,* § 291.

renferme, ainsi que les hellénistes l'ont reconnu depuis longtemps, la particule γέ composé avec ἄρα; *karhi*, formé comme *yarhi* et *etarhi*, contient le pronom interrogatif *ka* composé avec la particule *hi*. Le moindre inconvénient de ces comparaisons éloignées est de faire perdre de vue les analogies immédiates. Quelques pages après avoir expliqué γάρ, Bopp en vient à la particule αὐτάρ : ici il voit dans la syllabe ταρ le suffixe du comparatif *tara*, qui aurait, par exception, conservé son *a*, tandis que partout ailleurs il est devenu τερο (1). Mais il est clair que αὐτάρ est pour αὖτε ἄρα, comme γάρ est pour γέ ἄρα.

Le travail original des idiomes ne consiste pas seulement à rapprocher et à fondre ensemble deux ou plusieurs termes pour composer des locutions nouvelles. Il y a tel procédé de formation et de dérivation des mots qui constitue pour une langue une acquisition véritable dont on peut quelquefois déterminer l'ancienneté et observer la propagation.

Il existe en latin un suffixe *mento*, que nous trouvons, par exemple, dans *documentum*, *vestimentum*, et qui sert à former surtout des noms d'instruments. M. Leo Meyer rapproche ce suffixe *mento* du suffixe sanscrit *mant*, que nous trouvons dans *madhumant* « qui est pourvu de miel », *djumant* « brillant », et du suffixe grec ματ, que nous avons dans ὄνοματ, κτῆματ (2). Le latin aurait conservé

---

(1) *Grammaire comparée*, § 378
(2) *Vergleichende Grammatik der griechischen und lateinischen Sprache*, t. II, p. 263.

la nasale, qui en grec s'est perdue, et qui en sanscrit ne s'est maintenue qu'à certains cas. De plus, le latin, en ajoutant au suffixe la voyelle *o*, l'aurait fait passer de la troisième déclinaison dans la deuxième. Mais on peut objecter que le suffixe *mant* s'est conservé en latin dans les adjectifs *clement-*, *vehement-*, où il est resté de la troisième déclinaison, et qu'il n'y a aucune comparaison à établir pour le sens entre des noms d'instrument comme *documentum* et des adjectifs comme *madhumant*.

Pour observer comment s'est formé le suffixe *mento*, il ne faut point sortir du latin (1). En effet, nous trouvons dans l'ancienne langue des mots comme :

documen à côté de *documentum*
tegmen — *tegmentum*
momen — *momentum*
frumen — *frumentum*
augmen — *augmentum*
tormen — *tormentum*
segmen — *segmentum*.

Jusqu'au temps d'Auguste, les formes en *men* sont les plus nombreuses ; mais les formes en *mento* se multiplient à mesure qu'on approche de la décadence de la langue, et elles finissent par devenir de beaucoup les plus usitées. On est donc amené à supposer que le suffixe *mento* n'est pas le représentant d'un ancien suffixe *ment*, mais au contraire une acquisition de la langue latine.

Il se compose, d'une part, du suffixe *men*, qui correspond au μον ou μεν grec, au *man* sanscrit, et d'autre part

---

(1) Comparez Corssen, *Kritische Nachträge zur lateinischen Formenlehre*, p. 124.

du suffixe *to*, qui s'ajoute volontiers en latin à des mots déjà tout formés, comme nous le voyons par les adjectifs *onustus, vetustus, funestus, honestus.* Que dirait-on du philologue qui voudrait trouver en latin les prototypes de mots français comme *pâturage, courageux*? Ces mots sont le bien propre de notre langue, parce que les différents éléments dont ils sont composés, quoique latins d'origine, se sont réunis en français. Mais une raison semblable doit nous empêcher de rechercher en grec ou en sanscrit les analogues de formations purement latines.

En général, les savants qui ont inauguré la méthode comparative sont trop portés à sauter les intermédiaires pour remonter aussitôt jusqu'aux temps les plus reculés de la langue. Ce n'est pas sans étonnement qu'on voit Bopp, traitant des verbes grecs comme δουλεύω, πολιτεύω, se demander quelle est l'origine de la syllabe ευ; il soupçonne qu'elle est un débris du verbe auxilliaire φύω, dont le φ serait tombé comme dans *potui, monui*, et dont l'υ aurait été renforcé (1). Mais pour expliquer ces verbes, il suffit de songer aux substantifs comme πρεσβεύς, χαλκεύς, ἱππεύς. Une fois que la langue fut en possession d'un certain nombre de verbes en ευω, l'analogie a fait créer les autres.

C'est du trésor inépuisable de la langue sanscrite que nos philologues ont habituellement tiré la matière de leurs comparaisons. Nous sommes conduit de la sorte à une troisième critique qu'il est permis de leur adresser.

(1) *Grammaire comparée*, § 777.

Par un entraînement très-facile à comprendre, ils font la part trop grande au sanscrit. Non pas qu'aucun d'eux ait jamais prétendu que nos idiomes de l'Europe fussent dérivés de la langue de l'Inde; une assertion aussi aisée à réfuter ne s'est jamais trouvée dans le livre d'aucun linguiste de profession. Mais, comme le sanscrit est de tous les idiomes indo-européens le plus archaïque et le plus transparent, comme il a sur ses frères l'avantage inappréciable d'avoir été soumis de bonne heure à l'analyse, comme il se présentait aux savants européens avec des listes de racines et de suffixes toutes préparées par les grammairiens indigènes, comme c'est la découverte du sanscrit qui a donné naissance à la philologie comparative, et que la plupart de nos grammairiens étaient en même temps des indianistes, il n'est pas étonnant que, sans y penser, ils aient quelquefois accordé trop de poids au témoignage, d'ailleurs si considérable, de la langue de l'Inde. Bopp, par exemple, qui ne manque jamais, quand l'occasion s'en présente, de faire remarquer, avec une sorte de satisfaction, que le grec, ou le latin, ou le lithuanien, ou l'allemand, s'est maintenu, sur tel ou tel point, dans un état de conservation plus parfait que le sanscrit, n'en donne pas moins, à certains moments, dans l'excès que nous venons de signaler. Venant à parler des noms de mois *september*, *october*, il croit reconnaître le mot sanscrit *vâra* « temps, fois », dans la syllabe finale (1). Mais ces noms de mois, qui étaient à l'origine des adjec-

(1) *Grammaire comparée*, § 309.

lifs (car on disait *calendas septembres, idibus octobribus*), sont formés à l'aide du même suffixe que *saluber*, *celeber*. Bopp rattache le latin *lignum* à la racine sanscrite *dah* « brûler »; mais *lignum* (le bois qu'on ramasse) est avec *legere* dans le même rapport que *tignum* avec *tegere*.

On profita de certaines formations du verbe sanscrit, telles que le désidératif, pour y rapporter des mots de nos langues de l'Europe. C'est ainsi que dans le Lexique de M. Benfey, *iks*, *vaks*, *caks*, figurent comme ayant donné naissance à des mots grecs ou latins. Mais un examen plus attentif a montré que cette forme particulière de désidératif appartient en propre aux idiomes asiatiques de la famille, et n'a par conséquent pu donner de rejetons à nos langues classiques. D'autres fois, cédant à la séduction d'un rapprochement plus spécieux que juste, on identifia des mots comme *kalevara* « corps » et *cadaver*, comme *vârja* « eligendus » et *varius*, comme *vârita* « electus » et *maritus*. Le plaisir de découvrir en grec et en latin des mots sanscrits tout formés, et comme embaumés et intacts, faisait passer par-dessus les lois phoniques, les règles de dérivation ou la diversité du sens. Mais les lois qui ont fait du grec et du latin ce qu'ils sont, n'ont pas agi d'une façon intermittente; elles sont constantes comme les lois de la nature, car elles tiennent à la conformation de nos organes et aux habitudes de notre pensée. Ce serait une étrange erreur de croire que certains mots y eussent pu échapper. L'identité de forme, loin de prouver la communauté d'origine, doit au contraire éveiller la défiance du philologue, et le mettre en garde contre ces ressemblances trompeuses.

Mais s'il faut reprendre l'emploi exagéré qu'on a fait du sanscrit pour l'explication de certains mots ou de certaines formes grammaticales, à plus forte raison devra-t-on s'élever contre l'abus qui a été fait de cette langue, pour décomposer les racines indo-européennes. Non contents d'avoir groupé tout le matériel de nos idiomes autour d'un petit nombre de racines, quelques philologues ne craignirent point d'appliquer leurs instruments d'analyse aux racines elles-mêmes. Qu'il soit possible de ramener à des formes plus simples un certain nombre de groupes phoniques que nos langues traitent comme s'ils étaient indivisibles, qu'on puisse un jour ramener à un type commun des racines qui, dans la période indo-européenne, étaient déjà distinctes, c'est une question qui demeure réservée à l'avenir, et que, dans l'état actuel de nos connaissances, il est impossible de résoudre. Mais la confiance qu'inspirait le sanscrit était telle, que M. Pott, pour décomposer les racines, essaye sans chercher plus loin, de détacher les prépositions sanscrites, qui pourraient s'y être agglutinées. Il existe, par exemple, dans toute notre famille de langues, une racine *vagh* « transporter », qui a donné au sanscrit le verbe *vahâmi*, au latin *veho*, au grec ἔχω, au lithuanien *wezu*, au gothique *viga*. M. Pott, voulant réduire cette syllabe à des éléments plus simples, y croit découvrir la racine sanscrite *hâ*

« quitter », précédée de la préposition sanscrite *ava*. *Ava-hâ*, pris dans le sens causatif, signifierait « faire quitter, transporter (1). » De même encore, après avoir énuméré les nombreux dérivés de la racine *bhû* « exister », M. Pott se demande si cette syllabe ne doit pas être rapportée à quelque autre racine de sens plus concret, et il suppose que *bhû* pourrait être composé de la racine *vâ* « souffler », précédée de la préposition *abhi* « vers ». *Abhi-vâ* signifierait « être rempli de souffle, exister (2). » On comprendra sans peine qu'à l'aide de ces procédés il soit possible de ramener à une lignée commune des mots à première vue fort différents. S'agit-il, par exemple, d'identifier le latin *pudere* et le grec αἰδέομαι? Comme ces deux mots possèdent en commun la lettre *d*, il sera aisé de leur trouver une origine commune : la véritable racine, selon M. Pott, est *vid* « voir, savoir », qui, en latin, se sera fait précéder de *api*, tandis qu'en grec il s'est combiné avec le préfixe *â* (3).

Tels sont les écarts où la prédilection pour le sanscrit, jointe au désir de tout expliquer, ont entraîné par moments le plus docte de nos linguistes. On a justement relevé les dangers d'un système qui nous transporte dans une période anté-historique, pour laquelle nos moyens d'information nous abandonnent. Quand une syllabe est regardée comme racine par tous les idiomes indo-euro-

---

(1) *Etymologische Forschungen* (1ʳᵉ édition), I, p. 283. Dans la seconde édition, M. Pott retire cette étymologie.
(2) *Ibid.*, p. 211.
(3) *Ibid.*, p. 246.

péens, les historiens de ces idiomes ont le droit de la considérer comme telle. Ajoutons que si jamais on arrive à décomposer les racines, ce sera sans doute à l'aide d'autres moyens que la séparation des préfixes.

Il nous reste à mentionner une dernière critique, qui n'est au fond que la conséquence des précédentes. En ce qui concerne les règles phoniques, nos philologues ne tracent pas toujours une ligne de démarcation assez nette entre les différents idiomes, et ils s'autorisent trop facilement de ce qui est licite dans l'un pour admettre la même faculté dans un autre. On est surpris, par exemple, de voir Bopp citer l'arménien en témoignage pour un changement de lettre qu'aurait opéré le latin (1). Si des rapprochements de ce genre démontrent la possibilité d'une loi phonique, l'existence de la loi a besoin d'être établie par des preuves tirées de l'idiome lui-même. Il est juste d'ajouter que les rapprochements de ce genre ne sont, chez les maîtres comme Bopp, que des faits isolés et exceptionnels. C'est par indulgence pour quelques comparaisons séduisantes qu'ils ont manqué aux principes qu'eux-mêmes avaient posés.

Tandis que nos premiers maîtres élevaient aux langues indo-européennes un monument imposant, quoique construit un peu à la hâte, d'autres philologues, se contentant d'une tâche plus modeste, mais y apportant un grand esprit de rigueur et d'exactitude, prenaient en

---

(1) *Grammaire comparée*, § 342.

sous-œuvre les différentes parties de l'édifice. Avec un immense savoir et un rare bonheur d'exposition, Jacob Grimm avait déjà donné, dans sa Grammaire allemande, le modèle de ce genre de recherches. A son exemple, ses disciples soumirent les idiomes germaniques, depuis la langue d'Ulfilas jusqu'aux moindres dialectes d'aujourd'hui, à une étude complète et minutieuse. Les langues letto-slaves furent analysées avec non moins de soin par Miklosich, Schaffarik et Schleicher. Zeuss écrivit sa Grammaire celtique, tandis que les langues romanes trouvaient en Diez un historien non moins érudit que consciencieux. L'esprit qui règne dans ces ouvrages est plus circonspect et plus sévère. On distingua les formes des différents âges; on fixa les limites des différents dialectes. Plus d'une étymologie lointaine dut être abandonnée, en présence d'une variante dialectale qui donnait au mot une physionomie nouvelle et ne laissait point de doute sur sa véritable origine. Plus d'une forme grammaticale, qu'on avait d'abord rapportée à l'âge le plus reculé, fut reconnue comme moderne, soit que l'analogie l'eût fait rétablir là où elle s'était perdue, soit que la langue eût eu recours une seconde fois, à de nombreux siècles de distance, au même procédé de formation. En même temps fut commencé un travail d'un genre tout nouveau. On forma des groupes au sein de l'unité indo-européenne, et l'on étagea par plans successifs des idiomes qui jusqu'alors avaient tous figuré sur la même ligne. Ce travail délicat, qui est loin d'être achevé, permettra un jour de reprendre, avec des moyens nouveaux et sans éparpillement d'érudition, la comparaison entre les divers chefs de souche.

C'est dans cet esprit que sont conçus les excellents écrits de Georges Curtius sur la langue grecque, et ceux de Corssen sur le latin. A l'exubérance des ouvrages dont nous parlions plus haut, ils ont fait succéder la sobriété. Comme toute la lumière est dirigée sur un même point, comme les comparaisons sont destinées à éclairer un seul idiome, l'attention du lecteur sait où se fixer, les traits principaux du développement de la langue se dégagent des faits particuliers, et les observations grammaticales prennent peu à peu l'intérêt d'un exposé historique.

Le principal enseignement qu'on tira de ces travaux, c'est que nos idiomes ne sont pas, comme on pourrait le croire en lisant Pott ou Benfey, les fragments d'un ensemble harmonieux qui aurait été mis en pièces. Chacune de nos langues s'est dégagée de l'unité primitive d'après des lois organiques dont il est possible de décrire le jeu et de découvrir le principe. L'attention des premiers maîtres était trop distraite par la multiplicité des objets pour qu'ils pussent prêter l'oreille à ces forces cachées qui déterminent la forme et décident de la destinée des idiomes. De même qu'au-dessous des grandes lois qui gouvernent tout un règne de la nature, d'autres lois plus spéciales président au développement des classes, en laissant place elles-mêmes à la variété des genres et des espèces, de même la division de la langue mère en tant d'idiomes et de dialectes n'est pas l'œuvre d'un morcellement aveugle, mais le produit d'une lente et régulière évolution.

Cependant les écrits que nous venons de mentionner ne sont pas restés à l'abri de toute critique. Ils ont quelquefois trop resserré les limites où ils se renferment, et ils se sont volontairement privés du secours qu'ils pouvaient tirer des idiomes congénères. En ne considérant qu'une seule langue, il leur est arrivé de regarder comme lui appartenant en propre ce qu'elle doit à une période antérieure, où elle était encore confondue dans l'unité âryenne. Quand M. Corssen suppose que les mots latins comme *vitrum, rastrum, lustrum* ont supprimé un *e*, et que l'ancienne forme est *viterum, rasterum, lusterum* (1), il oublie que le même suffixe *tro* se retrouve sous la forme τρο en grec, dans ἄροτρον, πλῆκτρον, βάκτρον, et sous la forme *tra* en sanscrit, dans *çrôtram, nêtram, vaktram*. Il est possible que le suffixe *tra* soit pour *tara*; mais la suppression de la voyelle, si elle a eu lieu, appartient à un temps de beaucoup antérieur à l'existence de la langue latine. M. Corssen suppose aussi que le mot latin *neptis* « nièce, petite-fille », est pour *nepotis*, et que l'*o* a été supprimé, parce que l'accent tonique se trouvait sur la première syllabe. Mais *neptis* répond au sanscrit *naptî* « petite-fille », féminin de *napât*. Ce qui prouve que *neptis* appartient à une période antérieure à la séparation des idiomes, c'est que le féminin y est marqué simplement

---

(1) *Aussprache, Vocalismus und Betonung*, II, p. 17.

par l'addition d'un *i*, et que, dans la période latine, cette formation du féminin est depuis longtemps sortie de l'usage (1). Se fondant sur un passage de Festus, où il est dit que dans un ancien texte, au lieu de l'impératif *prospice*, on trouve *prospices*, M. Corssen admet que l'impératif latin était autrefois terminé par un *s* (2). Mais il sacrifie à un témoignage isolé, et peut-être à une erreur du grammairien latin, la déposition unanime de tous les membres de la famille : nous avons en grec les impératifs λέγε, τύπτε en sanscrit *bódha*, *tuda*, en gothique *habai*, *salbo*, comme en latin *lege*, *pone*.

D'autres fois la réponse est plus embarrassante, et le philologue peut se demander s'il doit donner la préférence au témoignage des plus proches parents ou à celui des étrangers. M. Corssen déclare que l'*e* de la conjonction *que* était long à l'origine, et que la forme ancienne de cette particule, en latin, était *quêd* ou *queid*. Pour justifier cette assertion, il s'appuie, non-seulement sur des vers où *que* est traité comme une longue, mais sur deux dialectes étroitement liés au latin, l'osque et l'ombrien : en osque, *que* est représenté par *pid*, et en ombrien par *pei* (3). La preuve paraît convaincante. Mais d'un autre côté, comment oublier qu'en sanscrit nous avons une jonction *ca* (pour *ka*) avec *a* bref, qui se construit exactement comme le *que* latin ? Comment négliger la con-

---

(1) *Aussprache*, II, p. 5. Comparez Benfey, *Orient und Occident*, I, p. 230.
(2) *Ibid.*, I, p. 338.
(3) *Ibid.*, I, p. 336.

jonction grecque τε, dans laquelle le τ, comme il arrive encore ailleurs, correspond au *qu* latin?

L'allemand nous offre un autre exemple du même genre, où l'on peut hésiter entre deux explications différentes, et où Jacob Grimm a mieux aimé fermer les yeux aux analogies les plus évidentes tirées du latin, du grec et du sanscrit, que de s'écarter des habitudes des idiomes germaniques. En regard du latin *nomen*, du grec ὄνομα, du sanscrit *nâman*, le gothique nous présente le mot *namo*, génitif *namins* « nom ». La racine de tous ces mots est le verbe *gnâ* « connaître ». Mais d'un autre côté, nous avons en gothique un verbe *niman* « prendre », dont le parfait est *nam*. C'est à ce verbe, qu'en dépit du témoignage des langues congénères, Grimm rapporte le mot *namo*, pour se conformer aux lois de formation habituelles en gothique (1). Il ne faut pas se trop presser de condamner, au nom de la parenté indo-européenne, ce rapprochement fondé sur l'étude particulière de l'allemand. Si Grimm s'est trompé, il s'est trompé conformément au génie des langues germaniques, qui, par une sorte d'adoption grammaticale, ont fait entrer ce mot, séparé de ses ancêtres, dans une famille à laquelle il était primitivement étranger. Bien que l'on puisse n'être pas de l'avis de Grimm, son étymologie n'en a pas moins, pour la famille de langues dont il s'occupe, une justesse relative. Il est curieux de constater qu'en slave la même adoption semble

---

(1) *Deutsche Grammatik*, II, p. 30.

s'être opérée : le même rapport qui existe entre *nehmen* et *name* se retrouve en slave entre *imu* « je prends » et *imja* (pour *nimja*) « nom ».

Quand des difficultés de cette sorte se présentent, la plupart des linguistes se décident, suivant les cas particuliers et selon la direction de leurs études, pour l'une ou pour l'autre explication. Ils évitent de remonter au principe de ces divergences. Essayons de reconnaître la part de vérité qui est représentée par chacune des deux manières d'appliquer la méthode comparative.

En tout idiome, il y a un grand nombre de mots et de formes grammaticales qui ne gardent leur valeur que grâce à la perpétuité de l'usage et à la transmission populaire ou savante. Pourquoi disons-nous en français *la maison, le seigneur, l'état?* Pourquoi disons-nous *le tiers, le quart*, tandis que nous avons *le cinquième, le sixième?* Pourquoi *en* désigne-t-il l'intériorité dans les locutions comme *en France, en place*, et la sortie dans *va-t'en, s'enfuir?* Pour répondre à ces questions, il faut retourner à une période antérieure, où les mots dont il s'agit avaient encore leur forme complète et leur transparence étymologique. *Maison* s'explique quand on en rapproche *mansio* et *manere*. *Seigneur* prend un sens à côté de *senior* et de *senex*. *État* n'a plus rien d'obscur quand on le rapproche de *status* et de *stare*. Les mots *tiers, quart* sont le reste de *tertius, quartus*. Le double sens apparent de *en* n'a plus rien qui nous étonne, quand nous savons qu'il représente tantôt *in*, et tantôt *inde*. Pour tous ces mots, il faut remonter à un état plus ancien de la langue, où ils étaient encore plus près de leur origine.

Il en est de même des formes grammaticales que nos livres de classe désignent comme irrégulières. Pourquoi *tenir* fait-il au présent *je tiens?* Pourquoi *mourir* fait-il au participe *mort?* Pourquoi *prendre* fait-il *pris?* Une fois que nous connaissons les lois phoniques qui ont présidé à la formation du français, le rapport de *tenir* avec *je tiens* s'explique par celui de *tenere* avec *teneo*, et la relation de *mourir* avec *mort* par celle du bas-latin *moriri* avec *mortuus*. *Prendre* représente *prendere*, et *pris* répond à *prensus*. Ce qui caractérise ces formes irrégulières, c'est que chacune est, en quelque manière, seule de son espèce, et que nous n'en créons pas d'autre à leur image.

Mais à côté de ces mots dont la signification nous est transmise par la tradition, et de ces formes grammaticales qui ont cessé de se reproduire, il y a dans notre langue des termes qui s'expliquent d'eux-mêmes, et des procédés de formation ou de dérivation dont le mécanisme lui est resté familier. C'est ainsi que du verbe *connaître* elle a tiré le mot *connaissance*, ou que de *haïr* elle a formé l'adjectif *haïssable*, ou que du nom de nombre *cinq* elle a fait le nombre ordinal *cinquième*. Quoique tous les éléments dont sont composés ces mots soient de provenance latine, chaque terme ainsi formé constitue une création originale appartenant en propre à notre langue. Il en est de même quand des verbes *finir*, *rendre*, elle a tiré le pluriel *nous finissons*, ou le participe passé *rendu*. On peut bien nous montrer les matériaux latins dont ces désinences ont été composées : mais ce qui prouve que le procédé de formation fait partie de l'organisme de la langue française, c'est qu'elle l'a répété nombre de fois et qu'elle l'emploie pour des verbes qui n'ont jamais eu ces désinences en latin.

Il y a donc lieu de distinguer dans notre langue un fonds héréditaire qui a vécu autrefois d'une vie organique, mais qui est comme pétrifié et mort, et ne subit plus d'autres modifications que la lente usure du temps ; et d'autre part un fonds non moins ancien si l'on en considère les éléments constitutifs, mais qui est resté vivant et qui est capable de s'accroître et de se propager.

Ce qui a lieu en français n'est pas moins vrai pour les langues anciennes. En latin, un grand nombre de mots et de formes ne s'expliquent pas si l'on se borne aux seules ressources de cet idiome. Quel est le sens étymologique de *pater, mater, domus, terra?* Pourquoi *esse* fait-il au présent *sum?* Comment le même parfait *crevi* appartient-il aux deux verbes *cresco* et *cerno?* Si nous voulons résoudre ces questions, il faut étendre notre regard au-delà de la langue latine et nous entourer de tous les secours que fournit la comparaison des idiomes congénères. Mais, d'un autre côté, il existe en latin tout un ensemble de procédés grammaticaux, tout un mécanisme de dérivation et de flexion, qui a produit une quantité de mots nouveaux et de formes originales. Pour les expliquer, le philologue, sans perdre de vue les origines de la langue et sans négliger la comparaison des autres membres de la famille, devra, par une longue familiarité, surprendre les habitudes et entrer dans le génie de la langue latine.

Des discussions se sont récemment élevées entre les représentants de ces deux directions (1). Au fond, c'est sous un autre aspect, et avec tous les progrès accomplis par la science depuis quarante ans, le même débat qui séparait autrefois les interprètes de la mythologie grecque : tandis que Creuzer et Goerres, pour rendre compte des croyances helléniques, s'efforçaient d'en découvrir les origines au fond de l'Asie, Voss et Lobeck insistaient sur le caractère grec de certaines divinités et de certains rites. Il y aura toujours une part à faire au passé d'un peuple, une autre à son développement original.

Cependant, n'oublions pas deux choses :

Quand même il s'agit d'étudier les traits qui constituent la physionomie propre d'un idiome, il est bon de le comparer à ses frères. Ce ne sont pas les grammairiens irlandais qui ont reconnu la cause de l'ecthlipse et de l'aspiration celtiques. Il fallut le coup d'œil d'un linguiste, habitué par le *sandhi* indien aux modifications euphoniques que les mots exercent les uns sur les autres. Qui a trouvé la raison première de l'apophonie allemande? Ce n'est pas Grimm, quoiqu'il en ait à merveille

---

(1) Comparez Benfey, *Orient und Occident*, I, p. 230. L. Meyer, *Gœttingische gelehrte Anzeigen*, 1861, p. 321. Corssen, *Kritische Nachtræge*, préface.

exposé les lois et que personne, mieux que lui, n'en ait fait sentir les nuances. C'est Bopp qui, en interrogeant le sanscrit, a trouvé le principe de ce singulier phénomène. S'il suffisait, pour comprendre la structure d'un idiome, de le posséder à fond, pourquoi les savants de la Renaissance, pourquoi les anciens n'ont-ils pas su expliquer le mécanisme grammatical de nos deux langues classiques ?

En second lieu, n'oublions pas que les applications restreintes de la méthode comparative se seraient probablement fait encore longtemps attendre, si elles n'avaient été précédées de la grande expérience heureusement tentée sur la famille tout entière. Zeuss a eu la gloire de fonder la grammaire comparée des langues celtiques, Miklosich celle des langues slaves : mais les écrits où le slave et le celtique sont comparés à leurs frères, avaient montré la marche à suivre. Dans les livres de Corssen, nous voyons les difficultés de la langue latine s'éclaircir par le simple rapprochement de deux formes d'un âge différent. Il en est de la méthode comparative comme de ces forces de la nature mises à profit par l'industrie moderne; d'abord on les a vues mettre en mouvement les plus puissantes machines, et elles finissent par accomplir avec précision les opérations les plus délicates.

LES
IDÉES LATENTES DU LANGAGE [1]

En retrouvant ici de fidèles compagnons d'étude, je me sens honoré et encouragé. En même temps, c'est avec joie que je vois se présenter de nouvelles recrues, qui achèveront d'établir solidement parmi nous les recherches de philologie comparative. Mis en possession des connaissances nécessaires à l'âge où l'esprit apprend vite et retient aisément, n'ayant pas à craindre les difficultés et les tâtonnements qui ont retardé la marche de leurs aînés, ils pourront choisir de bonne heure, dans le champ d'études qui se présente devant eux, le point où ils voudront porter leurs efforts. De quelque côté qu'ils se tournent, ils sont sûrs de trouver un sol qui les récompensera amplement de leur travail.

Si la grammaire comparative de notre famille de langues a commencé, comme il était naturel, par l'observation des lois phoniques, si l'on a d'abord dressé l'inventaire

[1] Collége de France, 1863.

général des racines et des flexions, il ne s'ensuit pas que
nos recherches doivent être bornées à la phonétique et à
l'étymologie, et que les autres parties de la grammaire
nous restent interdites. La syntaxe commence seulement
aujourd'hui à avoir une base solide, depuis que l'histoire
des idiomes nous révèle le véritable caractère et la signification primitive de chaque flexion, et nous montre, par
les pertes que les diverses langues ont subies, les modifications qu'elles ont dû apporter à l'emploi des formes
qui leur restent. Déjà les travaux de syntaxe comparative
se succèdent à des intervalles plus rapprochés, et le moment n'est pas loin où cette partie de la grammaire devra
s'ouvrir, comme les autres, aux enseignements de la
méthode nouvelle.

D'un autre côté, de remarquables travaux, dont la
Grammaire allemande de Grimm est le modèle le plus
célèbre, montrent ce que l'étude d'une langue gagne en
clarté et en charme, quand son état présent n'est pas artificiellement séparé du passé, et quand sous l'air moderne
d'un idiome, notre œil apprend à discerner l'œuvre des
générations disparues. Un livre comme celui que je viens
de vous citer, loin d'épuiser la matière, ouvre à l'activité
philologique une carrière sans bornes. Une fois qu'on
cesse de voir dans le langage un assemblage de règles
sans cause et d'exceptions sans raison, une fois que les
dates s'introduisent dans la grammaire et que les faits se
disposent par séries successives, le besoin de précision
s'accroît à chaque découverte nouvelle et les recherches

de détail deviennent le complément indispensable des ouvrages d'ensemble. De même que l'histoire d'une nation s'accroît et se transforme tous les jours par l'histoire particulière de ses provinces, par l'étude approfondie de ses institutions ou par de simples biographies, de même il y a place, dans chaque idiome, à une quantité de travaux sur le caractère et le rôle des dialectes, sur les différentes parties du mécanisme grammatical ou sur l'histoire des mots, qui sont les personnes du langage. Toutes les parties de cette même Grammaire allemande de Grimm qui avait pu paraître un instant un monument achevé et définitif, sont reprises aujourd'hui en sous-œuvre. Les divisions par périodes que l'auteur avait établies, aussi bien que les dialectes qu'il avait distingués, sont devenus le sujet d'ouvrages spéciaux, et nous voyons aujourd'hui paraître des grammaires comparées du souabe, du bavarois, de l'allémanique. Les phénomènes grammaticaux que Grimm avait assemblés dans une seule classe et placés sur la même ligne sont soumis à une analyse nouvelle, et grâce à des instruments d'observation plus parfaits, on découvre des formations successives là où l'illustre germaniste avait cru voir les variétés simultanées d'un même type. C'est ainsi que notre science va toujours se développant, et tendant de plus en plus à changer sa dénomination de grammaire comparée, qui peut prêter à des équivoques, contre son nom véritable, celui de grammaire historique. Puissions-nous voir bientôt en France, pour l'étude de notre langue, une activité pareille, bien digne de tenter l'ambition de jeunes gens instruits et curieux ! Il n'est point de recherche, si spéciale qu'elle soit, qui ne soit capable d'inspirer le plus vif intérêt, du moment que l'auteur, ne perdant pas de vue l'état général de la science, sait la place que son travail occupera dans l'œuvre commune. Il n'est point de patois, si obscur et si humble qu'il paraisse, qui ne devienne précieux aux yeux de l'historien et cher à un patriotisme intelligent, si nous songeons que chaque dialecte contient une portion de notre passé et représente une des facettes du génie national.

N'avons-nous pas vu récemment la chronologie s'introduire jusque dans une période de nos langues pour laquelle il ne nous reste aucun document écrit, et que nous pouvons seulement atteindre par un travail d'induction scientifique? Vous savez tous que la comparaison des idiomes indo-européens permet de reconstruire, au moins en ses traits généraux, la langue dont ils sont sortis. C'est à cette langue primitive que l'un des maîtres de notre science, M. George Curtius, essaye d'appliquer la méthode historique : s'aidant des observations les plus fines et les plus sagaces, il démêle les créations grammaticales qui, en se suivant et en confondant leurs effets, ont produit la langue qui existait au moment de la séparation de nos idiomes, et dans ce passé lointain, qui jusqu'à présent n'apparaissait à nos yeux que comme un ensemble confus, il distingue sept périodes successives. Quand même les divisions marquées par le savant philologue devraient être en partie contestées, il faut saluer son ouvrage comme un progrès remarquable de notre science : par les controverses qu'il suscitera comme par les éclaircissements qu'il réclame, il servira de point de départ à toute une série de recherches nouvelles. Vous le voyez, partout où nous portons nos regards, les travaux se présentent à nous en grand nombre. Ne craignons donc point que le terrain manque devant nous, puisqu'au contraire, à mesure que notre science a marché, elle a senti le sol s'affermir sous ses pas et l'espace s'élargir devant elle !

Il y a un autre ordre d'études qu'on distingue habituellement de la grammaire comparative et qu'on a été quelquefois jusqu'à lui opposer. C'est cet assemblage de principes et d'observations dont Port-Royal a donné le premier modèle, et qui est connu sous le nom de grammaire générale ou philosophique. Mais puisque la grammaire générale se propose de montrer le rapport qui existe entre les opérations de notre esprit et les formes du langage, comment pourrait-elle se trouver en opposition avec une science dont l'objet est d'analyser ces formes ? Il est bien plus vrai de dire qu'elle trouvera dans les observations de la linguistique un surcroît d'intérêt et de solidité. En effet, ou bien les théories de la grammaire générale seront confirmées par l'examen scientifique des divers idiomes parlés sur la surface du globe, et alors les travaux des philologues seront la justification et la contre-épreuve de cette philosophie du langage ; ou bien, sur certains points, il y aura désaccord entre les opérations de notre esprit, telles que la psychologie et la logique les décrivent, et les procédés du langage constatés par l'analyse philologique, et ce sera pour nous un avertissement de remonter jusqu'à l'origine de cette divergence et d'en trouver le principe. Une pareille recherche ne peut manquer d'être féconde, et tout dissentiment entre la grammaire philosophique et la grammaire expérimentale doit conduire à des données nouvelles sur la nature du langage ou sur le développement de l'esprit humain.

Déjà, dans une occasion semblable, j'ai essayé de vous montrer que la signification des mots peut survivre à l'altération de leur forme, et même profiter de cette altération. Je voudrais aujourd'hui vous présenter un autre côté du langage par où l'esprit et le corps des mots (je veux dire leur sens et leur forme) ne se trouvent point en une correspondance exacte. Je me propose de montrer qu'il est dans la nature du langage d'exprimer nos idées d'une façon très-incomplète, et qu'il ne réussirait pas à représenter la pensée la plus simple et la plus élémentaire, si notre intelligence ne venait constamment au secours de la parole, et ne remédiait, par les lumières qu'elle tire de son propre fonds, à l'insuffisance de son interprète. Nous avons une telle habitude de remplir les lacunes et d'éclaircir les équivoques du langage, qu'à peine nous sentons ses imperfections. Mais si, oubliant pour un instant ce que nous devons à notre éducation, nous examinons un à un les éléments significatifs dont se composent nos idiomes, nous verrons que nous faisons honneur au langage d'une quantité de notions et d'idées qu'il passe sous silence, et qu'en réalité nous suppléons les rapports que nous croyons qu'il exprime. J'ajoute que c'est parce que le langage laisse une part énorme au sous-entendu, qu'il est capable de se prêter au progrès de la pensée humaine. Une langue qui représenterait exactement tout ce qui, à un moment donné, existe dans notre entendement, et qui accompagnerait d'une expression tous les mouvements de notre intelligence, loin de nous servir, deviendrait pour nous une gêne, car il faudrait qu'à chaque notion nouvelle la langue se modifiât, ou que les opérations de notre esprit restassent toujours semblables à elles-mêmes, pour ne pas briser le mécanisme du langage.

En terme de grammaire, on appelle *ellipse* l'omission d'un mot nécessaire au sens de la phrase. Mais ce n'est point de cette sorte d'ellipse que je me propose de vous entretenir : celle dont je veux vous parler est d'une nature plus cachée. Elle a son siége dans le corps des mots, et on pourrait l'appeler *ellipse intérieure*, s'il ne valait pas mieux désigner cet ordre de phénomènes sous le nom plus général d'*idées latentes du langage*.

Commençons par un exemple très-simple, que nous emprunterons, pour plus de clarté, à la langue française. Tout le monde connaît ce procédé grammatical qu'on appelle la dérivation, et qui consiste à tirer d'un mot, à l'aide d'un suffixe, un mot nouveau qui soit avec le premier dans un certain rapport de signification. L'une des syllabes dérivatives les plus usitées dans notre langue est le suffixe *ier*, qui répond au latin *aris*, *are* et *arius*, *arium*. Non-seulement ce suffixe a passé en français, grâce à un grand nombre de mots latins qui en étaient revêtus, mais il est encore actuellement vivant, c'est-à-dire qu'il a servi et qu'il sert encore tous les jours à former des dérivés nouveaux, qui sont le bien propre de notre idiome. C'est ainsi que des mots *pomme*, *figue*, *amande*, nous avons fait *pommier*, *figuier*, *amandier*. D'après ces noms nous pourrions croire que le sens du suffixe *ier*, c'est de marquer que le mot dérivé produit l'objet exprimé par le mot primitif. Mais, d'un autre côté, nous avons des noms comme *encrier*, *huilier*, *herbier*, *colombier*, où le suffixe *ier* marque, non point la production, mais le réceptacle. On dira peut-être que l'idée de contenance a conduit à celle d'origine, et que ces deux sens, en réalité, n'en forment qu'un. Mais dans laquelle de ces deux catégories rangerons-nous, par exemple, le mot *prisonnier*, où la syllabe *ier* marque, non pas l'agent qui produit, ni le lieu qui contient, mais au contraire l'objet qui est contenu ? D'un autre côté, si de *prison* nous avons fait *prisonnier*, c'est-à-dire l'homme enfermé en prison, de *geôle* notre langue a tiré, à l'aide du même suffixe, le mot *geôlier*, qui a un sens tout différent. Ce n'est pas tout : le rapport de signification qui unit le mot *chevalier* à son primitif *cheval* n'est pas le même qui unit *bouvier* à *bœuf*, ni *lévrier* à *lièvre*. Il serait aisé de multiplier ces exemples ; mais ils suffisent pour montrer que notre esprit est obligé de suppléer à l'équivoque produite par un signe dont le sens est si changeant.

Il ne serait pas impossible, sans doute, de concevoir un rapport assez abstrait pour convenir uniformément à tous ces dérivés, surtout si, par la pensée, nous rétablissons le neutre, que notre langue a perdu. Mais examinons ce qui se passe dans notre intelligence quand nous employons ces mots : notre esprit, chaque fois, sous-entend une relation de nature concrète et d'espèce particulière. Le mot *voiturier* désigne un homme qui conduit une voiture, tandis que le mot *carrossier* est donné à celui qui fabrique des carrosses; un *cuirassier* est un soldat armé d'une cuirasse; mais un *armurier* est celui qui forge ou qui vend des armures. L'esprit devine ou sait par tradition des rapports qui ne sont nullement exprimés par les mots, et notre entendement achève ce qui est seulement indiqué par le langage.

Il se peut qu'à l'origine de nos idiomes l'homme ait d'abord essayé d'égaler le nombre des suffixes à celui des relations que son esprit concevait. Mais c'est là une entreprise à laquelle il a dû renoncer bientôt, en présence de la variété des rapports qu'une expérience croissante lui faisait découvrir. Aussi, à mesure que les idiomes avancent en âge, ces auxiliaires de la pensée, loin d'augmenter en nombre, comme on pourrait le croire, tendent plutôt à diminuer. Les suffixes les plus usités étouffent les autres, c'est-à-dire que notre esprit, se contentant d'un certain nombre de signes, se confie de plus en plus à l'intelligence aidée par la tradition. Nous possédons, il est vrai, des langues artificielles où la seule terminaison du mot indique la place que l'objet désigné occupe dans la classification scientifique : la nomenclature chimique est une sorte de catalogue parlé où tout changement dans la composition d'un corps entraîne un remaniement dans son nom. Mais il faut considérer que parmi la quantité infinie de rapports que peuvent avoir entre eux les objets du monde extérieur, la langue de la chimie choisit seulement un petit nombre et néglige de donner une expression aux autres : c'est un idiome qui n'arrive à la précision que par la plus stricte spécialité. Au contraire, le langage ordinaire, qui doit suffire à l'universalité de nos connaissances, se dispense avec raison de cette rigueur scientifique et, sans viser à un ordre impossible, il fait entrer les idées nouvelles dans les cadres élastiques qu'il tient des âges précédents.

Voyons maintenant si dans les noms primitifs, c'est-à-dire dans ceux qui viennent, non d'un autre mot, mais immédiatement d'une racine, la forme serre l'idée de plus près. Je prends en grec les substantifs qui se composent d'une racine et du suffixe *o*. Nous avons, par exemple, ἀγός « le conducteur, le chef », δόμος « la maison », τρόμος « l'action de trembler », σκοπός « le but », qu'on fait venir ordinairement des verbes ἄγω « je conduis », δέμω « je bâtis », τρέμω « je tremble », σκέπτομαι « je regarde », quoiqu'il soit plus juste de dire qu'une même racine a donné naissance, d'une part au nom, de l'autre côté au verbe. Si nous examinons de plus près ces substantifs, nous voyons bien que leur formation grammaticale est identique : mais ils sont loin de nous présenter de la même manière l'idée exprimée par la racine. Les uns attachent cette idée à un être ou à un objet qui fait l'action : ainsi ἀγός est celui qui conduit, ἀρχός celui qui commande, τροχός est la roue qui court, ὄχος le char qui transporte. Les autres prennent l'idée marquée par la racine dans le sens passif et représentent un être ou un objet qui subit l'action : ainsi δόμος désigne ce qui a été bâti, la maison ; λοπός s'applique à ce qui se pèle ou ce qui a été pelé, l'écorce ; σκοπός veut dire ce qui est regardé, le but. Enfin, d'autres marquent d'une façon abstraite l'action elle-même : δρόμος est l'action de courir, comme τρόμος celle de trembler et στόνος celle de gémir. La même formation peut donc correspondre à des catégories logiques fort différentes : d'une seule classe de mots, notre esprit a tiré des noms à signification active, passive et abstraite. Il serait aisé de faire sur le latin ou le sanscrit la même épreuve que sur le grec : en sanscrit, par exemple, le suffixe *a*, qui correspond à l'*o* grec, se joint à la racine *vah* « transporter », pour faire *vaha* « celui qui transporte » ; combiné avec la racine *bhar* « porter », il forme le mot *bhara* « ce qui est porté, un poids » ; joint à la racine *budh* « savoir », il donne *bôdha* « l'intelligence ».

Beaucoup de ces noms peuvent être pris tour à tour dans des sens différents. Ainsi le grec τόκος signifie à la fois la naissance et l'enfant, δρόμος marque en même temps la course et l'espace parcouru, τόνος a le double sens de tension et de corde. C'est une chose remarquable que la catégorie de l'actif et du passif, qui a une importance capitale aux yeux du logicien, n'ait reçu que très-tard et d'une façon fort incomplète son expression dans nos idiomes. Les noms, si l'on ne considère que leur forme, sont restés étrangers à cette distinction. Le mot τροφός désigne tantôt celui qui nourrit, tantôt le nourrisson. Que n'a-t-on pas écrit sur le double sens de λόγος, qui marque tout ensemble la raison qui conçoit et la pensée qui est conçue, l'intelligence en puissance et en acte? Mais la réunion de ces deux sens en un seul mot tient à la nature de notre système grammatical, et elle n'est pas plus extraordinaire que pour le mot σκοπός, par exemple, qui désigne à la fois le but et celui qui observe, l'espion.

On aperçoit encore par endroits l'effort qu'ont tenté le grec et le sanscrit pour remédier à cette sorte d'équivoque. Ils ont eu recours à l'accent tonique pour distinguer la double signification d'un même mot : φορός, en grec, quand il désigne celui qui porte, a l'accent sur la dernière; mais φόρος, ce qui est porté, le tribut, accentue la syllabe radicale. Le sanscrit nous présente des faits analogues. Mais ce sont là des moyens employés après coup et sans beaucoup de suite, pour séparer ce que la langue, dans son plan primitif, avait confondu.

Les exemples que jusqu'ici nous avons passés en revue sont tous de même nature. Un mot ou une racine sont adjoints à un suffixe, et notre esprit est invité à deviner le rapport que marque cette juxtaposition. Il n'est pas douteux qu'il ne faille voir dans ce procédé une des causes de la richesse et de la variété de nos idiomes, car, à l'aide d'un petit nombre de signes, ils produisent une quantité immense de combinaisons, et ce n'est pas tant par le nombre des mots existants, que par celui des formations possibles, que doit se mesurer la fécondité d'une langue. Il est vrai que ces dérivés laissent quelque chose à deviner à l'esprit. Mais un bon écrivain ne dit ni trop, ni trop peu : il laisse à son lecteur le plaisir de s'associer à son travail et d'achever sa pensée. Ainsi font nos langues à suffixes : elles s'adressent à bon entendeur, et elles omettent ce qui va sans dire.

Pour mieux apprécier l'élégante concision de nos dérivés, il est bon de jeter les yeux sur un idiome moins riche en suffixes formatifs que le nôtre. L'allemand traduit par des mots composés un bon nombre de nos dérivés. Là où nous disons « pommier », il fait *apfelbaum*, c'est-à-dire « arbre à pommes ». Au lieu de « encrier », il a *dintenfass* « tonneau à encre ». Pour « geôlier », il met *gefangenwärter* « gardien de prisonniers », ou *kerkermeister* « maître de cachot ». Sans parler de la démarche traînante de ces composés, ils ont le tort de faire passer deux idées devant notre esprit, quand, en réalité, la notion à exprimer est simple. Il est intéressant de voir que la langue allemande a, jusqu'à un certain point, senti ce défaut, et qu'elle a essayé d'y remédier. Les mots les plus fréquemment employés à la fin des composés ont été peu à peu dépouillés de leur personnalité, et ont pris le rôle de syllabes formatives. Il y a en gothique un substantif *doms*, qui signifie « jugement, connaissance ». Dès la période du vieux haut-allemand, ce nom est placé à la fin d'un grand nombre de composés à signification abstraite, tels que (nous citons la forme moderne) *christenthum* « chrétienté », *heiligthum* « sainteté ». Mais le sens du mot s'est tellement obscurci, qu'il fait aujourd'hui l'impression d'une syllabe formative. Quand un Allemand illettré prononce les mots *eigenthum* « propriété », *königthum* « royauté », *bisthum* « évêché », il n'y soupçonne point la présence du substantif *doms*, accouplé à *eigen* « propre », *könig* « roi », ou à *episcopus* « évêque », et instinctivement il élève le dernier membre de ces composés au rang de suffixe.

La composition des mots, qui joue un si grand rôle en sancrit, en grec et dans les idiomes germaniques, ne laisse pas moins de place aux idées latentes du langage. Ce qui caractérise la vraie composition, c'est la suppression de toute désinence casuelle dans le premier membre, pour lequel la vie grammaticale est en quelque sorte suspendue. Mais si l'on ne marque point extérieurement la relation qui unit le premier terme au second, il ne s'ensuit pas que notre intelligence n'ait pas besoin de la concevoir. Elle y est, au contraire, obligée, et les deux termes du composé ne présenteraient pour elle aucun sens, si elle ne nouait point par la pensée le rapport que le langage se dispense de marquer. Dans le mot θεοσεβής « qui honore les dieux », le premier membre θεο n'a pas avec le second la même relation que dans θεόδοτος « donné par les dieux, » ou dans θεοείκελος « semblable aux dieux, » ou encore dans θεόεχθρος « ennemi des dieux », ou dans θεόταυρος « dieu ayant la forme d'un taureau ». C'est ce travail mental de subordination ou d'association que nous sommes obligés de faire, pour lequel le langage ne nous fournit aucun secours, que M. Adolphe Regnier a appelé la syntaxe intérieure. Les formes de ce genre nous aident à comprendre les idiomes qui, comme le chinois, négligent habituellement l'expression des rapports, en laissant à la pensée le soin d'assembler et de lier les mots de la phrase. Mais la puissance de l'éducation est si forte que nous avons de la peine à nous représenter de tels idiomes, et que dans nos propres langues nous cherchons souvent des flexions là où il n'en existe point. On a expliqué plus d'une fois comme des génitifs la première partie de *agricola*, *cœlicola*, quoique les mots tels que *silvicola*, *monticola*, eussent dû mettre en garde contre cette interprétation. Les Indous, ces ingénieux et sévères théoriciens, n'admettent pas qu'un mot puisse se trouver sans désinence casuelle ou personnelle. Aussi Pânini dit-il du premier terme d'un composé : qu'il est revêtu de l'affixe *luk*. Mais quand on analyse cette expression d'algèbre grammaticale, on s'aperçoit que c'est une quantité égale à zéro, de sorte que l'affixe *luk* marque en réalité l'absence d'affixe.

Non-seulement le dernier terme des composés est dépouillé de toute flexion : il arrive souvent que le mot entier prend un sens dont nous ne sommes prévenus par aucune modification extérieure. Θυμός et πούς en grec, *animus* et *pes* en latin, sont des substantifs : mais μεγάθυμος et *magnanimus*, ὠκύπους et *alipes*, sont des adjectifs. L'idée de possession, qui change tout à fait le caractère de ces mots, n'est pas exprimée. Le sanscrit abonde en composés de ce genre : seulement, grâce à la liberté dont jouit l'accentuation indienne, il les distingue par le déplacement de l'accent tonique. Ainsi *juva-gâni-s* signifierait « jeune femme » : mais *júva-gâni-s* désigne « celui qui a une jeune épouse ». D'autres rapports, non moins nécessaires pour l'intelligence, sont souvent sous-entendus. Est-il besoin de rappeler les composés homériques, aussi clairs dans leur ensemble que difficiles à expliquer en détail? Quand Homère appelle Sparte « célèbre par ses belles femmes » καλλιγύναικα Σπάρτην, il emploie une expression d'une parfaite netteté, quoique nous devions suppléer, pour la comprendre, toutes les idées intermédiaires. On sait que les poëtes grecs ont souvent tiré un parti admirable de cette faculté de composition, pour enfermer en un seul mot deux idées faisant contraste, et frappant l'esprit avec d'autant plus de force qu'il est obligé de trouver lui-même le lien qui les assemble. Eschyle, parlant des époux des Danaïdes qui furent immolés par leurs femmes, se sert de l'expression : θηλυκτόνῳ Ἄρει δαμέντις. Réunissant en un seul mot l'idée du mariage d'Hélène et celle des guerres qui l'ont suivi, Eschyle l'appelle δορίγαμβρον Ἑλέναν. En inventant de telles expressions, les écrivains grecs ne faisaient que développer un procédé dont la langue populaire, non moins que la tradition poétique, leur fournissaient le premier modèle. Les composés d'usage courant, comme πολυμαθής, πολίαρχος, étaient le type de ces créations savantes et préparaient le peuple à les comprendre.

On s'est demandé souvent pourquoi le français a laissé perdre une faculté aussi précieuse. Il est certain que notre langue en a possédé au moins les rudiments. *Orfèvre* (*auri faber*), *vermoulu* (*vermi molutus*), sont de vrais composés. Mais il semble que le français ait craint d'omettre l'expression des rapports, et qu'il n'ait pas eu assez de confiance dans l'intelligence abandonnée à ses seules forces. On peut regretter cet excès de scrupule, car les prépositions qu'il s'est fait un devoir d'employer sont souvent d'un médiocre secours pour la pensée. *Un maître à chanter* n'est pas plus clair que l'allemand *singlehrer*, et un *cabinet de lecture* ne vaut pas mieux que *reading room*. Nous défaisons les composés grecs, et au lieu de ῥοδοδάκτυλος ἠώς nous mettons l'Aurore aux doigts de rose : mais ces articles, ces prépositions *à*, *de*, sont plutôt là pour satisfaire aux exigences d'une langue devenue rigoriste et vétilleuse, que pour répondre à un besoin de précision et de clarté. Combien nous aimerions mieux marcher sans ces béquilles ! Il faut que la compréhension spontanée de rapports sous-entendus ait un charme véritable pour l'esprit, puisque nous voyons des langues aussi analytiques que la nôtre assembler souvent leurs mots à la façon des composés grecs ou sanscrits. Là où nous disons logiquement et consciencieusement : « Compagnie d'assurances contre les accidents sur les chemins de fer », l'anglais, non moins clair mais plus hardi, fait : *rail road accidents insurance company*.

La pensée est un acte spontané de notre intelligence qu'aucun effort venant du dehors ne peut mettre en mouvement d'une manière directe et immédiate. Tout ce que vous pouvez faire, c'est de provoquer ma pensée, et cette provocation sera quelquefois d'autant plus vive qu'elle paraîtra moins explicite. De même qu'une allusion suffit souvent pour éveiller en nous un monde de sentiments et de souvenirs, le langage n'a pas toujours besoin de nous détailler les rapports qu'il veut nous faire entendre : la seule pente du discours nous fait arriver où l'intelligence d'autrui veut nous conduire.

Je passe à une autre série de faits non moins importants, qui concerne le verbe. Vous savez que le fait essentiel qui domine notre système grammatical, c'est la distinction du verbe et du nom. Je vais essayer de vous montrer que cette distinction était à l'origine tout intellectuelle, et qu'elle repose sur deux ellipses intérieures.

Prenons trois formes verbales très-simples : *át-ti* « il mange », *é-ti* « il marche », *bhár-ti* (forme védique) « il porte ». J'examine les éléments dont elles se composent. Il n'est pas difficile de voir que ces verbes comprennent deux racines dont l'une est subordonnée à l'autre par l'accent tonique. Nous avons d'une part les racines attributives *ad* « manger », *i* « aller », *bhar* « porter », et de l'autre la racine indicative *ta* « celui-ci ». Quand je dis que *bhar* signifie « porter », c'est faute d'une expression plus générale, car la racine *bhar*, étant placée au-dessus ou en dehors de toute catégorie grammaticale, peut désigner aussi bien un porteur ou un fardeau. Si nous voulons donc traduire exactement la forme verbale *bhár-ti*, nous dirons : « porter lui », ou « porteur lui », ou « fardeau lui ». Quelle que soit l'interprétation que nous adoptions, nous avons deux idées juxtaposées ; quant au lien qui les assemble, il est sous-entendu.

Je prends maintenant une formation nominale, à savoir le participe passé tiré des mêmes racines. Nous avons *at-tá* « mangé », *i-tá* « allé », *bhr-tá* « porté ». Il est clair que ce sont les mêmes éléments disposés dans le même ordre ; *bhr-tá* se compose de la racine *bhar* « porter, porteur ou fardeau », et du pronom *ta*. D'où vient cependant que le sens est tout différent ? C'est que le rapport qui assemble les deux racines est autre. Si nous appliquions à cette syntaxe intérieure les termes de l'analyse logique, nous dirions que dans *bhár-ti* le pronom *ta* est sujet et *bhar* attribut ou régime, tandis que dans *bhrta* le pronom *ta* est construit en apposition avec *bhar*. Mais ces deux rapports existent uniquement dans notre esprit. Aucun élément formel ne les indique.

On objectera peut-être que *bhr-tá* et *bhár-ti* ne sont pas semblables dans leur aspect extérieur. Le participe *bhr-tá* a affaibli en *bhr* la syllabe radicale *bhár* ; au contraire, dans le présent *bhárti*, le pronom démonstratif *tá* a aminci son *a* en *i*. Mais ce sont là des modifications phonétiques dues au déplacement de l'accent. Le participe, ayant l'accent tonique sur le suffixe, tend à affaiblir la syllabe radicale; au contraire, *bhár-ti*, étant accentué sur la racine, renforce celle-ci et allége la désinence. Croirons-nous que ce déplacement de l'accent était destiné à marquer le changement de signification? Il est difficile de le supposer, quand nous voyons qu'au pluriel et au duel du présent, où évidemment le rapport entre le pronom et la racine est de même nature qu'au singulier, l'accent quitte la syllabe radicale pour passer sur la désinence (*i-más* « nous allons », *ad-más* « nous mangeons »). Le déplacement de l'accent tonique et les modifications phonétiques qui l'accompagnent n'ont donc pu servir que subsidiairement à distinguer le participe du présent, et la véritable différence qui les sépare est toute logique.

Les formations verbales que nous avons citées sont de l'espèce la plus simple : elles appartiennent à la seconde classe sanscrite, qui joint immédiatement les désinences personnelles à la racine. Mais si nous passons en revue les autres classes de verbes, nous constatons des faits exactement semblables. L'analyse philologique a reconnu la véritable origine de ces syllabes *a, ja, nu*, qui, dans les formes comme *tudati* « il frappe », *bodhati* « il sait », *madja-ti* « il s'enivre », *dhrsnumas* « nous osons », ont l'air de s'interposer entre la racine et la désinence personnelle. Ce ne sont point des lettres serviles ou euphoniques destinées à aider la conjugaison : ce sont encore moins des syllabes produites par une force interne et une sorte d'expansion de la racine. *Bodha-ti* « il sait » doit se diviser de cette façon : *bodha-ti*, et *bodha* n'est pas autre chose que le thème de *bodha-s* « connaissance ». Les désinences personnelles sont venues s'ajouter à un thème nominal, comme plus haut nous les avons vues se joindre à une racine. *Bodha-ti* signifie « connaissance-lui », ou peut-être « connaisseur-lui », comme *bhar-ti* veut dire « fardeau-lui » ou « porteur-lui ». Les syllabes *ja*, *nu*, que nous trouvons dans d'autres verbes, sont de même des suffixes servant à former des adjectifs ou des substantifs. *Dîvja-ti* « il brille » renferme un thème *dîvja* « brillant », qui est formé comme *sûrja* « le soleil ». *Dhrsno-ti* « il ose » contient le thème adjectif *dhrsnu* « hardi ». *Dîvja, dhrsnu, bodha,* sont des thèmes nominaux que la langue, en les faisant suivre des pronoms « je, tu, il », a fait entrer dans le mécanisme de la conjugaison.

Il est vrai que pour figurer en qualité de substantifs ou d'adjectifs dans le discours, les thèmes nominaux ont besoin d'une flexion casuelle. Mais ces flexions sont faites de la même matière que les désinences de la conjugaison. Nous en citerons seulement une preuve. Parmi les racines pronominales que possède notre famille d'idiomes, il en est deux de signification exactement semblable : ce sont les racines *sa* et *ta*. L'une et l'autre veut dire « celui-ci ». La synonymie est si complète, que *ta*, ayant une déclinaison défective, emprunte à certains cas les formes de la racine *sa*. L'un et l'autre de ces pronoms a été ajouté au thème *bodha*. Le *s*, signe du nominatif masculin, est un débris de la racine *sa* : le *ti*, désinence de la troisième personne du singulier, est, comme nous l'avons vu, un affaiblissement de *ta*. Deux formes aussi différentes en apparence que *bodha-s* « la connaissance » et *bodha-ti* « il sait », sont composées d'éléments à sens identique. Elles sont devenues étrangères l'une à l'autre, grâce à l'idée latente que l'esprit a infusée dans chacune d'elles.

A plus forte raison ne faut-il chercher aucune différence originaire entre le substantif et l'adjectif. Comme le langage, pour marquer les personnes ou les objets, les désignait par leur qualité ou leur manière d'être la plus saillante, tous les substantifs ont commencé par être des adjectifs pris substantivement. *Deva* « dieu » a en sanscrit un comparatif et un superlatif; il signifie « le brillant ». *Mâtar*, qui dans le sanscrit classique veut dire uniquement « la mère », a dans les Védas un masculin avec l'acception de « créateur ». On sait avec quelle facilité, même dans nos idiomes modernes, nous faisons prendre tour à tour à un nom l'un ou l'autre rôle. Quand notre esprit, derrière la qualité mise en relief par le langage, va chercher une personne ou une chose, nous avons un substantif : mais si, s'arrêtant à la notion de la qualité, il néglige l'idée de l'objet auquel elle appartient, c'est un adjectif que nous employons. C'est, comme personne ne l'ignore, une des applications les plus intéressantes de l'étymologie, de retrouver comme adjectif dans une langue le terme qui est devenu substantif dans une autre. Deux catégories aussi essentielles aux yeux du logicien que la substance et l'attribut n'ont été d'abord distinguées en rien par la parole. C'est grâce à la richesse et à la flexibilité de nos idiomes que ces deux parties du discours ont pu, dans la suite des temps, être séparées d'une façon plus ou moins complète.

Il est vrai que nos langues modernes nous présentent des noms comme *ciel, terre, soleil, nature*, qui ont à nos yeux une valeur purement substantive. Mais il suffit que nous examinions de plus près l'histoire de ces noms, pour reconnaître qu'à l'origine ils étaient des qualificatifs, et que c'est à un acte de notre entendement qu'ils doivent leur valeur actuelle. Prenons, par exemple, en français, le mot *terre*; il semble bien que ce nom exprime une idée de substance, et nullement une idée de qualité. Mais si nous retournons de quelques pas en arrière dans le développement des langues indo-européennes, nous n'aurons point de peine à découvrir la notion adjective qui était autrefois renfermée dans ce mot. Il existe en sanscrit une racine *tars* (prononcez *tarsh*), qui signifie « être sec, se dessécher, avoir soif ». Elle a formé en sanscrit le substantif *tarsa* « soif » et le verbe *trsjâmi* « j'ai soif ». En grec nous retrouvons la même racine sous la forme τερσ ou ταρσ dans τέρσομαι « je sèche », τερσαίνω « je fais sécher », et dans ταρσός « une claie pour sécher ». En latin, notre racine se présente sous la double forme *ters* ou *tors*. Mais par un changement dont il existe d'autres exemples dans la même langue, le *s* s'est assimilé à la lettre *r* dont il était précédé, et au lieu de *ters, tors*, on a eu *terr, torr*. Nous trouvons la forme *torr* dans le verbe causatif *torrere* « sécher, brûler », et dans l'ancien participe *torrens*, qui désigne un cours d'eau qui reste à sec pendant l'été ; dans le substantif *torris* « un morceau de bois sec ». La forme *terr* nous est conservée par notre nom *terra*, qui veut dire littéralement la sèche, par opposition aux ὑγρὰ κέλευθα, aux routes humides de la mer. Comme pour nous attester que l'*e* de *terra* est bien l'équivalent de l'*o* de *torrere*, nous avons le dérivé *extorris* « exilé », qui suppose un primitif *torra* (1).

Sans sortir de cette famille de mots, on peut citer un second exemple de substantif français et latin, qui cache une ancienne idée qualificative. C'est le mot *tête*, qui, comme on sait, est le latin *testa* « une amphore, un pot ». Mais *testa* est pour *tersta*, comme *tostus* pour *torstus* : le sens primitif est « cuite, terre cuite (2). »

Ce n'est donc pas d'après nos idiomes modernes où l'usage a obscurci l'acception des mots, qu'il faut juger la parenté originaire de l'adjectif et du substantif. Il faut remonter le cours des âges, jusqu'à ce qu'on arrive au

---

(1) L'adjectif s'est conservé dans les langues germaniques. Gothique : *thaursu-s* « aride », vieux haut-allemand : *durri* (même sens), allemand moderne : *dürr*. De *thaursu-s* vient en gothique le verbe *thaursjan* « avoir soif », qui a donné le substantif *thaurstei* « soif » (en allemand moderne *durst*, en anglais *thirst*).

(2) Le participe *tostus* s'est conservé en français comme adverbe dans le mot *tôt* (*aussitôt, tantôt*). Le sens primitif est « chaud, vite », en italien *tosto*.

moment où le substantif, devenant transparent, laisse apparaître la racine attributive qu'il renferme.

Un autre moyen qui permet jusqu'à un certain point de distinguer le substantif de l'adjectif, c'est le choix des suffixes. Grâce aux nombreuses syllabes formatives que possèdent les langues indo-européennes, une répartition a pu être essayée, et certains suffixes, à une époque plus ou moins récente, ont été réservés pour les substantifs. En latin, par exemple, le suffixe *tura* sert à former des substantifs féminins, à signification abstraite, comme *pictura, junctura, natura*. Mais *tura* n'était pas autre chose, dans le principe, que le féminin du suffixe *turus, tura, turum*, qui est lui-même un élargissement du suffixe *tor*, servant à former des noms d'agents comme *dator, victor*. On a dit quelquefois que les Latins avaient érigé des abstractions en divinités : il serait peut-être aussi exact de dire que la langue latine a transformé des noms d'agents en dénominations abstraites. *Natura* (pour *gnatura*, de la racine *gen, gna*), était la déesse qui enfante, avant de devenir le nom abstrait de la nature.

Pour distinguer de la sorte ce que la langue, dans son plan primordial, avait marqué du même signe, il ne suffisait pas que les idées d'attribut et de substance fussent présentes à l'esprit. Il fallait en outre que les idiomes indo-européens fussent riches et flexibles, pourvus d'une abondance de formes accumulées par un âge antérieur, de sorte qu'un âge plus récent les pût distribuer sans peine entre deux classes. Si la matière de ces langues avait été plus rebelle, la distinction du substantif et de l'adjectif serait restée une idée latente.

Il serait aisé de faire sur les autres parties du discours des remarques analogues. L'adverbe, par exemple, que nous nous sommes habitués à considérer comme un mot d'une espèce à part, est un nom ou un pronom que notre esprit subordonne à un autre mot de la phrase. Donnez à cet adverbe une force transitive, il deviendra préposition. Si, au lieu de le subordonner à un autre mot, l'on s'en sert pour coordonner deux termes ou deux phrases, on en fera une conjonction. Toute la syntaxe a d'abord résidé dans notre intelligence, et si plus tard des différences de forme ont plus ou moins séparé les parties du discours, c'est que le langage a fini par porter l'empreinte du travail intellectuel qu'il représente. C'est notre esprit qui anime le verbe d'une force transitive, enchaîne et subordonne les propositions, et dépouille certains mots de leur signification propre, pour les faire servir comme les articulations et comme les jointures du discours. L'unité de la proposition et de la phrase, non moins que celle du mot, est le fait de l'intelligence.

Pour apercevoir la part qui revient à notre esprit dans la vie apparente du langage, il est bon d'appliquer quelquefois le microscope étymologique à quelques lignes d'un morceau poétique ou oratoire, à une ode d'Horace ou à une période de Démosthène. Si nous ramenons tous les mots à leur valeur première, si nous disjoignons les flexions et défaisons les soudures, nous aurons devant nous, au lieu du savant agencement qui nous charmait, une série de racines, les unes attributives, les autres pronominales, mises bout à bout, et présentant, au milieu de redondances nombreuses, les ellipses les plus fortes et les sens les plus décousus. C'est la même illusion qu'en présence d'un tableau : nos yeux croient apercevoir des oppositions de lumière et d'ombre sur une toile partout éclairée du même jour, ils voient des lointains là où tout est sur le même plan. Si nous approchons de quelques pas, les lignes que nous pensions reconnaître s'interrompent et se perdent et, à la place de figures diversement éclairées, nous trouvons seulement des couches de couleur figées sur la toile, et des traînées de points lumineux qui se suivent sans se joindre. Mais il suffit que nous retournions en arrière, pour que notre vue, cédant à une longue habitude, fonde les tons, distribue le jour, relie les traits et recompose l'œuvre de l'artiste.

Depuis que la philologie comparative, étendant ses recherches à toutes les races du globe, a constaté l'existence de différentes familles d'idiomes, et a reconnu la prodigieuse variété de structure que comporte le langage humain, on sourit volontiers des théories de l'ancienne grammaire générale qui, s'appuyant sur l'exemple de la langue latine, et empruntant à la philosophie scolastique ses catégories, prétendait tracer le modèle invariable d'après lequel tout langage humain avait nécessairement dû être construit. On ne cherche plus aujourd'hui en chinois les neuf parties du discours, de même qu'il n'est plus question de la déclinaison à six cas pour le français.

Mais si la grammaire générale avait tort d'appliquer un patron fait d'avance à des idiomes d'organisation très-diférente, et si l'on se trompait en attribuant à l'intelligence de tous les peuples de la terre la même manière de classer et de subordonner les idées, il ne faudrait point aujourd'hui, par un excès contraire, nier *a priori* chez les hommes d'autre race que la nôtre l'existence de toute notion qui ne serait point marquée d'un signe spécial dans leur idiome (1). L'esprit pénètre la matière du langage et en remplit jusqu'aux vides et aux interstices. En n'admettant chez un peuple d'autres idées que celles qui sont formellement représentées, nous nous exposerions à négliger peut-être ce que son intelligence a de plus vivant et de plus original. Puisque les idiomes ne sont point d'accord en ce qu'ils expriment, ils peuvent différer aussi par ce qu'ils sous-entendent. Il ne suffit point, pour se rendre compte de la structure d'une langue, d'analyser sa grammaire et de ramener les mots à leur valeur étymologique. Il faut entrer dans la façon de penser et de sentir du peuple. C'est à cette condition seulement que la philologie comparative répondra à son objet le plus élevé, qui est de nous aider à comprendre les opérations de la raison humaine, et à découvrir les lois historiques de son développement.

(1) En écrivant ces lignes, je songeais au livre de Schleicher : *Die Unterscheidung von Nomen und Verbum in der lautlichen Form*. J'étais loin de me douter que la science allait perdre cet éminent savant.

QUELLE PLACE DOIT TENIR

LA

GRAMMAIRE COMPARÉE

DANS

L'ENSEIGNEMENT CLASSIQUE

Au moment où nous reprenons nos travaux (1), je voudrais traiter avec vous une question que nous avons déjà effleurée plus d'une fois, mais qui semble réclamer aujourd'hui un examen particulier. Je voudrais chercher dans quelle mesure et sous quelle forme la grammaire comparée peut et doit être introduite dans les études du collége. Longtemps nous avons pu laisser cette question sur le second plan, soit comme étant étrangère à l'objet immédiat de nos recherches, soit comme paraissant d'une opportunité trop peu prochaine. Mais aujourd'hui les ouvrages à l'usage des classes, où il est fait application de la méthode comparative, commencent à se multiplier. Notre science, qu'on semblait reléguer sur les sommets de l'enseignement, paraît prête à faire son entrée au lycée. Après nous être plaints quelquefois de

(1) Collége de France, 1872.

l'abandon où l'Université semblait laisser nos études, il ne serait pas juste d'ignorer les efforts qui sont faits pour modifier les anciennes méthodes. Examinons donc quelle part il convient de donner à la grammaire comparée dans l'enseignement classique.

Une distinction importante doit d'abord être établie entre le latin et le grec. Le latin est commencé plus tôt : ce sont des enfants de neuf à dix ans à qui nous avons affaire. Le latin n'a pas de dialectes, ou plutôt les dialectes qui lui faisaient cortége ont été étouffés, ou ne nous sont parvenus qu'en courts fragments sans valeur littéraire. Enfin le latin est enseigné le premier, de sorte que tout terme de comparaison autre que le français, qui est lui-même issu du latin, manque au maître comme à l'élève. Il est donc évident que la langue latine, au moins pendant les premières années, fournira moins d'occasions à des rapprochements grammaticaux.

L'enfant qui commence le latin a besoin avant tout d'apprendre la déclinaison et la conjugaison. Il faut que les formes latines lui deviennent aussi familières que les propres mots et les propres formes de la langue maternelle. La mémoire, aidée par de fréquents exercices, aura ici une part nécessaire. L'analyse et la comparaison viendront un peu plus tard : l'intérêt des rapprochements et le plaisir des découvertes seront d'autant plus grands que l'élève sera déjà maître des mots et des flexions dont il apprendra la parenté et l'origine. Débuter par ces explications, ce serait couper le fruit dans sa fleur : l'élève qui ne sait encore décliner ni *rosa* ni ἡμέρα, ne prendra aucun intérêt à savoir que ces deux déclinaisons se correspondent. Faut-il croire que des renseignements sur la forme primitive des désinences, sur la manière dont elles se soudent avec le thème, aideront la mémoire de l'enfant? Ce serait le mal connaître. L'enfant s'approprie avec une facilité extrême l'héritage intellectuel de ses aïeux, quelque compliqué qu'il puisse paraître aux yeux de l'historien et du philosophe. Que lui importent les contractions cachées dans le datif *domino* et les mutilations éprouvées par l'ablatif *sorore?* Il accepte ces formes comme des faits qui ne souffrent point de discussion. Autrement nos jeunes Français auraient beaucoup plus de peine à apprendre leur langue maternelle que n'en avaient, il y a deux mille trois cents ans, les jeunes Romains, sans parler des formes pleines à l'usage des Aryas. Songez un instant aux syncopes et aux altérations qu'ont subies nos deux verbes *boire* et *manger;* songez aux nombreux homonymes de notre langue, tel que *toi* répondant au latin *te*, et *toit* représentant *tectum; mur, mûr* correspondant à *murus* et à *maturus;* rappelez-vous le chapitre d'histoire qu'exigerait la seule forme *je serai.* Notre grammaire est inexplicable sans le secours du latin : pourquoi *le* fait-il au pluriel *les?* pourquoi *j'aime* fait-il *nous aimons?* d'où viennent nos quatre conjugaisons? Cependant à l'âge de cinq ans l'enfant est maître de ces flexions, sans que cette étude lui ait coûté aucun effort. Il viendra un moment où nous ferons bien de lui apprendre à s'étonner et à se demander comment des formes si étranges se sont assemblées. Mais il est trop évident que les explications seraient prématurées au moment où l'enfant apprend à parler, et que, loin de lui servir, s'il pouvait les comprendre, elles ne feraient qu'embrouiller et retarder sa jeune intelligence.

Il en est à peu près de même pour l'écolier qui apprend les formes de la langue latine. Lui dirons-nous que le thème des noms de la seconde déclinaison se termine en *o*, tandis que celui des noms de la quatrième finit en *u?* Mais comme il voit que le nominatif de la seconde déclinaison, tel que le donnent nos grammaires, est *us*, l'accusatif *um*, il faudrait aussitôt ajouter que l'*o* s'est altéré dans certains cas en *u*. Nous ramènerions donc la déclinaison latine à des formes archaïques, avant même qu'il connût les formes que nous lui voulons enseigner. Laissons-lui d'abord apprendre *dominus* sans lui parler du thème : la ressemblance avec *fructus* ne l'embarrassera pas plus que ne l'avaient embarrassé les homonymes de la langue française. Il ne lui sera pas difficile de comprendre que pour distinguer les deux déclinaisons, il faut songer au génitif et aux autres cas, ce dont l'écolier qui connaîtrait le thème ne serait d'ailleurs pas dispensé. Quand nous appelons l'attention de nos enfants sur la différence de deux animaux, nous leur parlons de la couleur de la peau, de la grandeur du corps, de la forme des membres et de la tête, des habitudes et du caractère de chacun d'eux. Il sera temps un peu plus tard d'ouvrir un de ces livres d'histoire naturelle où l'on voit le squelette dessiné sous les chairs et sous la peau de l'animal.

Il y a d'ailleurs une raison plus cachée qui nous oblige à apprendre le latin de cette façon. C'est la grammaire comparée qui nous a d'abord révélé la vraie forme du thème : non-seulement sans son secours nous ne l'aurions jamais connue, mais déjà les Romains ne la connaissaient plus. La fusion entre la désinence et la partie finale du thème est si intime que cette partie finale s'est détachée pour faire corps avec la flexion. Tous les grammairiens romains nous disent que la désinence de *bonus* est *us* au masculin, *a* au féminin, *um* au neutre. Pour un Romain l'*i* des noms comme *collis, avis*, semblait appartenir à la flexion du nominatif : au génitif pluriel *collium, avium*, la terminaison paraissait *ium*, et c'est cette illusion qui a produit les génitifs *amantium, ferentium*, qui sont une déviation aux yeux de la grammaire comparée. Les langues ne sont pas des corps inertes qui souffrent sans résistance l'action du temps et des lois phoniques : elles se redressent sous les atteintes de ces deux agents de destruction, et d'époque en époque elles se reconstituent un nouvel organisme. Pour celui qui apprend le latin, le but le plus prochain c'est d'arriver au même sentiment des formes grammaticales que pouvait avoir un contemporain de César et d'Auguste.

Je ne veux pas dire cependant que nos écoliers de sixième et de cinquième ne doivent pas profiter des leçons de la grammaire comparée. Si vous me permettez cette comparaison, ils en bénéficieront sans le savoir, comme l'enfant, en suçant le lait de sa nourrice, profite des aliments qu'elle a pris. Quand ce ne seraient qu'un certain nombre d'erreurs dont nos livres classiques seraient débarrassés, nous leur aurions déjà rendu le service de ne pas les obliger à désapprendre un jour ce qu'ils ont pris la peine de retenir. Il n'est pas plus difficile, par exemple, de dire que *ager*, *liber*, intercalent un *e* au nominatif, parce que *agr*, *libr*, sont trop durs à prononcer, que d'enseigner à tort la suppression de cet *e* aux cas indirects. Les inexactitudes de ce genre sont assez nombreuses dans nos grammaires classiques. Mieux vaut ne pas donner d'explications que de dire, par exemple, comme le fait Burnouf, que *vis*, la seconde personne de *volo*, est pour *vois*. *Vis* est pour *vels*, et a la même origine que la conjonction *vel*.

Il y a des erreurs plus graves dont les livres d'étude devraient être débarrassés, car elles imprègnent l'esprit de nos enfants d'idées fausses qui nuisent plus tard à l'intelligence de la syntaxe.

Rien n'est plus simple que la notion du *mode*, si nous la bornons à l'indicatif, à l'impératif et au subjonctif. Le mode, dirons-nous à l'enfant, change selon la manière dont est présentée la proposition. Si nous nous contentons de raconter ou d'énoncer un fait, nous emploierons l'indicatif. Si nous voulons commander, ce sera l'impératif. Le subjonctif sert à exprimer une action qui est regardée comme possible ou comme souhaitable. Mais nous obscurcissons l'idée du mode dès que nous l'étendons aux formes impersonnelles, telles que l'infinitif, le supin, les participes. En réalité, ce ne sont pas là des modes, mais des formations d'une nature à part, qu'il faut appeler d'un autre nom.

En effet, ce qui caractérise le verbe, c'est qu'à lui seul il peut représenter une proposition, comme nous le voyons par des phrases telles que *audio, pergite, taceat*. Pour employer le langage de la logique, dans ces propositions, le *sujet* est représenté par la désinence, l'*attribut* par la racine ou le thème : quant à la *copule* qui les assemble, elle est suppléée par notre intelligence. Mais il en est tout autrement des formes comme *legere, amans, monitus* : elles ne présentent aucun sens complet par elles-mêmes, parce que dans ces mots notre esprit conçoit d'une autre manière le rapport entre la flexion et le radical. La copule intérieure n'est point sous-entendue, de sorte qu'il n'y a point proposition. *Legere, amans, monitus* sont en réalité des formations nominales. Nous touchons ici à la différence essentielle qui existe entre le verbe et le nom. Toutes les autres notions que le verbe sert encore à marquer sont accessoires. Le temps, la voix, la personne, le nombre, la force transitive, sont d'importance secondaire et viennent, en quelque manière, par surcroît. Vous devinez dès lors quelle confusion on introduit dans l'esprit des enfants, quand on assemble sous la même désignation de *mode* des formes verbales telles que *lego, venite, eamus*, et des formations nominales comme *audire, legendi, lusum*.

Une partie de la grammaire latine qui aurait besoin d'être remise en honneur, c'est celle qui traite de la dérivation des mots. Notre activité s'est retirée de ce domaine, au détriment des bonnes études. En 1677, Pierre Danet, abbé de Saint-Nicolas de Verdun et membre de l'Académie, composa sur l'ordre du roi, pour l'usage du dauphin, un dictionnaire latin où les mots sont rangés par familles. Au mot *habeo*, par exemple, on trouve les composés *posthabeo, adhibeo, cohibeo, prohibeo, exhibeo, inhibeo, perhibeo, redhibeo, præbeo* et *debeo;* le sens de ces verbes est chaque fois expliqué, et le nom d'un des auteurs qui les ont employés, placé à côté. Vient ensuite le fréquentatif *habito* avec son composé *inhabito* et ses dérivés *habitatio, habitator, habitabilis, inhabitabilis.* Nous trouvons, en outre, les substantifs dérivés : *habitus*, qui signifie chez Cicéron la contenance, la mine, le port; chez Virgile l'assiette, la nature d'un lieu; chez Tite-Live l'habit, le vêtement. A *habitus* se rattache *habitudo*, employé par Térence, qui signifie la complexion, le tempérament, la constitution, l'état d'un corps. Un autre dérivé de *habere*, c'est le mot *habena*, la bride, les rênes des chevaux, et son diminutif *habenula*, qui signifie une bandelette dans les livres de Celse. L'adjectif *habilis* marque chez Columelle ce qui est propre, commode, et par suite habile, adroit. De *habilis* vient *habilitas*, dextérité, souplesse. Les composés sont *inhabilis* et *debilis*, qui a donné lui-même *debilito, debilitatio, debilitas.* Un index alphabétique placé à la fin du volume permet de retrouver chacun de ces mots au milieu de la famille dont il fait partie.

Voilà de bons exercices à remettre en vigueur dans nos colléges. Le professeur dictera de temps à autre ou énumérera de vive voix une série de ce genre. Puis il invitera les élèves à faire pour un autre verbe un tableau semblable. C'est de l'étymologie du second degré, la seule qui soit nécessaire aux écoliers. Le livre de Danet a eu plusieurs éditions au xviie siècle. Lancelot se proposait de faire pour le grec un ouvrage analogue, car les fameuses *Racines grecques* du même auteur n'étaient, à ses yeux (il le dit expressément), qu'un recueil de mots destinés à soulager la mémoire des enfants. Ces excellentes méthodes tombèrent petit à petit en oubli, chassées par les dictionnaires alphabétiques, dont le maniement paraissait plus rapide et plus commode, à peu près comme les dictionnaires historiques commencent à prendre, dans la bibliothèque de certains lecteurs pressés, la place des livres d'histoire. Mais la tradition de cet enseignement s'est conservée à l'étranger. Dans les gymnases allemands, on compte par douzaines les livres faits sur le plan de notre Danet, quoique généralement fort inférieurs à l'ouvrage français. Nous n'imiterons donc pas l'étranger : nous remonterons directement à la tradition du xviie siècle, à la tradition de Bossuet, puisque c'est pour son élève que ce dictionnaire avait été composé.

Avant de quitter le latin, permettez-moi de vous mettre en garde contre une opinion qui est précisément le contre-pied de la vérité. Quelques personnes conviennent que la méthode historique peut rendre des services par l'exposition des lois phoniques et par l'analyse des formes grammaticales ; mais elles supposent que cette méthode n'a point de place dans la syntaxe. Ce serait plutôt le contraire qu'il faudrait dire, quand il s'agit de nos colléges. Puisque la syntaxe n'est pas autre chose que la mise en œuvre des mots, l'explication des règles de construction dépend de la vraie intelligence que nous avons de ces derniers. Il est temps de renoncer aux règles tout empiriques de nos livres de classe. Ce ne serait pas la peine de renouveler les deux premières parties de la grammaire pour conserver dans la partie la plus importante les anciennes habitudes de routine.

Je veux vous montrer par un exemple fort simple combien la vraie interprétation des mots aide l'intelligence de la phrase.

Vous connaissez tous la règle : *Timeo ut præceptor veniat.* « Je crains que le maître ne vienne pas. » Lhomond, comme de coutume, ne se donne pas beaucoup de peine pour l'expliquer. Voici ses paroles : « Règle. Après *craindre, appréhender, avoir peur*, etc., *de* ou *que*, suivi de *ne* seulement, s'exprime par *ne* avec le subjonctif. Exemple : Je crains que le maître ne vienne, *timeo ne præceptor veniat*. Mais après ces verbes, *que* ou *de*, suivi de *ne pas* ou *ne point*, s'exprime par *ut* ou *ne non*. Exemple : Je crains que le maître ne vienne pas, *timeo ut præceptor veniat* ou *ne non præceptor veniat*. »

Nos professeurs, sentant bien que ce texte laisse à désirer, ajoutent ordinairement que deux négations valant une affirmation, *ut* est l'équivalent de *ne non*. Cependant je me rappelle bien, et peut-être en est-il de même pour beaucoup d'entre vous, que cette construction avec *ut* m'a toujours semblé singulière.

Voici maintenant Burnouf : « Si vous dites : Je crains qu'il ne pleuve pas, vous désirez évidemment qu'il pleuve ; et le latin, qui ne s'arrête qu'à cette idée du désir, donne à la proposition subordonnée le tour affirmatif. *Metuo ut pluat*, ou, comme deux négations valent une affirmation, *metuo ne non pluat*. » Vous voyez qu'ici la tournure avec *ne non* est présentée comme une sorte de circonlocution de la tournure avec *ut*. Quant à celle-ci, on l'explique par l'affinité morale du désir et de la crainte. La même raison est donnée à peu près dans les mêmes termes par M. Dutrey.

Il n'est pourtant pas bien difficile de trouver le vrai motif de cette construction. Il suffit de se tenir au véritable sens de la conjonction *ut*, et de ne pas emprunter ses exemples à la pluie et au précepteur. *Ut* signifie « comment » : rien n'est donc plus naturel que de dire, ainsi que le fait Cicéron, dans un exemple cité plus loin par Burnouf : *Omnes labores te excipere video ; timeo ut sustineas* « Je vois que vous prenez sur vous toutes les fatigues ; j'ai peur, je tremble comment vous y résisterez. » On comprend dès lors ce passage du *De oratore* : *Cetera assentior Crasso : sed illa duo vereor ut tibi possim con-*

cedere « Je conviens de tout le reste avec Crassus ; mais j'ai peur comment je pourrai vous concéder ces deux points. » Et enfin Térence, dans l'*Andrienne*, fait dire à un esclave, parlant à deux jeunes gens, dont l'un avait peur d'épouser une fille qu'il n'aimait pas, et dont l'autre, l'aimant, avait peur de ne pas l'épouser :

Id paves, ne ducas tu illam ; tu autem, ut ducas.

Le premier membre de phrase signifie : « Vous avez peur de l'épouser » ; et le second, ainsi que le traduit déjà Port-Royal, peut se rendre par : « et vous, vous êtes en peine comment vous l'épouserez. »

Une fois que l'attention des élèves est appelée sur la conjonction *ut*, rien n'empêche de passer en revue les autres emplois de ce mot, pour montrer qu'ils se rattachent tous à la signification « comment ».

Ut valet ? ut meminit nostri ? (Horace.)
Utut erga me est meritus, mihi cordi est tamen. (Plaute.)

Ut hæc audivit, sic exarsit (Cicéron). *Epaminondas ut Thebanus fuit eloquens. Pater, ut ferus est, me conjecit in carcerem.* Quand deux idées sont présentées de telle façon que l'une est la conséquence de l'autre, *ut* est suivi du subjonctif. Plaute dit, en parlant d'un plat de poissons : « Comme tu ne voudrais pas les toucher, ils sentent mauvais, ils sont salés » *Olent, salsa sunt, tangere ut non velis.* De l'idée concrète *comment*, la langue a peu à peu passé à l'idée abstraite *que*. Ils sentent mauvais, ils sont salés, que tu ne voudrais pas les toucher.

Une fois que la conjonction *ut* eut pris ce sens abstrait, elle servit à marquer simplement la dépendance de deux idées : *Invitus feci, ut L. Flaminium de senatu ejicerem* (Cicéron) « Je l'ai fait à regret, de chasser L. Flaminius du sénat. » La même succession de sens se présente pour *quin*, qui n'est pas autre chose que l'adverbe *quî*, signifiant « comment », suivi de la négation *ne*. En grec, la conjonction ὡς donnerait lieu à des remarques analogues.

C'est au moment où l'élève, d'un esprit déjà un peu plus mûri et plus ferme, commence l'étude du grec, que la grammaire comparée pourra trouver utilement des applications plus multipliées. Le grec, vous le savez, est si étroitement apparenté au latin, que beaucoup de divisions sont communes à l'une et à l'autre grammaire : les anciens ont rendu l'analogie encore plus visible, en modelant, autant qu'ils le pouvaient, les cadres de la grammaire latine sur ceux de la grammaire grecque. Nous repassons donc par les mêmes étapes, et nous ferons comme le voyageur qui, recommençant la même excursion à quelques années de distance, ne peut s'empêcher de rappeler ses anciens souvenirs.

Sans s'être concertés, deux professeurs de l'Université, voyant la juste place qu'il convient d'attribuer à la science nouvelle, ont fait paraître en même temps deux *Grammaires grecques*. Je veux parler de MM. Chassang et Bailly. Quoique les auteurs aient travaillé d'une façon indépendante, leurs ouvrages présentent de nombreuses analogies, qui prouvent en faveur de l'un et de l'autre, puisque le champ de l'erreur est trop vaste pour qu'on puisse aisément s'y rencontrer. Il est intéressant de voir comment, dans leurs préfaces, l'un et l'autre citent les mêmes exemples des modifications qu'ils ont apportées à l'enseignement traditionnel. Ainsi la théorie du verbe a été remaniée. A l'idée vague d'un radical unique pour toute la conjugaison a été substituée la double notion de la racine et des thèmes temporels. On n'enseigne plus que les comparatifs comme μελάντερος, ἀληθίστερος, εὐρύτερος se forment du neutre : c'est à μελαν, ἀληθις, εὐρυ, que vient s'ajouter le suffixe. Quand on parcourt les deux ouvrages, on voit que, sauf d'inévitables divergences de détail, la méthode employée des deux côtés est la même. C'est la raison, c'est l'expérience de l'enseignement qui ont ainsi conduit et maintenu les deux auteurs sur la même route.

Cependant, comme on peut faire un mauvais usage des meilleurs livres, je me permettrai de prévenir ici quelques erreurs. J'espère que des réserves sur l'emploi de la grammaire comparée ne vous paraîtront pas suspectes dans ma bouche; elles me sont suggérées par le désir de voir l'épreuve réussir. Tous les esprits n'ont pas sur ce chapitre des idées aussi nettes que MM. Bailly et Chassang : des opinions, à mon sens, erronées se sont fait jour à différentes reprises. Aussi longtemps qu'elles se produisaient sur le domaine des théories, on pouvait s'en remettre à l'intelligence du public spécial à qui elles s'adressaient; mais il y aurait péril à les laisser s'introduire dans l'enseignement. En d'autres pays, où la philologie classique est plus fortement organisée que chez nous, elle oppose aux nouveautés une résistance quelquefois excessive, mais salutaire, en ce que les réformateurs sont obligés de donner leurs preuves et de ne rien avancer que de sûr. Nous voyons aujourd'hui l'un des inconvénients de l'enseignement trop mécanique qui a si longtemps régné dans nos lycées. A la première brèche qui y est faite, tout menace de s'écrouler, et la grammaire comparée (pour ne traiter ici que ce seul point) ne trouvant rien devant elle, paraît prête à inonder nos classes. Ce ne serait peut-être pas à nous à lui mettre des digues : mais puisqu'il s'agit de l'intérêt supérieur des études classiques, comme nous avons montré la nécessité d'introduire dans une certaine mesure au collége la méthode comparative, nous ne craindrons pas de dire où elle doit s'arrêter.

En premier lieu, il est trop évident qu'elle ne doit pas être enseignée comme une science à part et avoir sa place spéciale parmi les occupations du lycée. Nos colléges n'ont déjà que trop empiété sur les Facultés. Les comparaisons se présenteront une à une, et la plupart du temps l'élève, bien dirigé, les fera de lui-même. Pour commencer par les éléments, il est naturel de montrer que le pluriel κεφαλαί correspond au pluriel *litteræ*, plus anciennement *literai*; que la déclinaison de τεῖχος correspond d'une manière non moins certaine, quoique moins apparente, à celle de *genus, vulnus*. Cependant je ne crois pas qu'il faille débuter par l'explication de ces analogies.

Elles seront à leur place une fois que l'élève saura ses déclinaisons grecques : mais elles seraient peut-être prématurées au moment où il les apprend. Encore moins en faudrait-il faire la matière de tableaux comparatifs. Ainsi que le remarque déjà l'auteur de la *Grammaire latine* de Port-Royal, ces sortes de tableaux sont excellents pour ceux qui savent déjà les choses, mais ils sont d'un médiocre secours pour ceux qui ont encore à les apprendre. « Je sais, dit Lancelot, que cette manière surprend extrêmement d'abord, parce qu'il semble qu'il ne faille que des yeux pour se rendre habile en un moment, et qu'on sache presque aussitôt les choses comme on les a vues : mais cette facilité apparente ne vient d'ordinaire, si je ne me trompe, que de ce que, voyant en abrégé sur des tables les choses que nous savons déjà nous-mêmes, nous nous figurons qu'il sera aussi facile aux autres d'apprendre par là ce qu'ils ne savent pas, qu'à nous de nous ressouvenir de ce que nous avons appris. »

Ajoutons qu'en ces tableaux comparatifs l'enfant est aussi frappé des différences que des analogies. Il faut un coup d'œil philologique déjà exercé pour apercevoir, sous des écarts apparents, le fond commun et identique.

Les enseignements de la linguistique frapperont d'autant plus vivement l'esprit, qu'ils viendront se présenter à l'occasion d'un texte ou d'une difficulté grammaticale. En expliquant Homère, on rencontrera à chaque page des formes telles que ἄνδι, ἵπποιο, φέρεσαι, ἷκτο : ce sera le moment de parler des contractions que le dialecte attique a fait subir à l'ancienne langue. Le participe ἐών, la seconde personne ἐσσί nous aideront à découvrir la racine du verbe substantif et les modifications qu'elle a subies. A propos des pronoms κότος, κότερος, κοῖος, on exposera le changement du κ en π, opéré par le dialecte ordinaire, et l'on rapprochera le latin *qui, qualis, quantus*. Une locution comme ἅδι προίαψε donnera l'occasion de dire quelques mots sur le locatif, lequel, dans la troisième déclinaison grecque, s'est conservé sous le nom de datif. En scandant certains vers d'Homère, comme

Ἀτρείδης τε ἄναξ ἀνδρῶν, καὶ δῖος Ἀχιλλεύς,

l'absence de l'élision après τε donnera lieu de parler du F ou digamma qui commençait originairement le mot ἄναξ. C'est ainsi que la grammaire comparée viendra se confondre dans le commentaire : au lieu de déborder sur les études classiques, elle les pénétrera goutte à goutte.

Le principe qui doit toujours être présent à l'esprit du maître, c'est que l'on ne compare pas bien ce qu'on n'a pas d'abord appris en soi et indépendamment de toute idée de comparaison. Le sanscrit, étant étranger à nos classes, ne doit pas figurer dans les rapprochements grammaticaux. Les comparaisons entre le latin et le grec deviennent dès lors plus rares et plus difficiles : c'est au maître à choisir celles que l'élève, par le seul secours des connaissances qu'il possède, est en état de comprendre et de contrôler. Il en restera toujours un nombre suffisant : l'important n'est pas de transmettre à nos élèves la science toute faite, mais de leur en donner le goût et de les rendre capables de l'acquérir.

S'il est un rapprochement fait pour convaincre à première vue un esprit familiarisé avec la connaissance du sanscrit et avec les règles de la phonétique, c'est celui du latin *suâvior* et du grec ἡδίων. Il suffit de placer à côté de ces deux mots le sanscrit *svâdîjâns* pour apercevoir le rapport qui les assemble. Mais ce rapprochement, pour les raisons que nous venons de dire, ne sera pas à sa place au collége. Aux motifs que nous donnions plus haut il faut joindre une raison d'un autre ordre. Nos élèves ne sachant pas le sanscrit, il n'est pas bon qu'ils en parlent et en raisonnent.

Un motif analogue nous oblige à écarter la langue mère, dite indo-européenne ou aryaque, qui n'a pu être reconstruite que par hypothèse, et grâce au rapprochement de tous les idiomes sortis de cette souche commune. Je sais combien il est commode pour l'enseignement de tirer les formes réellement conservées des formes que, par induction, nous attribuons à la langue mère. Mais il faut laisser à la science ce terrain mouvant où de nouveaux progrès modifient constamment l'hypothèse de la veille. Les deux professeurs dont nous parlions tout à l'heure s'y sont rarement aventurés : mais alors nous voyons qu'ils se séparent l'un de l'autre. Tandis que pour l'indicatif présent l'un suppose un type primitif λέγομι, l'autre admet le type λέγωμι : il est difficile de dire lequel des deux a raison. Déjà une opinion se fait jour qui nie l'une et l'autre flexion. Des faits encore si contestés conviennent mal à nos collégiens, qui ont bien autre chose à apprendre que les formes conjecturales restituées par nos savants. Si quelques-uns de nos élèves, comme nous y comptons, doivent un jour devenir des linguistes, ils réussiront d'autant mieux dans nos études qu'ils y arriveront l'esprit libre de toute idée préconçue et la mémoire garnie des seules formes attestées par l'histoire.

Il y a encore un degré au delà de la langue indo-européenne : c'est l'analyse étymologique des désinences grammaticales. Il va sans dire que les écoliers de nos colléges n'ont pas à pénétrer dans ce laboratoire linguistique. Que les désinences du moyen μαι, σαι, ται soient produites par le redoublement du pronom personnel : c'est là une hardie conjecture de Bopp et de Kuhn ; mais elle ne serait accueillie par les meilleurs de nos élèves qu'avec incrédulité, car il faut avoir déjà beaucoup observé la transformation des idiomes, pour savoir jusqu'à quel point les désinences se contractent et se dissimulent. Quant à ceux qui admettraient la chose sur parole, je ne leur saurais aucun gré de leur docilité. Ramener les désinences du génitif, si diverses en grec, comme on voit par les deux mots ποδός et λόγου, à une seule forme primitive, est une entreprise au moins périlleuse, et si nous songeons que dans toutes les langues de la famille on trouve déjà la même diversité, nous penserons sans doute qu'il vaut mieux ajourner un problème si difficile. La différence entre les désinences primaires et secondaires de la conjugaison grecque, comme nous les avons dans λύω et ἔλυον, λύης et ἔλυες, se retrouve, quoique amoindrie, en latin : pourquoi ferions-nous donc voyager nos enfants jusqu'aux temps reculés où les désinences secondaires n'existaient pas encore? Il en est de même pour les deux conjugaisons en ω et en μι : elles existent l'une à côté de l'autre dès les premiers temps de la langue grecque; nous trouvons les traces de cette double conjugaison en latin. Si nous commençons par poser la conjugaison mère, nous émoussons par avance l'attention que nos enfants doivent porter sur ce double organisme, sans les décharger du soin de retenir les deux paradigmes.

Quand on lit les ouvrages de Schleicher, où, par la méthode déductive, on voit toutes les langues indo-européennes sortir d'un type primitif, on peut un instant se laisser prendre à l'illusion d'un enseignement pratique de ce genre; mais il n'est pas nécessaire d'aller loin pour voir que des leçons faites sur ce modèle, si elles étaient possibles, laisseraient échapper à chaque instant ce qu'il y a de plus original et de plus important dans chaque idiome. La phonétique nous apprend que *natalis* a fait *noël* en français, et que *louer* vient de *laudare*. Mais essayez de parler français en soumettant les mots latins aux transformations exigées par la phonétique, et vous arriverez rapidement au jargon de ce légendaire professeur allemand qui, regardant le français comme une simple annexe du latin, enseignait à ses élèves que l'esprit s'appelle l'*engin*, et le jour le *di*. La méthode de Schleicher ne peut servir qu'aux linguistes de profession : encore ne leur sert-elle que pour les langues qu'ils ne veulent pas apprendre, mais seulement consulter et mettre à contribution pour leurs rapprochements.

L'utilité de la grammaire comparée n'aurait jamais donné lieu à discussion, si nous avions l'habitude de mieux distinguer entre les études du maître et celles de l'élève. Il n'est pas douteux que tous les professeurs devraient connaître Bopp et Schleicher; mais pendant longtemps on a paru s'appliquer à mesurer leurs connaissances sur les besoins immédiats de la classe. Ce n'est pas seulement mal entendre les intérêts de l'enseignement : c'est retirer au professeur le plaisir qu'il devrait trouver à être le dispensateur du savoir. Laissez-le, pendant sa jeunesse, acquérir librement le plus qu'il pourra de science : donnez-lui en outre des notions claires sur le but et sur les méthodes de l'enseignement. Puis fiez-vous à lui pour la manière dont il fera entrer dans ses leçons les connaissances qu'il possède. Le maître qui, en commençant, dépasse la portée de ses élèves, ne tarde pas à s'en apercevoir : au contraire, celui qui reste au-dessous peut arriver à la fin de sa carrière sans se douter qu'il n'a pas assez demandé à l'intelligence des enfants.

Pour transmettre avec plaisir même les connaissances les plus modestes, il faut qu'elles nous soient devenues chères par notre propre travail. Si la règle grammaticale que j'enseigne me rappelle la place qu'elle occupe dans un ensemble logique et harmonieux, je l'exposerai mieux que si elle m'apparaît comme le caprice inexpliqué du hasard. Je ramènerai à des lois les formes irrégulières, et si l'exposition de la loi excède le savoir des élèves, je leur ferai pressentir un certain ordre par la manière dont je disposerai ces formes exceptionnelles. Le savoir acquis récemment et ramassé à la hâte en vue de la classe, reste inutile et il peut même devenir dangereux; mais toute science que le maître se sera assimilée avec goût à l'âge où les études profitent le mieux, est un gain pour sa classe.

Nous avons pendant longtemps perdu de vue des notions si simples. Il y a eu un temps qui n'est pas encore loin, où l'on paraissait croire que pour introduire dans nos lycées une étude nouvelle, il suffisait de charger un homme spécial de rédiger un livre. Le livre était approuvé par le Conseil supérieur de l'instruction publique, envoyé et recommandé aux recteurs et proviseurs, prescrit pour les classes : afin de donner à cet élargissement des études un caractère définitif, on ajoutait un chapitre nouveau au programme encyclopédique du baccalauréat; quelquefois même un prix de plus était proclamé au Concours général. La seule chose qu'on oubliait était d'instruire les instituteurs. C'est une erreur bizarre de croire que les maîtres peuvent enseigner d'après un résumé une science qu'ils ignorent. Il faut que chacun ait puisé aux sources et se soit fait lui-même son résumé.

En parlant ainsi, je ne plaide pas seulement la cause de la grammaire comparée. D'autres études, non moins fécondes, non moins nécessaires, sont depuis longtemps en souffrance. Pour ne pas trop nous éloigner du sujet de notre cours, que sont devenues la grammaire grecque, la grammaire latine apprises sur les textes, comme le faisaient autrefois chez nous les savants du xvie siècle, et comme le font encore à l'étranger les Kühner et les Madvig? Quand on regarde nos manuels, on voit que ce sont toujours les mêmes exemples qui passent de livre en livre et que se transmettent les générations. Une telle manière d'apprendre n'est pas faite pour les professeurs, et elle ne convient même pas pour les élèves, qui devraient être tenus de trouver eux-mêmes leurs exemples dans les auteurs. C'est ainsi que l'intérêt et la curiosité restent en éveil. Dans l'enseignement comme dans l'art, la décadence ne se fait pas attendre, quand, au lieu d'étudier la nature, on se contente de copier les maîtres : après avoir copié les maîtres, ce sont les copies qui, à leur tour, servent de modèles, et ainsi l'héritage des anciens jours va toujours en s'amincissant. Nos manuels sont le dernier résidu d'une longue suite d'abrégés. Il est temps de nous arrêter dans cette voie. Toute stagnation est mortelle pour l'intelligence : la vie n'est que lutte et renouvellement.

L'ENSEIGNEMENT
DE LA
LANGUE FRANÇAISE[1]

Permettez-moi d'abord de vous remercier pour l'honneur que vous m'avez fait en m'invitant à prendre la parole devant vous après les maîtres éminents que vous avez entendus à cette place. Vous m'avez donné ainsi une occasion de vous témoigner la sympathie que j'éprouve pour votre association et pour vos écoles. Le sujet que vous m'avez indiqué sera difficile à traiter dans le court espace d'une heure : aussi ai-je hâte d'entrer en matière. N'attendez pas cependant de moi de grandes nouveautés. Vous ne croyez pas sans doute que je vais vous apprendre les secrets de votre profession. Sur la plupart des points, je vous dirai ce que vous savez et ce que vous pratiquez. Quand nous penserons de même, ce sera une présomption que nous sommes dans la vérité. Si nous différons d'avis çà et là, eh bien! nous échangerons nos idées et nous tâcherons de nous mettre d'accord.

(1) Conférence aux instituteurs et institutrices de la Seine, 1876.

Il y a quelques semaines, M. Levasseur vous disait que l'enseignement de la géographie doit commencer par la description de la salle de classe, pour passer de là à la maison d'école, puis à la commune, au canton, et ainsi de suite, en prenant pour point de départ les connaissances que l'élève apporte déjà avec lui. Une recommandation analogue peut être faite pour la grammaire. Quand l'enfant vient pour la première fois en classe, il apporte déjà avec lui la langue française : non-seulement il en possède d'instinct le mécanisme grammatical et une partie du vocabulaire, mais il a les tours, la syntaxe et, ce qui n'est pas moins précieux, l'intonation et le geste. Des écrivains distingués ont pu soutenir, non sans quelque apparence de raison, que la langue maternelle ne devait pas être l'objet d'un enseignement spécial, mais que le maître devait se contenter d'en perfectionner l'usage chez l'écolier par des occasions fréquentes de parler ou d'écrire, par de nombreuses lectures et par la vue des bons modèles. Ils ont cité l'exemple des Grecs, qui produisirent les plus beaux chefs-d'œuvre longtemps avant que le nom de grammaire eût été prononcé. Nos grands écrivains du XVIIe siècle étaient loin de posséder sur la langue française les notions minutieuses et précises qu'on enseigne aujourd'hui, et cependant ils ont composé les livres qui sont l'honneur de notre nation. On a remarqué que des femmes qui ne savaient pas l'orthographe ont écrit des lettres d'un style inimitable. Il y a donc quelque chose de séduisant dans la théorie de ceux qui veulent que la langue maternelle s'enseigne surtout par la pratique, et qui réservent pour les langues étrangères l'étude de l'appareil grammatical. Cependant nous n'irons pas aussi loin. Si l'enfant apporte avec lui l'usage de la langue, il y mêle des locutions vicieuses; son lexique, borné aux choses qu'il connaît, est très-incomplet; enfin, s'il parle, il ne sait pas écrire. L'enseignement de la langue maternelle nous paraît donc avoir sa place légitime à l'école : voyons comment on pourra le mieux la lui assurer.

Au moment où l'enfant, âgé de cinq ou six ans, arrive pour la première fois en classe, il restera hébété si vous lui présentez aussitôt votre énumération des dix espèces de mots ou votre définition de la grammaire. A ce moment, l'enseignement de la langue doit se confondre avec *la leçon de choses*. Je n'ai plus à vous apprendre ce qu'il faut entendre par là : grâce à la femme d'un esprit si élevé que la France peut être fière de posséder (1), la leçon de choses a pris aujourd'hui sa place dans l'éducation de nos enfants. C'est dans les salles d'asile qu'on la donne d'abord; mais elle n'a pas moins d'importance à l'école. Seulement il faut qu'elle augmente en difficulté avec l'âge des élèves. Une autre condition, c'est que le maître sache la donner. Il y a quelque temps, j'entrais dans une salle de classe où je fus agréablement surpris de trouver les murs tout tapissés des tableaux d'histoire naturelle de Deyrolles. — Vous voyez, me dit le profes-

---

(1) Madame Pape-Carpantier.

seur avec une certaine satisfaction, nous pratiquons les méthodes nouvelles. Voilà les leçons de choses ! — Eh bien ! lui dis-je, voulez-vous en faire une ? — Oh ! répondit-il en changeant de ton, ce n'est pas notre habitude. Quand nous trouvons dans un livre le nom d'un animal ou d'une plante, comme la brebis ou le blé, je montre le tableau et je dis à la classe : « Vous voyez, les voilà ! » — Ceci (je n'ai pas besoin de l'ajouter) est le pur simulacre de cet enseignement. Mieux vaudrait ne pas s'en mêler. Savez-vous ce que dira ce maître dans quelque temps : « Les leçons de choses ? une mode qui passera ! Je l'ai expérimenté. Cela n'apprend rien aux élèves. »

La leçon de choses n'est pas facile à donner. Elle réclame chez le maître une préparation de longue main, et je voudrais que dans nos écoles normales l'attention des directeurs se tournât de ce côté. Non-seulement il est nécessaire que le maître ait été instruit à la donner, mais il faut que pour chaque leçon il se prépare d'avance et qu'il arrête nettement dans son esprit l'objet dont il veut parler, ainsi que tous les développements où il se propose d'entrer. Sans cette précaution, il tournera malgré lui dans le même cercle. Ce sera la table avec ses quatre pieds et son tiroir, ce sera la salle de classe avec ses quatre murs et ses deux fenêtres, qui, par une sorte de fatalité, pour son ennui et pour celui des élèves, se présenteront régulièrement à son esprit. Il faut que la leçon de choses apprenne à l'enfant des faits nouveaux : les produits de la nature ou les objets fabriqués conservés dans les collections de l'école, ou bien encore des tableaux subitement découverts aux yeux des élèves (car s'ils sont suspendus aux murs, la curiosité aura été d'avance émoussée) en fourniront l'occasion. Pour les élèves des villes, ce seront, je suppose, les principaux événements de la vie rurale, labourage, moisson, vendange, culture du ver à soie; pour les élèves des campagnes, les plus importantes industries, tissage, emploi des métaux. Ou bien encore on racontera des faits empruntés à la nature et à la vie des régions lointaines. Le maître apportera à la leçon toute sa sévérité; si ces entretiens dégénéraient en causerie, s'ils étaient pris pour une récréation, ils ne laisseraient pas de trace dans l'intelligence. Il évitera les digressions et conduira les élèves par la série d'étapes qu'il s'est marquées d'avance, jusqu'à la conclusion où il veut arriver.

Telle sera la première leçon de français. Le maître, procédant par demandes, obligera les élèves à énoncer leurs réponses sous une forme correcte. Il aura soin de poser ses questions de telle façon que l'enfant n'y puisse pas répondre par un *oui* ou un *non*, et que la réponse ne soit pas implicitement contenue dans la demande. Il corrigera ou fera corriger les phrases qui laisseront à désirer pour la clarté ou pour la propriété des termes. Chaque réponse ainsi amendée et graduellement amenée à son expression la plus satisfaisante devra être répétée par deux, trois, quatre élèves. Toute la leçon viendra ainsi se réduire à un certain nombre de phrases destinées à être retenues par la classe entière. On pourra les redemander à une classe suivante, ou bien encore, si les élèves sont plus âgés, les faire apporter par écrit. C'est ainsi qu'en apprenant à connaître des objets nouveaux ils acquerront du même coup l'habitude de les décrire ; la leçon de français, comme il arrive pour l'enfant qui commence à parler, marchera du même pas que l'expérience du monde extérieur.

En second lieu, l'étude de la langue maternelle sera associée à la lecture. Nos maîtres ne lisent pas assez en classe : qu'ils ne craignent pas de dérober parfois un quart d'heure, une demi-heure, aux exercices écrits, tels que la dictée ou la correction des devoirs, pour lire quelque morceau capable de frapper l'imagination ou d'émouvoir les cœurs. Le morceau pourra être lu une seconde fois par un élève, peut-être même une troisième fois. Puis le maître invitera l'un des plus intelligents à le reprendre de mémoire. Si l'enfant oublie ou altère quelque fait, les mains se lèveront pour corriger le narrateur. « N'avons-nous pas omis une circonstance ?... Est-ce ainsi qu'a dit l'auteur ? » Il y a plus d'une manière de présenter les mêmes idées : l'instituteur ne manquera pas d'y insister, et il montrera la différence entre une locution familière, comme celle que l'enfant aurait trouvée de lui-même, et l'expression employée par l'écrivain. Il ne condamnera pas pour cela le parler populaire ; mais il mettra l'écolier en possession de plusieurs termes, qui seront à son choix suivant qu'il s'adressera à un égal ou à un supérieur, selon qu'il parlera par lettre ou de vive voix. — Non-seulement le maître lira en classe, mais l'école doit posséder une bibliothèque dont les enfants, à tour de rôle, emporteront les volumes pour en rendre compte oralement ou par écrit.

Le troisième moyen, qui est sans contredit le meilleur auxiliaire de la grammaire, c'est la composition française. Si j'en crois les statistiques, ce serait encore là le côté défectueux de nos écoles. « Orthographe bonne, très-bonne ; composition faible. » Ainsi s'exprime l'un des derniers rapports sur les examens de l'hôtel de ville. Cependant la composition devrait être la pierre de touche des études ; sur un sujet qui ne dépasse pas notre horizon habituel, écrire deux pages où les idées soient exposées avec ordre et clarté, et où tout se tienne dans le raisonnement, il n'en faut ni plus ni moins pour attester de bonnes études, et c'est à ce résultat que devrait tendre tout bon enseignement primaire. Je n'accuse pas nos écoles ; je sais qu'on les quitte trop tôt. Mais quand, à défaut de la loi, une organisation meilleure parviendra à retenir plus longtemps les élèves, la composition française prendra dans les occupations scolaires la place qui lui est due. Il ne s'agit pas de donner des sujets de fantaisie ; je voudrais des narrations, des lettres, des développements d'idées morales comme en suggère la vie quotidienne. Vous n'aurez pas de peine à trouver des sujets. Une mine abondante pourra être fournie par les proverbes, trop dédaignés de l'école. Voici, par exemple, *le Véritable Sancho-Panza*, un volume précieux où les proverbes sont rangés par centuries et par dizains. Écoutez *le Dizain des amis :* « L'ami par intérêt est une hirondelle sur les toits. — L'ami de tout le monde n'est l'ami de personne. — Il n'est meilleur ami ni parent que soi-même. » Vous reconnaissez ici la morale égoïste, triste fruit de l'expérience. Mais le correctif n'est pas loin ; écoutez ceux-ci : « Il est toujours fête quand amis s'entr'assemblent. — Plus font deux amis que ne font quatre ennemis (car les ennemis se diviseront). — Il n'y a pas de meilleur miroir qu'un vieil ami... » Voulez-vous entendre quelque chose du *Dizain des vases ?* « Si vous cassez la bouteille, vous n'y boirez plus. — Les tonneaux vides sont les plus bruyants. — Qui s'attend à l'écuelle d'autrui a souvent mal dîné. — Le mauvais vase empire tout ce qu'on y met. » Ou du *Dizain des jeux ?* « Au bon joueur la balle lui vient. » Ou du *Dizain de l'attelage :* « La plus mauvaise roue du char est celle qui crie toujours. » En fait de proverbes, je pense comme l'ami de Don Quichotte : il faut les prendre par grappes. C'est comme les fraises des bois, qui doivent être mangées à la cuiller. Ainsi sont faites les productions populaires, chansons, légendes, contes ; le premier paraît d'un goût assez médiocre ; mais le palais s'y fait, et bientôt on en redemande jusqu'à ce qu'on les ait dévorés tous. .

Voici d'autres sujets faits pour un âge plus avancé, et qui ressemblent aux questions que des hommes réfléchis, aimant à se rendre compte des choses, peuvent débattre pour leur instruction. Vous verrez qu'ils ne ressemblent pas à des thèmes d'école. « Pourquoi la chaleur augmente-t-elle à mesure qu'on approche de l'équateur? — Pourquoi une surface inclinée ou une roue facilite-t-elle le travail de l'ouvrier? — Pourquoi les hommes contents de peu sont-ils les plus heureux? — Pourquoi nos défauts augmentent-ils toujours? — Vaut-il mieux appartenir à une grande ou à une petite nation? » Si ces questions paraissent un peu difficiles, on pourra d'abord les discuter de vive voix avec les élèves. Je voudrais que les maîtres fissent collection de ces sortes de sujets, comme dans nos lycées les professeurs se transmettent des matières de discours et de vers latins.

A côté de ces exercices, la grammaire proprement dite n'en aura pas moins sa place. Je la désirerais seulement débarrassée de quelques défauts qui la déparaient du temps de ma jeunesse, et qui faisaient de cet enseignement le tourment des maîtres et le chagrin des élèves.

D'abord on nous bourrait de définitions. S'agit-il du verbe? Au lieu d'une définition que l'enfant ne comprendrait pas, multipliez les exemples : « Le chien jappe, le lion rugit, le chat miaule, le renard glapit, la vache beugle, le loup hurle, le cochon grogne, la grenouille coasse, la poule piaule. » Quand l'enfant aura entendu les premières phrases et composé par imitation les autres, il commencera déjà à savoir ce qu'est un verbe. Autre exemple : « Les écureuils sautent, les chevaux galopent, les serpents glissent, les lièvres courent, les escargots rampent, les oiseaux volent, les poissons nagent, les hommes marchent. » L'élève apprendra à connaître les verbes, non par définition, mais pour en avoir vu beaucoup, comme il connaît les bancs et les tables, les fleurs et les fruits. Si vous voulez lui donner une description du mot, la plus matérielle sera la meilleure : « C'est un mot qu'on peut faire précéder de *je, tu, il*, ou encore c'est un mot qui peut exprimer tour à tour le présent, l'avenir et le passé. » On lui fera observer qu'il en emploie de cette sorte à tout moment du jour.

Certaines règles de formation sont superflues. Vous pouvez faire trouver à l'écolier les temps de la conjugaison : il suffira de donner des phrases qui forment un sens satisfaisant. Pour le conditionnel, par exemple, on fera conjuguer une phrase comme celle-ci : « J'aurais porté secours si j'avais été là, tu aurais porté secours si tu avais été là, etc. » Vous serez surpris de ce que l'élève vous fournira de lui-même. Un jour qu'avec un enfant de cinq ans je me livrais à cet exercice, par distraction je lui donnai à conjuguer un verbe réfléchi. Le petit drôle, qui n'avait pas encore entendu parler de pronoms, se mit à dire : « Je me promène, tu te promènes, il se promène, nous nous promenons... » La langue maternelle n'attendait pas les leçons de la grammaire.

Nos grammaires renferment des règles qui sont inutiles à de jeunes Français. Il n'y a pas d'irrégularités pour celui qui parle sa langue : les irrégularités ne sont que pour les étrangers. L'enfant sait que *prendre* fait *j'ai pris*, que *rendre* fait *j'ai rendu*, et il ne songe pas à s'en étonner. Le temps est déjà loin pour lui où il disait : *j'ai prendu*.

Pourquoi des règles comme celle-ci : « Le pluriel du présent de l'indicatif se forme du participe présent en changeant *ant* en *ons, ez, ent :* aimant, nous aimons, vous aimez, ils aiment. Il faut excepter la troisième personne du pluriel des verbes de la troisième conjugaison : on la forme en changeant *evant* en *oivent :* recevant, ils reçoivent? » Ces règles, qu'on a imitées de la grammaire latine, ne sont pas nécessaires; l'enfant sait tout cela d'instinct, et en supprimant la règle vous aurez l'avantage de n'avoir pas à lui parler de l'exception. Il viendra un temps où vous pourrez appeler son attention sur la diversité du langage, qui veut que *lire* fasse au participe *lu*, tandis que *rire* fait *ri*. Mais à l'âge où il commence et où il a tant de choses à apprendre, ces observations ne feraient que l'embarrasser.

Il est toutefois des règles essentielles, comme celle de la formation du pluriel ou comme celle des participes, qu'il faut que l'enfant apprenne. Mais il convient (et cette pratique vous est familière) que la règle soit précédée des exemples. L'ordre invariable à suivre me paraît être celui-ci : 1° l'usage; 2° la règle; 3° (toutes les fois que cela se pourra) la cause de la règle. Nous commençons par l'usage. S'il s'agit du pluriel des substantifs en *al*, vous prodiguez d'abord les exemples. Chaque élève devra trouver le sien. « Le cheval court vite. Les chevaux courent vite. — Le général commande l'armée. Les généraux commandent l'armée. — Le minéral est renfermé dans la terre. Les minéraux sont renfermés dans la terre. » Et ainsi de suite. Une de ces phrases est prise comme type et écrite au tableau (car il faut autant que possible s'adresser à l'oreille *avant* de s'adresser aux yeux). Après avoir insisté sur l'orthographe *aux*, le maître fait formuler la règle comme un résumé de l'usage, et la fait ensuite répéter par une série d'élèves. Le lendemain, chaque écolier devra encore se rappeler son exemple. On dira peut-être que c'est bien du temps dépensé à ce que nos grammaires expédient en trois lignes. Mais autre chose est pour l'enfant d'observer en son propre langage la loi qu'il suivait sans le savoir et de donner une forme précise à cette loi, autre chose est de lui plaquer une règle qui est toute formulée d'avance et qui s'adresse uniquement à sa mémoire.

Un grand écrivain a dit qu'il faut apprendre la grammaire par la langue et non la langue au moyen de la grammaire. Si vous voulez légiférer, vous n'aurez jamais fini, et vous lasserez vos enfants par ces interminables prescriptions. Mais si vous observez les caprices apparents de la langue comme on observe les fantaisies d'une personne aimée dans lesquelles on finit par apercevoir une raison cachée, vous intéresserez l'élève et vous l'habituerez à l'attention. Savez-vous quel est le meilleur maître? C'est celui qui a l'air de découvrir à l'instant même la vérité qu'il enseigne. Toutes les fois qu'une partie de la classe n'a pas compris, faisons notre examen de conscience. N'avons-nous pas sauté des intermédiaires? Avons-nous assez multiplié les exemples? Étaient-ils toujours bien choisis? Un maître peut quelquefois, pressé par le temps, ne pas préparer sa leçon; mais les exemples, il les faut préparer toujours; car si vous comptez sur l'inspiration du moment, il ne vous viendra point d'exemples, ou ceux qui vous viendront ne vaudront rien.

Je suppose que vous rencontriez ce vers de Corneille :

> Pour grands que soient les rois, ils sont ce que nous sommes.

Si vous voulez expliquer cette construction par une définition ou par le raisonnement, vous n'y arriverez pas. Mais amenez les enfants à l'entendre par une série d'exemples : « L'enfant va à l'école *pour* apprendre. Le laboureur sème *pour* récolter. L'écolier travaille *pour* satisfaire son maître. (Vous voyez que *pour* marque la cause ou l'intention.) *Pour* s'être trompé une fois, il ne faut pas se décourager. *Pour* avoir bien répondu, il ne faut pas s'enorgueillir. *Pour* riche qu'il est, il n'est pas plus fier. *Pour* éclairés que soient les hommes, ils ne sont pas infaillibles. Votre lettre, dit Voltaire, a bien attendri mon vieux cœur qui, *pour* être vieux, n'en est pas plus dur. » Si nous revenons maintenant au vers de Corneille, les élèves le comprendront, et ils comprendront même cet autre qui eût été inintelligible :

> On n'est pas criminel toujours *pour* le paraître.

Je viens maintenant à la cause de la règle. Toutes les fois qu'on peut rendre compte à l'élève des raisons qui ont présidé aux lois de notre langue, il ne faut pas manquer de le faire; il s'habituera ainsi à penser. Mais l'expérience apprend que certaines précautions sont nécessaires. Si vous expliquez la règle avant que l'élève la possède, vos déductions ne lui offriront point d'intérêt. Un professeur parlait devant moi à de jeunes enfants de huit ans sur l'origine des futurs, comme j'*aimerai*, je *finirai;* il disait qu'on les avait composés en associant à l'infinitif l'auxiliaire *avoir*, en sorte que j'*aimerai*, je *finirai*, signifiaient d'abord « j'ai à aimer, j'ai à finir ». Telle est, en effet, l'origine de notre futur. Mais l'explication était prématurée, et il eût mieux valu la réserver pour un autre âge : autant cette formation est de nature à frapper ceux qui sont depuis longtemps familiers avec la conjugaison française, autant elle laisse indifférent le bambin qui est en train d'apprendre ses premiers verbes.

Pour une explication, le grand point est d'arriver à propos. C'est à l'occasion des *exceptions* que le motif de la règle sera accueilli le plus volontiers. Nous sommes ainsi faits que notre curiosité, pour être éveillée, a besoin de rencontrer quelque objet insolite. Une explosion nous fait songer à la loi de compression des gaz, une éclipse aux mouvements des planètes. La règle dont nous parlions plus haut, qui veut que *cheval* fasse au pluriel *chevaux*, trouvera le plus facilement son explication à l'occasion d'un mot comme *chevau-léger* ou *Vaucluse*. Quand vous enseignez la règle qui veut que *nouveau*, *beau* fassent *nouvelle*, *belle*, il ne faut point parler des masculins *nouvel*, *bel;* mais quand nous rencontrerons une expression comme *nouvel an, bel enfant,* nous pourrons dire que c'est là la vraie base des formes féminines.

Je viens à un autre défaut de notre enseignement grammatical : l'importance excessive donnée à l'analyse logique. Vous savez comme moi qu'on peut considérer les mots de deux manières, soit en eux-mêmes (substantif, adjectif, verbe...), soit d'après le rôle qu'ils jouent dans la phrase (sujet, copule, attribut)... Cette seconde manière d'envisager les mots a son utilité : il est nécessaire que les élèves sachent ce qu'est un sujet et un régime ; il est bon aussi qu'ils puissent distinguer une proposition principale d'une proposition incidente ou subordonnée. Il est utile surtout qu'ils connaissent bien le rôle des pronoms relatifs, qui sont comme les articulations du discours et les charnières de la phrase. Prenons garde cependant d'aller trop loin dans cette voie. Je ne sais si votre expérience est d'accord avec la mienne, mais j'ai remarqué que les jeunes enfants, qui saisissent sans peine la partie proprement grammaticale, répugnent beaucoup plus à cette nomenclature abstraite que leur présente la logique.

Certes la logique et la grammaire doivent toujours vivre en bonne intelligence; mais ces deux sciences ne sont pas identiques. La grammaire renferme une quantité d'idées que la logique ne connaît point. Dans la logique, la pensée se présente toujours sous la forme d'un jugement : Pierre est homme, Pierre est mortel. Voilà comme parle la logique. Mais le langage, outre les jugements, contient des vœux, des doutes, des ordres, des interrogations, des exclamations. C'est une entreprise stérile de réduire toutes ces phrases à la forme simple du jugement. Telle est pourtant la prétention de l'analyse logique. Comme cet exercice m'a considérablement ennuyé dans ma jeunesse, je voulus savoir s'il était toujours aussi en faveur dans les écoles. J'ouvris il y a quelques jours une grammaire qu'on venait de m'envoyer (elle en est à sa neuvième édition), et j'y trouvai les modèles suivants :

ELLIPSE DE L'ATTRIBUT

Ce sage vieillard était d'une éloquence persuasive.

« Cette proposition est principale, absolue et elliptique (pourquoi elliptique?) ; elle est principale parce qu'elle ne figure pas comme complément; elle est absolue parce qu'elle a par elle-même un sens complet; elle est elliptique parce que l'attribut est sous-entendu. Le sujet est *ce sage vieillard* : il est simple, exprimant un seul être; il est complexe (ainsi il est à la fois simple et complexe!), ayant pour complément le mot *sage* (voyez comme cette terminologie est imparfaite : on appelle ordinairement *complément* un mot régi par un autre; ici, le nom de complément est donné à l'adjectif se rapportant à son substantif) et l'adjectif déterminatif *ce*. Le verbe est *était*. L'attribut est : *doué d'une éloquence persuasive* (voilà donc pourquoi la proposition est elliptique : il faut rétablir l'attribut *doué*. Mais si je dis : *le ciel est d'un beau bleu*, que faudra-t-il sous-entendre?); il est simple, exprimant une seule qualité; il est complexe, ayant pour complément les mots *d'une éloquence persuasive*. »

Je demande quel est le profit d'un tel exercice, qui n'a même pas le mérite de la difficulté; car l'enfant, dont la mémoire est toujours complaisante, aura bientôt fait de retenir ces termes. Mais écoutez encore cet autre modèle d'analyse :

PROPOSITIONS IMPLICITES

Ah! que de plaisir j'éprouve à vous voir!

« Cette phrase renferme deux propositions. La première est : *Ah!* Cette proposition est principale, absolue (on appelle ordinairement absolue une proposition qui ne tient pas au reste de la phrase; une proposition ne peut donc pas être en même temps absolue et principale) et implicite : elle est principale parce qu'elle a par elle-même un sens complet; elle est implicite parce qu'elle est exprimée par un seul mot qui comprend effectivement le sujet, le verbe et l'attribut sans être lui-même un de ces trois termes; elle équivaut à celle-ci : *Je suis charmé.* Le sujet est *je :* il est simple, exprimant un seul être; il est incomplexe, etc., etc. »

Il est inutile de continuer : c'est toujours la même manivelle tournant à vide. Voyez-vous ce mot *ah!* qui renferme tant de choses? Mais non-seulement on perd son temps, mais les amateurs d'analyse logique finissent quelquefois par imposer leurs règles à la langue qu'ils rendraient, si on les laissait faire, de jour en jour plus méticuleuse. Déjà notre langue est assez malaisée à bien parler et à bien écrire; elle a moins de liberté que n'en possède l'italien, qui, pour avoir été fixé au XVIe siècle, a gardé quelques-uns des tours que le français, fixé un siècle plus tard, perdit dans l'intervalle. Mais cela ne suffit pas à nos logiciens : quand ils s'occupent de langage, c'est ordinairement pour voir s'ils peuvent encore lui retrancher quelque chose. Ils rivalisent à qui supprimera un tour, une expression, et mettra une entrave de plus à la pensée. Écoutez les préceptes que je puise au hasard dans un écrivain du XVIIe siècle :

« Il y en a plus d'un qui dit : *j'ai pris la hardiesse de vous écrire.* C'est d'un très-méchant style; il faut s'exprimer ainsi : *j'ai pris la liberté de vous écrire.* — *Je tâcherai de vous obliger* est une expression hors du bel usage; on la remplace par : *je ferai en sorte.* — On ne dit plus : *pour que vous fassiez cela;* il faut dire : *afin que vous fassiez cela.* — On ne se sert plus de *naguère;* il faut dire : *depuis peu.* — A la cour, il est bien reçu de dire : *tandis que j'irai là,* pour : *pendant que j'irai là.* — Le mot *volontiers* est si ancien, que ceux qui suivent le beau style ne s'en servent plus. » — Voilà comme on a procédé d'ordinaire, condamnant sans raison quantité d'expressions qui n'en peuvent mais. Celles qui sont proscrites ici ont heureusement survécu; mais beaucoup d'autres, qui n'étaient pas moins bonnes, ont succombé à des arrêts si légèrement portés. Le même esprit d'élimination continue de sévir. Dans un petit livre spécialement consacré à l'analyse logique que je feuilletais l'autre jour, je trouvai que les constructions comme : « C'est un vice odieux que le mensonge », étaient de *faux gallicismes*, qu'il vaudrait mieux y renoncer et dire : « Le mensonge est un vice odieux. »

Pour limiter le nombre des constructions permises, on a imaginé des équivoques la plupart du temps impossibles. Vous connaissez tous, pour l'avoir vu au Louvre, ce sujet de tableau cher à l'école hollandaise qu'on appelle *le Coup de l'étrier*. Un cavalier, prenant congé d'une famille, est déjà monté en selle et boit, avant de piquer des deux, un verre de vin qui lui est présenté. Je suppose que, décrivant ce tableau, je dise : « Au moment de monter à cheval, l'hôtesse lui tend un verre. — Il ne faut pas parler ainsi, interrompt un puriste; car on pourrait croire que c'est l'hôtesse qui monte à cheval. » Et cependant si j'avais dit : « Au moment du départ l'hôtesse lui tend un verre », la phrase, qui n'eût été ni plus ni moins claire, était permise. — Je suppose cet autre exemple : « Nous lûmes le siége de Paris, sa résistance héroïque, ses souffrances et comment, au bout de cinq mois, il dut ouvrir ses portes.—Vous ne pouvez pas dire cela, reprend le même censeur. La conjonction *et* ne doit unir que des mots de même nature. » Et cependant nos meilleurs écrivains ont parlé de la sorte! Vous proscrivez un tour libre, commode, et qui était familier à la langue du xviie siècle. Si on laissait une logique superficielle faire ainsi la loi à notre langue, elle la réduirait à la plus plate monotonie.

J'arrive à un dernier point où je voudrais voir l'enseignement grammatical se modifier quelque peu. Il s'attache trop à certaines subtilités d'orthographe. Comme notre grammaire, notre orthographe dans son ensemble est fixée, et ceux qui voudraient la changer rencontreraient des difficultés de plus d'une sorte. Qui, pensez-vous, ferait le plus de résistance? Ce ne serait pas l'Académie, ce ne seraient pas les professeurs ni les instituteurs. Non. Ce sont les protes et les compositeurs d'imprimerie. Si j'écrivais quelque part : « Cet objet, emporté par son *pois*, tomba à terre »; le compositeur ne manquerait pas de corriger *poids*. J'enlèverais le *d* sur le placard; il reviendrait à l'épreuve suivante. Je l'effacerais encore; il reparaîtrait sur le livre imprimé. Et cependant ce *d* n'est pas seulement parasite, il figure ici à tort, *pois* ne venant pas de *pondus*, mais du participe de *pendere* « peser ». C'est là un exemple entre beaucoup d'autres. Il sera difficile de réformer notre orthographe, qui a plus de deux siècles d'existence, et qui est celle de nos meilleurs écrivains; mais puisqu'il est encore quelques points incertains et indifférents, laissons-les au choix de l'élève, et ne dépensons pas à ces vétilles le temps précieux de la classe. — Faut-il écrire des *serre-têtes* ou des *serre-tête*, comme le veulent certaines grammaires (parce que chacun ne serre qu'une tête)? Faut-il écrire *en tout temps* ou *en tous temps*? vaut-il mieux *un village en ruines* ou *un village en ruine?* Vous voyez bien que ce sont là de pures conventions, puisque ni la prononciation, ni le sens n'y sont intéressés. C'est pourtant à ces points que de mon temps certains maîtres s'attachaient de préférence; ils marquaient des fautes tantôt pour l'une, tantôt pour l'autre des deux orthographes, et quelquefois pour toutes les deux.

Combien il vaudra mieux exercer nos enfants à sentir la propriété des termes de la langue! Je suppose qu'il s'agisse du verbe *prendre* et de ses différentes nuances : Le soldat *saisit* son arme; l'enfant *cueille* une fleur; les gendarmes *appréhendent* un voleur; le chat *attrape* la souris; l'armée *enlève* la position; l'écolier *comprend* son problème. On fera percevoir ainsi la métaphore qui assimile notre intelligence à des mains qui s'emparent d'un objet. — Faites voir la hardiesse du langage qui assemble quelquefois toute une phrase dans un seul mot : C'est un crime *pendable*. — Montrez comme il anime tout : Une auberge borgne; une affaire louche; sourd comme un pot. — Laissez voir enfin à quel ordre de faits sont empruntées les innombrables métaphores de notre langue. Tantôt elles nous viennent d'un jeu, par exemple du jeu de paume : Il a pris la balle au bond. Je vais lui renvoyer la balle. Il s'est laissé empaumer. Tantôt c'est à quelque profession, comme celle du meunier, ou de l'aubergiste, ou du marchand, ou encore à la vie militaire ou à la marine. Pour ne parler que de cette dernière, voyez combien elle fournit de termes : Allons l'accoster! il ne veut pas démarrer d'ici. Aborde-le! Mettons le grappin sur lui! Donnons-lui la chasse! Des expressions d'un usage courant, telles que *échouer* ou *arriver*, n'ont pas d'autre origine. Des écrivains comme La Fontaine et Saint-Simon abondent en expressions pittoresques, parce qu'ils savent la langue de beaucoup de corps d'état et de la plupart des situations sociales.

L'étude de la formation des mots et leur classement en groupes et en familles a fait des progrès, grâce à de bons livres qui sont aujourd'hui entre les mains de tous nos maîtres. Ici surtout il importe de choisir ses exemples : autant que possible des verbes, et des verbes ayant pris naissance en français. Tel est le verbe *monter*, qui vient du substantif *mont*, l'idée du mouvement ascensionnel en général ayant été exprimée par un verbe qui voulait dire d'abord escalader une montagne. Voyez-vous la hardiesse d'une langue qui dit : *monter* à cheval, le prix du blé a *monté*, le vin *monte* dans la bouteille. — Ce verbe a donné les composés : *surmonter* (avec son dérivé *insurmontable*), *remonter* (un cavalier de remonte), *démonter* (cette interruption a *démonté* l'orateur). On dit aussi : la *montée* d'une colline ; le *montant* d'une échelle, ou encore d'une note à payer ; le *montage* d'une machine, d'une filature ; la *monture* d'un cavalier, ou encore celle d'un thermomètre, d'un violon, d'un pistolet, d'un éventail, d'un bijou. Quand on dit qu'un directeur de théâtre *monte* une pièce, on compare le drame à un mécanisme dont les acteurs et les décors forment les ressorts et les rouages. *Monter la tête* à quelqu'un, c'est lui disposer la tête de telle façon qu'elle soit prête à un certain acte, ordinairement quelque sottise. Nous retournons maintenant au primitif *mont* pour l'entourer de ses dérivés *montueux* et *montagne* (qui a donné *montagnard* et *montagneux*). Enfin, en latin *mons* avait déjà donné *promontoire*. — Les verbes *passer*, *tourner*, d'autres encore, pourraient donner lieu à des classifications analogues. Un tel exercice, fait de temps à autre, montre à l'élève quels sont les moyens de formation dont dispose notre langue et le parti intelligent qu'elle en a su tirer. Le maître pourra écrire exprès et dicter quelque narration renfermant nombre de mots de même famille, et que l'élève rapportera soulignés.

Vous connaissez la difficulté qu'on rencontre ici : à côté des mots d'origine populaire, il y a des mots d'extraction savante, tirés du latin par les érudits. Tandis que les mots populaires sont toujours bien formés, ceux d'origine savante laissent parfois à désirer, car ils ne sont guère autre chose que le mot latin qu'on a fait entrer tout vif en français. Ainsi *éteindre* et *éteignoir* sont d'origine populaire; mais *inextinguible* et *extinction* sont de provenance savante. C'est au tact de l'instituteur qu'il appartient d'examiner dans chaque cas s'il est possible de faire sentir la parenté aux élèves. Pour le verbe *muer*, par exemple, on pourra montrer le sens primitif, qui est « changer », par le rapprochement des composés *commuer* et *remuer*, et dès lors il sera possible de mentionner les mots savants tels que *permutation* et *commutation*. Mais il serait difficile, à l'école, de faire sentir la parenté de *strict* et *étroit*, de *direct* et *adresse*. Entre deux mots d'origine populaire, souvent la parenté remonte aux temps de la langue latine ; il vaut mieux alors n'en point parler. Comment faire comprendre à des écoliers le lien qui rattache le verbe *pondre* aux substantifs *dépôt* et *compote ?* Même la parenté de *prendre* et de *prison* ne se révèle que par le latin. D'autres fois, on peut bien composer des groupes, comme quand sous le verbe *écrire* on réunit les mots savants *conscription* et *proscription ;* mais le sens qu'ont ces derniers termes n'est éclairé que par l'histoire de la langue latine et des institutions romaines. Il faut donc un certain choix dans cette étude si intéressante.

Pour les élèves voisins de nos frontières du midi, l'italien ou l'espagnol aideront à éclairer le français; ils seront comme des plantes exotiques qui appellent l'attention sur les productions de notre sol. Pour tous ceux qui, à côté du français, possèdent un patois, le patois donnera pareillement matière à de nombreux et instructifs rapprochements. Les expressions anciennes et bien formées y abondent. A Jersey, non loin de Saint-Hélier, sur un poteau placé à l'entrée d'un champ, on peut encore lire aujourd'hui ces mots : Il est défendu de trépasser dans ce champ. Nous avons ici l'ancien mot *trépasser*, en italien *trapassar*, employé comme dans le livre des Rois : « Et la charogne Jesabel girra cume feins (comme du fumier) el champ de Israel, si que li trespassant dirrunt : Est-ço la noble dame Jesabel? » Ce mot, qui marque le passage à travers, n'est plus usité en français littéraire que dans le sens unique du grand passage. Le même préfixe se trouve dans *tressaillir, tressauter*, et notre adverbe *très*, qui voulait dire : « de part en part, tout à fait », n'a pas d'autre origine. Que d'expressions pittoresques les patois ne contiennent-ils pas! Dans le Berry, une toile d'araignée s'appelle *une arantèle;* nous avons ici l'ancien mot d'*aragne*, encore employé par La Fontaine, figurant comme premier terme d'un composé. A des enfants on dit : Allez vous *évaguer* dans le jardin ! C'est le même verbe qui est contenu dans *vagabond* et *extravagant*. Nos petits Parisiens n'ont pas de patois à leur usage ; mais l'instituteur fera bien de leur citer de temps à autre quelques mots de ce genre, pour leur donner une idée plus juste de ces anciens dialectes : ils ne sont pas la corruption ou la caricature du français ; ce sont des idiomes non moins anciens, non moins respectables que le français, mais qui, pour n'avoir pas été la langue de la capitale, ont été abandonnés à eux-mêmes et privés de culture littéraire. Que nos enfants accueillent toujours avec affection et curiosité ces frères déshérités du français ! Une fois qu'ils auront pris l'habitude d'observer les mots, ils feront aussi attention aux idées et aux usages ; ce sera un motif de plus pour que l'antagonisme qu'on a follement songé un instant à créer entre urbains et ruraux fasse place à une cordiale et mutuelle sympathie.

C'est ainsi que tous les moyens concourront à enrichir le vocabulaire de l'élève. On a remarqué que nos écoles jettent tous les ans dans la société une quantité de jeunes gens qui savent lire, mais qui ne lisent point. Les plus belles œuvres de notre littérature sont non avenues pour eux ; tout au plus les journaux avec leurs produits frelatés : faits divers, procès criminels, feuilletons, parviennent-ils à captiver un instant leur attention. Si les élèves de nos écoles ne lisent pas assez, c'est que beaucoup de mots qu'ils rencontrent dans les livres n'ont pas pour leur esprit un sens précis et clair. Ils ferment bientôt des volumes dont la pensée se dérobe pour eux. Le temps passé à expliquer les mots ouvrira l'esprit aux idées et aux choses. Par les mots l'homme entre en possession de l'héritage intellectuel de ses ancêtres. Quelles longues et précieuses conquêtes de l'humanité ne représentent pas les noms de *vertu, liberté, justice, honneur, charité, droit, devoir, patrie!* Mais pour les posséder, il ne suffit pas de les recevoir ; on ne les tient vraiment que quand on a refait le travail qui les a créés. Il faut repenser ces mots, il faut savoir ce qu'ils ont coûté d'efforts et de luttes parfois sanglantes, autrement on ressemblerait à l'homme qui porte une dépêche, mais qui en ignore le contenu. Voltaire pendant soixante ans pense, écrit, agit, combat, et cette longue suite d'efforts vient se résumer dans le mot de *tolérance*, qui prend place dans notre vocabulaire. Celui de *bienfaisance*, si familier à nos oreilles, est seulement entré dans la langue au siècle dernier, il est dû à l'abbé de Saint-Pierre. Ne serait-ce pas un bel exercice de français, que de faire sentir la différence qui existe entre la bienfaisance et la charité? Montrons aux enfants ce que valent ces diamants du langage. Ainsi fait le maître de calcul quand, prononçant un nombre, il explique ce qu'il renferme et apprend à le décomposer.

Une fois que l'élève aura pris l'habitude de chercher ce qui est derrière les mots, ce sera pour son esprit un besoin et une règle. Il voudra vérifier ce qu'on lui propose. Vous formerez ainsi les hommes et les femmes d'un pays qui se gouverne lui-même. Il n'est pas surprenant que l'enseignement de la langue, pris dans toute son étendue et dans son vrai sens, se confonde avec l'éducation générale, puisque le langage est le principal instrument de communication entre les hommes, et puisque au moyen de la parole les générations sont solidaires les unes des autres. Voyez quelle chose admirable : à un an, l'enfant bégaye quelques sons et essaye ses premiers pas en trébuchant. Vingt ans après, il pourra prévoir le cours des astres, résoudre en leurs éléments les substances de la nature, et, s'il a appris l'histoire, il a été témoin du passé de l'humanité. Telle est la puissance de l'éducation! Jusqu'à présent ce fut seulement le lot d'un petit nombre; mais la société fait des efforts pour que le cercle des privilégiés s'élargisse tous les jours, et nous qui, chacun à notre manière, travaillons à cette grande tâche de l'éducation, nous continuerons à chercher les moyens de la rendre plus complète et plus efficace.

LES
RACINES INDO-EUROPÉENNES [1]

On est convenu d'appeler *langue mère indo-européenne* la langue dont sont issus le sanscrit, le zend, le grec, le latin, le celtique, le germanique et le slave, langue qui ne nous a été directement conservée par aucun document, mais dont, grâce à la comparaison et à l'induction, nous pouvons entrevoir, d'une façon plus ou moins distincte, les linéaments principaux. Tous les linguistes, depuis Bopp et Schleicher jusqu'à MM. Pott et Max Müller, se sont appliqués à en retrouver quelques traits. Mais c'est surtout dans les dernières années que les travaux relatifs à cette langue se sont multipliés. M. Auguste Fick a publié un dictionnaire de la langue mère indo-germanique, lequel est déjà à sa troisième édition. La méthode suivie par Schleicher, qui place toujours en tête de ses recherches grammaticales la forme mère restituée par hypothèse, a trouvé de nombreux imitateurs. Il ne sera

(1) *Journal des Savants*, 1876.

donc pas inutile de soumettre cette méthode, ainsi que les principes qu'elle suppose d'une façon plus ou moins explicite, à un examen critique.

Disons d'abord que cette manière de procéder, quand elle est entourée de certaines précautions, nous paraît légitime. Reconstruire une forme *vaghanti*, ils transportent, comme prototype du latin *vehunt* et du sanscrit *vahanti*, est une hypothèse permise. Un substantif neutre *ganas*, naissance, race, nous est suggéré, par le sanscrit *ganas*, le grec γένος et le latin *genus*. Ce mode de reconstitution a le double avantage de se bien prêter, par sa clarté et par sa brièveté, à l'enseignement, et d'imposer aux conjectures une forme précise. Mais tout ce que nous mettons dans ces mots dits *indo-européens*, se trouvant fourni (comme le nom de la langue elle-même) par les idiomes qui sont venus jusqu'à nous, il est clair que nous ne saurions tirer de cette source aucune connaissance positive. Ce serait renverser l'ordre logique que de prétendre éclairer nos idiomes à l'aide de l'indo-européen. Un avertissement de ce genre paraît presque superflu, tant la chose est évidente : on peut craindre cependant que la simplicité apparente et la commodité de la méthode n'aient fait quelquefois illusion. Ce n'est pas sans doute celui qui crée la langue, ce n'est pas M. Fick, par exemple, qui peut se tromper à cet égard : nous en avons pour preuve les éliminations et les retouches que subit le vocabulaire indo-germanique dans les éditions successives de son livre. Mais quand on voit dans des dictionnaires latins, comme dans celui de M. Vanicek, figurer des racines indo-européennes, dont on déduit la forme et le sens des mots latins, on sent les dangers du système. Je voudrais, à ce sujet, présenter quelques réflexions. Je laisserai de côté les abus qui ont pu être faits de la méthode de reconstruction, et je la considérerai seulement en ce qu'elle a de légitime et de fondé.

Cette langue mère, dont nous entrevoyons les contours, s'est sans doute développée dans les mêmes conditions que nos langues, et de ce qu'elle ne nous a pas été conservée, nous n'avons pas le droit de conclure qu'elle fût faite autrement que les idiomes dont nous avons une connaissance directe. Telle serait pourtant l'erreur où l'on tomberait si l'on attribuait à la langue mère une régularité qui ne se trouve dans aucune de ses filles. Pour commencer par la phonétique, toutes les langues qui ont été parlées pendant un long espace de temps par un grand nombre d'hommes, offrent des variétés dialectales : la langue mère, sur laquelle nous n'avons aucun renseignement positif, mais dont on peut dire avec assurance qu'elle a été maniée durant une série considérable de siècles avant d'arriver au développement grammatical qu'elle présente, a dû également subir le mélange des dialectes. J'en donnerai un seul exemple. Les mots qui désignent le cœur dans nos langues de l'Europe supposent tous un primitif *kard*. D'autre part, les mots qui désignent le cœur en sanscrit et en zend supposent un primitif *ghard*. Mais ce qui prouve que la forme *kard* n'était pas étrangère aux langues de l'Asie, c'est qu'elle s'est conservée dans le juxtaposé *çrad-dhá* qui désigne un acte de foi, ainsi que dans le verbe *çrad-dadhâmi*, qui veut dire j'accorde mon cœur, ma foi (c'est le latin *credo*) (1). Nous avons donc deux formes, *kard* et *ghard*, dont il serait difficile de nier la parenté, mais qui ne se laissent pas réduire à une forme commune. Probablement l'une et l'autre coexistaient dans la langue mère indo-européenne. Je ne veux pas dire que toutes les variantes dialectales ne doivent pas, en dernière analyse, être ramenées à un type unique. L'erreur, c'est de placer les points de jonction sur un seul et même plan. Un certain nombre de ces formes dialectales ont pris naissance antérieurement à la langue qu'à l'aide de nos comparaisons nous pouvons reconstruire, de sorte que la phonétique selon laquelle ces variantes se sont produites, nous échappe.

Si l'on garde ce principe présent à l'esprit, on s'explique la présence de certaines formes dont il est impossible, d'après les règles connues, de montrer la parenté, et qui semblent pourtant appartenir à une origine commune. Je citerai comme exemples les mots qui désignent les ongles : *nakha* en sanscrit, *naga* en lithuanien, et d'autre part ὄνυξ en grec, *unguis* en latin ; le nombril : *nâbhi* en sanscrit, *nabalo* en vieux haut-allemand, ὀμφαλός en grec, *umbilicus* en latin. Quelques mots qu'une vraisemblance

---

(1) Cette belle étymologie est due à M. James Darmesteter, dans les *Mémoires de la Société de linguistique*, t. III, p. 52.

parlant plus haut que les règles de la phonétique nous invite à identifier, comme θιός et *deus*, comme θύρα et *dvâr*, doivent sans doute s'expliquer par le mélange des dialectes au sein de la langue mère.

Mais ce n'est pas seulement pour la prononciation qu'on a imaginé sans motif une régularité idéale. Dans toutes les langues sans exception qui sont directement observables, nous rencontrons des mots dont l'étymologie s'explique par le secours de la langue où ils se trouvent, et d'autres mots qui sont inexplicables ou qui ont besoin, pour être analysés, d'être rapportés à une période plus ancienne. Nous devons penser qu'il en était de même dans la langue mère : elle sortirait tout à fait des conditions ordinaires si tous les mots qui la composent étaient également transparents. C'est ce que paraissent avoir oublié quelquefois nos modernes linguistes, qui, non contents de poser la forme indo-européenne, veulent aussi en donner chaque fois l'étymologie. S'agit-il, par exemple, du mot *avi-s*, brebis? Ce substantif a existé dans la langue mère, puisque nous le rencontrons en sanscrit sous la forme *avi-s*, en grec ὄς, latin *ovis*, lithuanien *avis*, irlandais *oi*. Mais s'il n'est nullement téméraire d'affirmer l'existence du mot dans un temps antérieur à la séparation de nos idiomes, la recherche de l'étymologie nous transporterait dans une période beaucoup plus reculée et sur un terrain moins solide : l'*Indo-européen* qui nommait *avis* la brebis pensait probablement, en la nommant, à une brebis, et à nulle autre chose. Si nous voulons connaître la racine renfermée dans ce substantif, nous franchissons une nouvelle série de siècles et nous faisons de l'étymologie anté-indo-européenne. C'est ce que nous paraît faire M. G. Curtius quand il suppose que la brebis est nommée d'après sa douceur, et quand il identifie son nom avec l'adjectif sanscrit *avi*, bienveillant, favorable; c'est ce que fait M. Auguste Fick, quand il rattache le mot à une racine *av*, marcher, dont l'existence, pour le dire en passant, nous paraît bien problématique.

Ce que nous venons de dire pour la brebis n'est pas moins vrai pour le bœuf ou pour le taureau. Faut-il croire que la vache a été nommée *gâus* d'après l'idée de marcher, et le taureau *sthûra*, d'après l'idée d'être debout ou d'être fort? A moins de se représenter l'Arya sous les traits d'un autre Adam donnant des noms aux oiseaux des cieux et à toutes les bêtes des champs, il faut supposer sans doute, qu'en même temps qu'il a hérité de ces animaux, il les a trouvés déjà bien et dûment pourvus de leurs dénominations. Qu'on fasse la part aussi large qu'on voudra au rajeunissement du langage, lequel substitue des termes nouveaux, ordinairement des adjectifs, aux anciens noms devenus inintelligibles, ce rajeunissement n'est pas tel qu'il ne subsiste beaucoup d'anciens mots. C'est ainsi que nous avons encore en français les noms de *bœuf* et de *taureau*, et qu'en allemand on a *die kuh*, *der stier*, c'est-à-dire les anciens termes. On peut donc croire que *gâus* et *sthûra* sont un vieil héritage, de sorte que la ressemblance avec les verbes *gam*, aller, et *sthâ*, être debout, se borne peut-être à une simple coïncidence de son. Je laisse de côté à dessein la possibilité d'un emprunt fait à une autre famille de langues, qu'on n'a cependant pas le droit de perdre de vue.

Prenons encore le mot *ukshan*, bœuf, dont l'antiquité est assurée par le sanscrit d'une part, et d'un autre côté par le gothique *auhsa*; qu'on le ramène à *uksh*, grandir, ou à *uksh*, arroser, féconder, de toutes manières on l'interprète par deux verbes beaucoup plus récents, à ce que je crois, que le nom de l'animal. Même observation pour le cochon (*sû*) qu'on a rattaché à l'idée de fécondité, l'oie (*ghansa, hansa*) ainsi nommée, a-t-on dit, parce qu'elle a le bec ouvert (χαίνω), et le bétail en général (*paku, paçu*), qui viendrait de l'idée de prendre ou d'attacher.

Je viens à une autre classe de mots qu'il ne serait pas moins dangereux de vouloir tous expliquer à l'aide des verbes restés en usage. Ce sont les noms qui désignent les différentes parties du corps. L'enfant, parmi ses premières acquisitions linguistiques, apprend à nommer sa bouche, son nez, ses oreilles, ses yeux, ses mains, ses pieds; il en a été probablement de même dans cette période, et l'on n'avait sans doute pas attendu jusque-là pour trouver des noms à ces organes. Il serait donc bien imprudent d'affirmer que le verbe sanscrit *pad*, marcher, a servi à désigner le pied; le contraire, à savoir que le verbe sanscrit *padati*, il marche, est dérivé du substantif, est tout aussi possible, d'autant plus que les verbes correspondants dans les langues de l'Europe paraissent faire défaut. M. Fick cite le latin *pessum* (*dare*) qu'il rapproche de l'infinitif sanscrit *pattum* : mais *pessum*, ainsi que l'indique l'expression *pessum dejicere*, renferme la même contraction que *susum*, *prosa*, et doit être rapporté au verbe latin *pervertere*. La dent est-elle appelée *dant* parce qu'elle est la mangeuse : (*a*)*dant*, ou parce qu'elle est celle qui sépare et qui déchire (*dâ*, diviser)? Je croirais aussi volontiers que *dant* était déjà un appellatif, un nom dont la signification étymologique est oubliée, comme notre français *dent* et l'anglais *tooth*. On peut dire pareille chose pour les joues (*ghanu*, *hanu*), la bouche (*ás*), le nez (*nâs*, *nâsâ*), la tête (*kar*), le bras (*bâhu*), l'épaule (*amsa*), le foie (*jakart*), la chair (*kravas*), le corps (*karpas*). Du moins, toutes les étymologies qu'on a proposées pour ces noms paraissent-elles bien cherchées.

Les degrés de parenté ne sont pas non plus de ces mots qu'on se résoud facilement à changer, pour les remplacer par d'autres qui soient tirés des verbes actuellement en usage. Aucune étymologie satisfaisante n'a été présentée pour les noms de *svasar*, la sœur; *snushâ*, la bru; *dêvar*, le beau-frère; *napât*, le petit-fils; *çvaçura*, le beau-père; *çvaçrû*, la belle-mère. Quelques philologues ont cru devoir chercher en sanscrit l'étymologie de ces mots ; ainsi *napât*, le petit-fils, a été expliqué par *na-pati*, celui qui n'est pas [son] maître; *svasar* la sœur, par *sva-strî*, sa propre femme (!); *dêvar*, le beau-frère, par le verbe sanscrit *dêvati*, il joue, et M. Delbrück a découvert, dans ce jeune frère amusé par ses belles-sœurs, une idylle indo-germanique. Mais c'est montrer une grande confiance dans les ressources que le vocabulaire indien met entre les mains de l'étymologiste. Les deux termes pour lesquels on peut avec le plus de vraisemblance admettre l'explication généralement adoptée, sont ceux du père et de la mère, *patar* ou *pitar* étant le protecteur, et *mâtar* celle qui met au monde. Mais à côté de ces deux termes, qui sont, comme *genitor* ou *parens* en latin, des créations nouvelles du langage, la plupart des idiomes en ont conservé d'autres, telle que *atta*, père, en gothique; *attâ*, mère, en sanscrit, qui sont probablement les anciennes dénominations.

J'en dirai autant, sans m'y arrêter, pour les noms qui désignent le feu (*agni*), la neige (*ghima* et *ghjâ*), le nuage (*nabhas*), la campagne (*ravas*). Aucun de ces mots ne me semble pouvoir s'expliquer à l'aide des verbes restés usités. Il en est de même encore pour quelques qualités essentielles des corps, telles que *garu*, lourd; *laghu*, léger; *varu*, large; *nava*, nouveau, ainsi que pour les divers âges de l'homme : *juvan*, jeune; *vîra*, *nar*, homme; *sana*, vieux. Quelques produits de la civilisation et de l'industrie humaines semblent protester également contre l'âge trop récent qu'on leur attribue, en les voulant expliquer par des racines encore vivantes; je citerai : *dam*, la maison; *ajas*, le métal, l'airain, sans compter quelques termes abstraits, qui représentent les premières conquêtes de la moralité humaine, comme *apas*, le travail; *râ*, la propriété; *jaus*, le droit.

Je viens maintenant à une série de mots que l'intérêt public dut défendre contre tout remplacement une fois qu'ils eurent été trouvés : ce sont les noms de nombre. Depuis plus de trente siècles, sauf quelques changements insignifiants, les langues de notre famille comptent de 2 à 100 par les mêmes mots, et elles continueront probablement à le faire aussi longtemps qu'elles dureront. Pour la même raison, nous devons penser que ceux qui créèrent notre système grammatical ont respecté les noms de nombre qu'ils trouvèrent en usage. A moins de supposer que l'homme ne savait pas encore compter de 1 à 10, il faut bien admettre que ces termes *dva, tri, katur*, etc., sont antérieurs à la période où furent jetées les bases de notre grammaire. C'est donc une entreprise bien risquée de chercher dans le vocabulaire sanscrit ou grec l'explication de ces termes, comme le fait, par exemple, M. Goldstücker, quand il voit dans *pancan*, cinq, un parent du sanscrit *paçcât*, après, ou dans *saptan*, ἑπτά, un participe du verbe *sap*, ἕπομαι, suivre, probablement parce que le nombre sept suit [les six premiers]. Le seul nom de nombre qui change est le nombre *un*, à cause de la facilité avec laquelle il se confond avec les pronoms. Le nombre *deux* semble emprunter sa signification à la désinence duelle ; mais ce qui a fait choisir les mots *dva* et *ambha* pour porter cette désinence, c'est sans doute qu'ils étaient déjà précédemment employés comme nombre signifiant *deux*. On a fait ressortir souvent la ressemblance du nombre *dix* (*dakan, daçan*) avec les mots signifiant *doigts* (δάκτυλοι, *digiti*). Si cette parenté existe, on en peut tirer deux renseignements : le premier, c'est que *dak*, ou quelque forme de ce genre, a été le plus ancien nom des doigts ou de la main ; le second, c'est que le nombre *dix* n'a pas été pris dans une autre famille de langues, d'où la présomption pour la série des neuf nombres précédents qu'elle n'a pas été empruntée. Les coïncidences qu'on a souvent signalées avec la famille sémitique, où l'on a, par exemple, l'hébreu *shésh*, six, *shebà*, sept, devraient dès lors être expliquées comme remontant à une époque anté-grammaticale où les deux familles étaient encore confondues en une seule.

Qu'il nous soit permis de citer ici quelques lignes qui n'ont pas été écrites par un linguiste, ni en vue d'une question de linguistique, mais qui n'en trouvent pas moins leur application :

« On raisonne trop souvent comme si le genre humain finissait et commençait à chaque instant, sans aucune sorte de communication entre une génération et celle qui la remplace. Les générations, en se succédant, se mêlent, s'entrelacent et se confondent..... Un peuple, à moins qu'il ne soit exterminé, ou qu'il ne tombe dans une dégradation pire que l'anéantissement, ne cesse jamais, jusqu'à un certain point, de se ressembler à lui-même. »

C'est l'un des rédacteurs de notre Code civil, c'est Portalis, qui parlait ainsi, faisant allusion aux théories trop idéales de législation et de droit qui avaient eu cours de son temps. Nos linguistes ont quelquefois raisonné à la manière de ces théoriciens du xviiie siècle, comme si, à un certain moment, rien n'avait survécu des âges précédents, et comme si le langage avait été créé en une fois et sur un modèle unique. Nous ajouterons quelques mots de Guillaume de Humboldt, qu'il n'a pas écrits non plus en songeant à la question qui nous occupe, mais qui peuvent également s'y appliquer : « Comme chaque langue reçoit sa matière première des générations précédentes, l'activité intellectuelle consistant à créer l'expression des idées est toujours tournée vers quelque chose qui est déjà là : elle ne produit pas, elle transforme. »

Je viens maintenant à quelques faits de grammaire. Nos linguistes ont pu sourire avec raison de Gottfried Hermann expliquant, d'après la philosophie de Kant, la signification des cinq cas de la déclinaison grecque : on n'a pas eu de peine à montrer que cette déclinaison fort remaniée, fort réduite, a dû reporter sur les cas qui survivent la fonction de ceux qu'elle a perdus. Mais n'est-ce pas retomber dans un défaut analogue, que de chercher quelle était, dans la langue indo-européenne, la fonction primitive du génitif ou du datif? La déclinaison à huit cas que Schleicher reconstruit dans son *Compendium* n'est sans doute pas tout ce que la race avait essayé en ce genre. Puisque nous voyons que, dans toutes nos langues, la déclinaison ne cesse de s'appauvrir, il est assez naturel de croire que la langue mère, subissant les mêmes conditions, n'avait pas hérité de toutes les richesses des âges précédents, et qu'elle avait déjà attribué aux désinences casuelles dont elle dispose certaines fonctions dévolues primitivement à d'autres désinences. La recherche de l'idée fondamentale exprimée par chaque cas, n'est donc guère plus à sa place dans cette période que dans la période védique ou homérique. On peut même aller plus loin. Je ne pense point qu'il y ait eu jamais, à un moment quelconque du passé anté-historique, une heure de perfection où la déclinaison eût répondu exactement à un ensemble de notions logiques. Le langage nous représente une longue suite de tentatives à moitié réussies, à moitié avortées, qui se mêlent et qui se combattent, de sorte qu'en tout temps, même à l'époque où elle était encore en voie de croissance, la déclinaison avait déjà dû éprouver des pertes et cacher des blessures. A plus forte raison dans une période aussi voisine que celle où nos conjectures peuvent atteindre. Si la signification du datif, en sanscrit comme en grec, ne se laisse pas facilement réduire à une fonction unique, si l'instrumental cumule en même temps le rôle d'un sociatif, il ne faut pas perdre de vue que chacun de ces cas a pu assumer la fonction d'un ou plusieurs autres cas frappés de mort à ses côtés.

En général, quand on voit dans l'histoire un mouvement qui s'effectue au premier moment où il nous est donné de commencer nos observations et qui se prolonge ensuite durant une notable série de siècles, il serait hasardeux de croire que ce mouvement avait pris naissance tout justement à l'époque où les faits deviennent pour nous observables. Une langue qui marche vers l'appauvrissement des désinences casuelles depuis les premiers textes où nous pouvons l'étudier, avait sans doute commencé à éprouver des pertes avant le jour où furent composés les premiers hymnes védiques. Même on aurait peine à comprendre qu'un idiome qui se serait mis en frais pour trouver un mécanisme aussi ingénieux que la déclinaison, eût borné ses créations en ce genre à sept ou huit désinences. Ce sont les derniers survivants, eux-mêmes destinés à périr, que nous apercevons : mais leur nombre a dû être plus grand dans une période plus ancienne; le groenlandais, le finnois, le basque montrent quelle peut être la productivité du langage quand il tourne ses facultés d'invention de ce côté.

S'il fallait quelque chose pour nous en convaincre, ce serait la variété des désinences qu'on rencontre à un seul et même cas. Quand un cas vient à disparaître, il ne périt pas matériellement tout entier, mais il repasse une partie de son avoir à ses collègues. C'est parce que le datif-ablatif pluriel, en latin, a hérité des désinences d'un ou plusieurs cas sortis de l'usage, qu'il présente des désinences aussi dissemblables que *dominis* et *avibus*; pour la même raison, on trouve au locatif sanscrit *pad-i* et *vadhv-âm*. On peut encore citer les génitifs latins *familias* et *familiæ*, les nominatifs pluriels sanscrits *marutas* et *tê*. En général, quand on trouve dans une langue cette bigarrure de désinences, il faut admettre ou bien que le langage avait créé un certain nombre de flexions synonymes, ou bien que les épaves d'une forme grammaticale ont été recueillies par une autre forme. Des deux explications, c'est tantôt l'une, tantôt l'autre qui convient. Mais, en ce qui concerne la déclinaison, nous pensons que la seconde est le plus souvent à sa place, parce que la déclinaison, sous l'action d'une nouvelle syntaxe, est un mécanisme qui, dès les plus anciens temps que nous pouvons observer, est en voie de se dissoudre, et dont les pièces deviennent peu à peu inutiles. A l'époque de la séparation, le travail de désorganisation était déjà commencé, de sorte que chaque langue a emporté avec elle, outre les cas qu'elle emploie, quelques débris qui ne font point partie de la déclinaison régulière. Telles sont, en grec, les formes comme ἶφι, βίηφι, ou comme οἴκοσι, κυκλόσε.

Ce serait donc s'écarter des saines données de l'expérience, que de dresser pour la langue mère des paradigmes parfaitement réguliers, comme on les trouve dans la Grammaire de Schleicher. On a souvent appelé la déclinaison un organisme : mais ces sortes de métaphores ne peuvent qu'induire en erreur ; la déclinaison est un système, une création successive où il est aisé d'apercevoir des lacunes et des surcharges, et où des matériaux fort différents d'ancienneté ont été mis en œuvre. Quand, par exemple, on rapproche l'un de l'autre les deux adverbes *apa*, hors de (grec ἀπό), et *api*, vers (grec ἐπί), et de même παρά et περί, ἀνά et ἐνί, on entrevoit un mécanisme plus ancien et plus imparfait, qui a précédé la déclinaison classique. Quelquefois même on retrouve encore les anciennes flexions à la base des flexions nouvelles. En voici un exemple.

Nous avons en sanscrit des adverbes en *tas*, comme *atas, jatas, kutas, pûrvatas, svargatas, mattas, tvattas, abhitas, paritas*. A ces adverbes correspondent les adverbes latins : *intus, subtus, funditus, antiquitus, primitus, radicitus*. On a de même en grec ἐντός et ἐκτός, et en slave *otu*. La syllabe *tas* est, à ce que je crois, une forme déclinée du thème pronominal *ta*. Nous avons ici un *s* servant à marquer l'ablatif ou le génitif. Sont formés de même les adverbes sanscrits *adhas, adas, puras*. Cette flexion a-t-elle disparu absolument de la déclinaison régulière? Je ne le pense point. Elle se trouve dans les pronoms sanscrits *nas, vas* (1), on la reconnaît dans les formes telles que *kavês, sûnôs;* elle est adjointe au pronom féminin *jâ* dans les génitifs comme *çivâ-jâ-s* (2), et je la retrouve enfin, mais cette fois *suivie* de la syllabe *ja*, dans *çiva-s-ja*.

Cet exemple nous montre combien les éléments employés dans les flexions casuelles sont loin d'être tous du même temps. L'analyse doit essayer de reconnaître les couches successives, comme on a commencé de le faire dans la conjugaison; il ne viendra à l'esprit d'aucun phi-

---

(1) *Nas* et *vas* servent non-seulement de génitif, mais de datif et d'accusatif. Mais on sait par les adverbes que les formes sorties de la déclinaison régulière prennent facilement une signification indéterminée.

(2) C'est le même *s* qui termine les génitifs grecs comme ἡμέρας, latins comme *familia-s*.

lologue de regarder comme contemporains les aoristes *ajásisham* et *abudham*. C'est pourtant en un défaut de ce genre que sont tombés ceux qui ont expliqué les génitifs en *sja* par un thème pronominal *sja*, et qui, avec plus d'ingéniosité que de justesse, ont rapproché δήμοιο des adjectifs comme δημόσιος. Dans *açvas-ja*, la première partie *açvas* est la plus ancienne; il est même probable que cette formation remonte à un temps où le nominatif n'existait pas encore. Ce cas, ainsi que l'accusatif, loin de devoir être tenus, comme ils le sont par M. Curtius, pour les deux plus anciens de la déclinaison, me paraissent les plus modernes : c'est ce que j'induis de la forme renforcée que présentent beaucoup de thèmes au nominatif et à l'accusatif, ainsi que de la différence qui existe à ces deux cas entre le masculin et le neutre, différence qui manque aux autres cas de la déclinaison.

Si la déclinaison était l'organisme dont parlent quelques philologues, on devrait s'attendre, entre les cas du singulier et ceux du pluriel, à un certain parallélisme. Il n'y aurait aucune raison pour que le même exposant, qui marque au singulier la relation ablative ou génitive, ne se retrouvât pas à l'ablatif ou au génitif pluriel, avec cette différence qu'il serait accompagné de l'exposant de la pluralité. Schleicher a, en effet, supposé quelque chose de semblable; il a cru reconnaître que les cas du pluriel se formaient des cas du singulier par l'addition du pronom *sa*, en sorte que le nominatif pluriel, par exemple, aurait été exprimé par *sa + sa*, celui-ci [et] celui-là. Mais il

suffit de parcourir les paradigmes de la déclinaison, pour
s'assurer que cette théorie ne va pas sans de grands ti-
raillements, et que finalement elle ne s'applique, tant
bien que mal, qu'à un petit nombre de formes. Quelle
parenté découvrir entre le génitif singulier *marutas* et
son pluriel *marutâm*, entre le locatif singulier *maruti* et
le pluriel *marutsu*. On voit bien clairement ici que la
langue se sert d'éléments disparates, soit que l'élément
correspondant ait péri, soit qu'une répartition ait spécialement affecté au pluriel des flexions qui, dans le principe, servaient indifféremment pour les deux nombres.
Quand on relit le brillant travail de Guillaume de Humboldt
sur le duel, on touche du doigt le défaut d'une école qui
était disposée à s'exagérer la portée logique et l'harmonie
primordiale des formes grammaticales. L'idée du nombre
paraît avoir trouvé son expression assez tard dans la déclinaison, sans quoi celle-ci aurait pris un tout autre
tour. On devine la perturbation que cette idée, quand le
langage commença à lui chercher une expression, dut porter dans l'ancien système de la déclinaison, et quel remaniement nécessita l'introduction d'une catégorie grammaticale nouvelle. C'est donc une entreprise à peu près sans
issue de chercher, comme l'ont fait beaucoup de linguistes contemporains, l'étymologie des désinences.
Expliquer les cas de la déclinaison indo-européenne au
moyen des prépositions restées en usage ou des racines
pronominales qui nous sont parvenues, c'est s'exposer à
de nombreuses chances d'erreur, parce que ce méca-

nisme n'est pas de la langue indo-européenne, mais d'un âge antérieur. Je rappelle seulement les cas en *bhis*, *bhjam*, *bhjas*, *bhjâm*, dans lesquels on découvre un élément commun *bhi* dont la langue indo-européenne, hors de là, ne fait plus aucun usage. Au lieu de placer, avec M. Curtius, la formation de la déclinaison dans un temps relativement récent, je pense donc qu'il faut la reporter à une époque très-reculée : c'est de beaucoup la portion la plus obscure de nos idiomes.

Parmi les flexions, si l'on veut trouver ce qu'il y a de plus archaïque, je crois qu'il faut s'adresser aux pronoms, et particulièrement aux pronoms personnels, qui témoignent déjà de leur antiquité par leur indifférence au genre. Des formes comme *mama*, *tava*, *mê*, *tê*, *mâ*, *tvâ*, *majâ*, *tubhjam*, *nas*, *vas*, *nâu*, *vâm*, *asmat*, *asmê*, doivent compter parmi les débris les plus vénérables de la déclinaison. De même que la flexion, peu à peu délogée de nos langues modernes, trouve son dernier asile chez les pronoms, de même il est à supposer qu'elle a pris naissance parmi eux.

J'arrive à la conjugaison, qui présente moins d'obscurité. Cependant, ici encore, nous retrouvons des difficultés causées par la différence d'âge des éléments mis en œuvre; ceux qui ont pensé que la conjugaison s'expliquerait tout entière par les pronoms que nous livrent nos idiomes n'ont pas raisonné autrement, au fond, que les philologues de la vieille école, expliquant l'ω de φέρω par le pronom ἐγώ. Je commencerai par les désinences du pluriel.

On sait que les idées *nous*, *vous*, sont assez complexes : dans beaucoup de langues, surtout dans les langues encore jeunes, il existe plusieurs mots pour exprimer chacune de ces idées. M. Frédéric Müller raconte l'histoire d'un missionnaire anglais qui, prêchant un jour dans une île de la mer du Sud sur le péché et sur la grâce, s'écria : « Nous sommes de grands coupables! » Et là-dessus il énumère les péchés auxquels, en tous pays, l'humaine nature a trop d'inclination. Mais il se servit du pluriel au lieu d'employer l'omniel, en sorte que le pronom *nous* parut se rapporter exclusivement aux missionnaires, et que l'impression à produire sur les indigènes fut manquée. Pour créer le pronom *nous*, diverses combinaisons sont possibles, telles que *moi et toi*, *moi et il*, *moi et ceux-ci*. Il est donc peu surprenant que nous trouvions dans la conjugaison une désinence *mas*, *masi* qui n'offre aucune ressemblance avec les pronoms pluriels de la première personne. Cependant, l'on s'est donné assez de peine pour expliquer ce *masi* à l'aide de *asmat*, ou de *ma* + *tva*, et il n'est artifice de phonétique qu'on n'ait essayé. Non-seulement *masi* peut venir d'un pronom pluriel qui ne nous a pas été conservé, mais la désinence moyenne *madhê* nous met sur la voie d'une troisième forme. Il subsiste encore dans la déclinaison une preuve de cette surabondance de pronoms, puisque nous trouvons, à côté de *asmat*, le pronom *nas*, qui ne paraît être d'aucun emploi pour la flexion du verbe. La même observation s'applique à la seconde personne : quel rapport y a-t-il entre ὑμεῖς et la désinence de φέρετε, φέρεσθε? Je ne veux pas nier pour cela l'origine pronominale des flexions verbales. Mais on peut être partisan de la théorie de l'agglutination sans croire que tous les morceaux qui ont été joints ensemble doivent encore se trouver sous la main.

Même au singulier, les tentatives pour ramener au pronom *tvam* les désinences qu'on a dans *bharasi* et dans *çrudhi* ne sont pas sans présenter de grandes difficultés. Les deux seules personnes qui s'expliquent facilement sont la première (*as-mi*) et la troisième (*as-ti*). De là est partie toute la théorie de Bopp, qu'on a cru trop aisément pouvoir vérifier sur l'étendue entière de la langue.

Ces deux désinences elles-mêmes peuvent donner lieu à une observation. Il est remarquable qu'à côté de la première personne εἰμί, δίδωμι, le grec en ait une autre λέγω, λέξω, qui ne s'explique point, comme on l'a cru trop aisément, par la chute de la syllabe *mi*, mais qui paraît être jetée dans un autre moule. A la troisième personne, λέγει n'est pas non plus sans causer quelque doute; car on ne voit pas comment un primitif λέγετι aurait donné cette forme (1). Il se pourrait donc que les désinences *mi* et *ti*, les deux seules qui ne présentent point de difficulté, fussent aussi les plus modernes. On a plus d'un exemple de

---

(1) G. Curtius (*Das Verbum*, I, p. 60) suppose comme intermédiaires λέγετι, λέγειτ. Mais pourquoi l't final serait-il tombé dans cette conjugaison, tandis qu'il reste dans les verbes en μι?

flexions pronominales ainsi ajoutées après coup : l'allemand, au moyen âge, a failli se donner une seconde personne *wirstu, hastu*.

Dans la théorie des suffixes, l'idée qu'on atteignait les premiers éléments de la parole n'a pas fait commettre moins de méprises. Quelques linguistes, et Schleicher à leur tête, semblent croire qu'on ne saurait réduire les suffixes à des syllabes assez simples et assez faciles. Ainsi *tra* est expliqué comme étant pour *ta* + *ra*, *ska* pour *sa* + *ka*. Cependant quelques suffixes résistent à cet émiettement, par exemple celui du comparatif *jans*, qui est fort ancien, puisqu'il se retrouve dans toute la famille, puisqu'il se joint immédiatement à la racine et puisqu'il est contenu dans le superlatif *ista*. Loin d'esquiver ces sortes de difficultés, il convient d'y insister, pour prouver que la langue indo-européenne, conforme en ceci aux autres langues, ne rend point compte de tous les éléments qu'elle emploie. Parmi les composés, il en est qui contiennent des mots remontant à une époque antérieure, et dont le souvenir, à l'état simple, s'est perdu. Bopp n'hésite pas à reconnaître le substantif *divas*, jour, dans la seconde partie de l'adverbe signifiant *hier* : sanscrit, *hjas;* grec, χθές; latin, *heri;* gothique, *gistra*. Cependant un adverbe d'usage aussi fréquent a fort bien pu ne pas attendre la formation du mot *divas*.

Je passe maintenant aux racines. Jusqu'à quel point a-t-on le droit de parler de racines latines, grecques, sanscrites, puisque ces langues n'ont pas l'habitude d'employer des racines nues, mais seulement des mots formés et fléchis? On ne saurait évidemment parler de racines sanscrites, latines ou grecques que d'une manière un peu abusive et impropre : on peut seulement dire que nous sentons la présence des racines à l'intérieur des mots où elles sont placées. Ainsi en grec la racine γεν se sent dans ἐγένετο, γέγονα, γενίτωρ, γένος; en latin, la racine *nec* s'aperçoit dans *necare, nex, pernicies*. Dans toutes les langues que nous connaissons, il nous faut dégager la racine soit par l'analyse grammaticale, soit par une sorte d'instinct dû à une longue habitude. Mais la langue mère indo-européenne ne se comporte pas, à cet égard, autrement que le grec, le latin, le sanscrit ou le slave. Elle emploie des mots : elle n'emploie pas de racines nues. Toutes les formes comme ἐγένετο, γέγονα, *nex, neco* auraient leur forme correspondante dans la langue mère. L'expression de racine indo-européenne est donc aussi impropre que celle de racine grecque ou sanscrite : ou plutôt le mot *indo-européen* est à tort employé par les linguistes en deux sens différents, et il désigne tour à tour deux périodes fort éloignées l'une de l'autre, suivant que nous l'appliquons à l'époque précédant immédiatement la séparation des idiomes ou aux temps anté-grammaticaux. Pour éviter cette confusion, j'appellerai cette dernière période la période *monosyllabique* (1). M. G. Curtius a essayé de

---

(1) Dans un livre dont les idées, sur certains points, se rapprochent des nôtres (*Principles of comparative philology*, 2ᵉ édition. Londres, 1875), M. Sayce met en doute le monosyllabisme des racines indo-européennes :

montrer combien de couches il faut traverser pour arriver de la période monosyllabique jusqu'à la période indo-européenne. On peut ne point partager l'opinion du savant professeur de Leipzig sur l'ordre de succession et sur le rapport chronologique de ces différentes couches : mais où tout le monde tombera d'accord, c'est sur le long espace de temps qu'il a fallu pour ces évolutions. Une forme telle que *adikshat*, il montra, en grec ἔδαξε, aoriste de la racine *dik*, montrer, a exigé le travail continu d'une longue suite de siècles.

Il est bon de garder présente à l'esprit une distinction si essentielle. Autrement on s'exposerait à plus d'une sorte d'erreur. Pour commencer par le côté phonétique, je crois que s'il est possible de nous représenter à peu près le son des racines de la langue indo-européenne, le son qu'avaient ces mêmes racines dans la période monosyllabique est beaucoup plus difficile à déterminer. Un exemple fera mieux comprendre ceci. On sait que nos dictionnaires de racines contiennent un bon nombre de racines homophones : ainsi nous avons une racine *kar*, faire (latin *creare*), une autre racine *kar*, mélanger, verser

« La tendance du langage étant plutôt d'user et de contracter les mots que de les étendre et de les accroître. » Et il ajoute que certaines racines, comme celle du verbe *loqu-or*, eussent été impossibles à prononcer. On va voir que ce dernier argument n'est pas très-solide, car il implique que nous pouvons nous faire une idée exacte de la prononciation qu'avaient les racines à une époque si reculée. Sans vouloir nier la possibilité d'une transformation qui aurait abouti au monosyllabisme, nous croyons qu'il faut attendre, pour l'admettre, des preuves plus convaincantes. Il serait assez extraordinaire que pas un ancien dissyllabe n'eût survécu.

(grec κεράννυμι), une troisième racine *kar*, couper, séparer (latin *cernere*). Il n'existe aucun danger de confusion, car ces racines, qui se retrouvent toutes les trois en sanscrit, ne s'y conjuguent pas de la même manière. Comme la langue indo-européenne dispose des mêmes richesses de flexion, le danger de confusion n'existe pas davantage pour cette langue. Au contraire, si nous franchissions les siècles et si nous remontions à la période monosyllabique, nous nous trouverions en présence de trois monosyllabes *kar* à sens fort différents, sans parler du substantif *kar* qui veut dire tête. Mais quoiqu'il reste encore, pour distinguer ces homonymes, la ressource du geste, je crois qu'on aurait tort de raisonner de la sorte. Durant le long espace de temps qui sépare de la langue indo-européenne, l'âge monosyllabique, l'altération phonétique n'a pas dû manquer de faire sentir son influence. Il est même à présumer qu'elle a dû s'exercer pendant cette période d'une façon toute particulière. En effet, s'il y a eu dans l'histoire de nos langues une révolution importante, c'est celle qui a produit le système de la conjugaison et de la déclinaison. Or, l'expérience nous apprend que des créations de ce genre ne vont jamais sans compensation : là où la syntaxe se perfectionne, les flexions s'oblitèrent ; quand la construction devient plus rigoureuse, on ne donne plus le même soin à la prononciation de chaque mot. Mais aucun de ces faits n'est comparable en importance au changement qui se produisit quand un appareil grammatical comme celui que présente notre famille de langues commença d'être formé. L'usage de ces suffixes et de ces désinences qui, en s'ajoutant à la racine, la déterminent et la nuancent en tant de façons, ouvrait un âge nouveau, qui devait faire négliger les ressources plus imparfaites de l'âge précédent. On commettrait donc une sorte d'anachronisme en prêtant à la période monosyllabique la phonétique relativement simple de la langue indo-européenne. Ce qu'on appelle l'altération phonétique n'étant en général qu'un adoucissement des sons, il est à supposer que les sons les plus difficiles se perdirent lorsque le langage, ayant inventé la flexion, put renoncer à une partie de ses moyens d'expression antérieurs. On voit combien est téméraire la confiance de ceux qui prétendent reconnaître dans nos racines, telles que les livre la langue indo-européenne, un écho de l'impression que le monde extérieur aurait faite sur les ancêtres de la race (1). Retrouver des onomatopées ou des cris naturels dans ces syllabes, qui sont déjà usées par le frottement des siècles, c'est recommencer d'une autre manière le Cratyle.

Je ne songe pas à contester le rôle de l'onomatopée dans la formation du langage. Mais il en est des mots comme de ces blocs de rochers que les rivières, au commencement de leur course, arrachent des montagnes et emportent avec elles; déjà à la moitié du voyage, ils ont perdu leurs aspérités, et ils finissent par être ces galets ronds

---

(1) C'est ce que fait, par exemple, Heyse, à propos des racines *sta*, être debout; *i*, aller, etc.

et polis que lave et amincit sans cesse la mer. Si nous croyons parfois entendre dans certains sons de nos idiomes une imitation des bruits de la nature, nous devrions nous rappeler que les mêmes bruits, dans d'autres langues, sont représentés par de tout autres sons, dans lesquels les peuples étrangers croient également sentir des onomatopées : de sorte qu'il serait plus vrai de dire que nous entendons les bruits de la nature, à travers les mots auxquels notre oreille est habituée depuis l'enfance.

Pour faire toucher du doigt le danger qu'il y a à confondre la période monosyllabique avec la période indo-européenne, je rappellerai la formule que Schleicher a cru pouvoir donner des mots de nos langues : $R^x s$. Le x placé comme exposant auprès de R (racine) fait allusion au renforcement (gouna ou vriddhi) de la voyelle radicale. Il semble que cette faculté de changer un *a* en *â*, un *i* en *ê* ou *âi*, un *u* en *ô* ou *âu*, soit propre à la racine. Le regrettable linguiste, en inventant cette formule qu'il oppose à *Rs*, formule des langues finnoises, présente comme une faculté inhérente à la racine ce qui est certainement postérieur à la formation des mots : tout porte à croire que le gouna et à plus forte raison le vriddhi n'ont commencé d'exister qu'à partir du moment où la racine s'est adjoint des suffixes. Il n'y a pas de raison pour poser une formule qui mentionne spécialement ce phénomène. On pourrait aussi bien choisir une formule qui ferait allusion au changement de *man* (latin *memini*) en *mnâ* (grec μιμνήσκω), ou de *dam* (δαμάω) en δμη (ἄδμητος).

Schleicher transporte ici dans la période monosyllabique ce qui appartient à la langue indo-européenne.

C'est par une confusion d'un autre genre qu'à diverses reprises on a essayé de distinguer parmi les racines plusieurs couches d'âge plus ou moins reculé, suivant que la racine est composée d'un plus ou moins grand nombre de lettres. Ceux qui se sont livrés à ce travail se laissaient conduire par l'idée qu'ils touchaient aux commencements de la parole humaine. Ainsi M. Fick, dans son ouvrage, déclare que les seules racines primitives sont les racines d'une, deux ou trois lettres, telles que *i*, aller; *da*, donner; *ad*, manger; *sta*, être debout. Tout ce qui dépasse cette longueur ou sort de ce modèle n'est pas *urwurzel*. M. Max Müller, dans le tome I de ses *Lectures sur la science du langage*, établit pareillement une division entre les racines *primaires*, telles que *i*, *ad*, *da;* *secondaires*, comme *tud*, frapper; *tertiaires*, comme *plu*, couler; *spak*, voir; *spand*, étendre. « Les racines primitives, dit l'éminent indianiste, sont les plus importantes pour l'histoire des commencements du langage; mais leur force d'affirmation étant généralement trop indéterminée pour satisfaire aux progrès de la pensée, elles ont bientôt été envahies et presque supplantées par les racines secondaires et tertiaires. »

Les linguistes que nous avons nommés, et dont il serait aisé d'accroître le nombre (1), plaçant la simplicité à

---

(1) Il est juste de rappeler que cette théorie a été présentée pour la première fois et avec des développements qui ne se trouvent pas chez les

l'origine, veulent diminuer l'effort que les ancêtres de la race auraient eu à faire pour créer les premiers moyens d'expression. D'autres savants ont pensé que la forme la plus complexe était la plus ancienne, et que des formes plus simples en ont été déduites par voie d'élimination. Nous retrouvons ici M. Max Müller, dans le second volume de ses *Lectures sur la science du langage* : « On peut aussi, dit-il, défendre l'hypothèse opposée, à savoir que le langage débuta par la variété, que l'esprit humain émit d'abord un grand nombre de racines spéciales d'où on tira ensuite les racines plus générales, en omettant les lettres qui constituaient les différences spécifiques. Il y a beaucoup à dire en faveur de l'une ou de l'autre de ces vues. » L'hypothèse qui se trouve au fond de ces théories opposées est la même : à savoir que les racines représentent le commencement de la parole (1).

Mais ce n'est pas seulement sur la forme des racines

---

philologues allemands, par M. H. Chavée, dans sa *Lexiologie indo-européenne* (Paris, 1848). Il a reproduit depuis les mêmes idées dans la *Revue de linguistique* (I, p. 138, 253), sous le titre : *Idéologie positive, Familles naturelles des idées verbales*.

(1) Voici, par exemple, un passage de la *Grammaire philosophique et historique* de R. Westphal, où se montre à découvert cette confusion entre les commencements de la grammaire indo-européenne et les commencements du monde. L'auteur (p. 94) traite de l'origine des catégories grammaticales, ou, comme nous dirions, des parties du discours ; il suppose que ces catégories sont primitives, et il s'écrie : « Nos ancêtres Indo-Germains ont suivi ces catégories avec la même inconscience que quand, pour soutenir leur corps, ils ont saisi leur premier aliment, ou quand l'Indo-Germain a pour la première fois serré dans ses bras l'Indo-Germaine, laquelle, sans qu'il le sût, devait mettre au monde un homme pareil à lui-même. » La seule présence des mots Indou et Germain n'aurait-elle pas dû avertir l'auteur et lui faire retrancher ce développement extraordinaire ?

que la fantaisie et l'esprit de système se sont donné carrière. Le sens de ces monosyllabes n'a pas provoqué moins de théories aventureuses. Quand on parcourt dans nos dictionnaires la liste de ces racines, on voit que le plus grand nombre expriment une action ou un état, comme *aller, frapper, porter, briller, résonner, penser*. Cette action ou cet état a l'air d'être conçu d'une façon abstraite, c'est-à-dire détaché de l'être ou de la chose qui va, frappe, porte, brille, résonne, pense. Il y a très-peu de racines désignant des êtres ou des choses. Pour nommer le soleil, par exemple, ou le cheval, on se sert, non pas d'une simple racine, mais d'un dérivé de la racine *briller* ou de la racine *courir*. Le soleil est le brillant, le cheval est le coureur. De cette signification abstraite des racines, on a cru pouvoir tirer des conclusions sur la succession des premières idées de l'homme. « Nous commençons, dit M. Max Müller, nous commençons réellement par connaître les idées générales, et c'est par elles que nous connaissons et que nous nommons ensuite les objets individuels. » Disons seulement que cette théorie, dont il serait hors de propos de juger la valeur philosophique, n'est point ici à sa place. Pour nous convaincre que nous ne touchons pas aux premières conceptions de l'homme, il faut d'abord nous rappeler qu'il s'agit d'une seule famille de langues, et non sans doute de la plus ancienne. Dans cette famille de langues, nous dégageons des syllabes, au nombre de quatre ou cinq cents, qui ont servi à former les verbes et les noms. Qu'était-ce d'abord que ces syllabes?

Je crois qu'ici surtout il faut faire la part des transformations successives éprouvées par le langage. Le jour où commença le système agglutinatif, un instrument d'une puissance extraordinaire était créé. Il devait avoir un double effet : 1° transformer en *racines* tous les mots qui étaient pris dans ses engrenages; 2° faire peu à peu tomber dans l'oubli, comme superflus, comme obscurs ou comme surannés, la plus grande partie des mots qui n'étaient pas saisis par ce mécanisme.

Il est impossible de savoir ce que signifiait autrefois le monosyllabe *bhar*, qui a donné le grec φέρω, le latin *fero*, le germanique *bairan* (lequel se trouve encore, en allemand, dans le composé *gebären*, mettre au monde). Désignait-il le porteur d'un fardeau, ou le fardeau lui-même, ou avait-il quelque sens encore plus particulier, comme le serait, par exemple, l'enfant que la mère porte dans son sein? On comprend qu'il serait quelque peu téméraire de rien assurer à cet égard. Mais ce qui est certain, c'est qu'il ne faut pas transporter dans cette ancienne période la signification abstraite qu'il a prise quand on a commencé à dire *bhar-mi*, je porte; *bhar-ti*, il porte; *bhar-tar*, le porteur. Ce jour-là, *bhar* est *devenu* une racine. Il suffit d'observer nos idiomes modernes pour voir comme un verbe, tiré d'un nom, surpasse ordinairement en abstraction le nom dont il est sorti. Que l'on compare en latin, par exemple, au substantif *monstrum*, le verbe *monstrare*, ou au substantif *portus*, le verbe *portare* (qui était probablement d'abord un terme de marine), ou à l'adjectif *durus*, le verbe *durare;* on voit aussitôt comme le verbe se débarrasse facilement de ce qu'il y avait de trop particulier dans le nom dont il est issu. Le même fait a dû se passer dans un temps plus lointain. Il n'est pas vraisemblable que, dans la période anté-grammaticale, il n'y eût pas encore de termes pour désigner le *soleil*, le *tonnerre*, la *flamme*. Mais le jour où ces mots sont entrés en contact avec les éléments pronominaux, pour former des verbes, leur sens est devenu plus fluide, et ils se sont résolus en racines signifiant *briller, résonner, brûler*. On comprend dès lors que les anciens termes qui désignaient les objets aient disparu pour faire place à des mots dérivés, à l'aide de suffixes, de ces racines nouvellement créées. On comprend mieux aussi la présence des nombreux synonymes qui signifient *aller, briller, retentir;* ce sont les *abstraits* (*abstracta*) d'anciens appellatifs. L'idée de *briller*, par exemple, ayant pu être tirée du feu et de la neige aussi bien que du soleil, un assez grand nombre de racines, à points de départ fort différents, sont venues se rejoindre dans une acception commune.

Si nous voulions percer le voile qui nous dérobe les appellatifs antérieurs à la formation du système grammatical, il faudrait chercher parmi les racines verbales celles qui ont conservé en leur signification quelque chose de caractéristique qui trahisse leur ancienne nature nominale. Ainsi les grammairiens indous placent parmi les nombreuses racines signifiant *aller*, la racine *sarp :* mais quand on voit que *sarp* a donné *serpens* en latin, ἕρπω en grec, *sarpa*, serpent, en sanscrit, on peut conjecturer que les reptiles avaient depuis longtemps quelque nom approchant et que la racine *sarp* doit à cette origine la spécialité de désigner une marche rampante. Le mécanisme grammatical a changé de cette façon en verbes quantité d'appellatifs. Il est intéressant de comparer, à ce point de vue, les langues modernes, par exemple le français, où il subsiste tant de verbes dont les primitifs, autrefois employés, sont sortis de l'usage. Même, il arrive à notre enseignement, quand il néglige la filiation historique, de construire des racines imaginaires et de recommencer, pour une période beaucoup plus récente, le faux raisonnement dont nous parlons. Mais cette fois, il est plus facile de mettre le doigt sur l'erreur. Ainsi dans un livre élémentaire d'étymologie française, on groupe les mots comme *rouler, roulement, roulage, roulier, rouleau, roulette, roulis*, autour d'un radical *roul*, qu'on suppose marquer un mouvement circulaire. Ce prétendu radical *roul*, comme on sait, n'est autre chose que le substantif latin *rotula*.

Si l'on est autorisé à penser qu'un bon nombre de substantifs usités à une époque très-reculée se cachent dans des racines verbales, un plus grand nombre a dû périr après la création du système grammatical. Ce qui caractérise, en effet, ce système, c'est sa grande fécondité : à l'aide des suffixes, une racine verbale met au monde un nombre considérable d'adjectifs et de substantifs qui peuvent, grâce à la répartition et à la fixation du sens, devenir des appellatifs. En outre, dans la conjugaison, l'actif et le moyen permettent d'exprimer la même action sous deux points de vue très-différents. Les particules qu'on adjoint aux verbes en diversifient l'emploi de la façon la plus riche. Les préfixes, notamment les préfixes privatifs, varient le sens des adjectifs. Les monosyllabes appelés au rôle de racines sont donc comme une espèce prolifique et pullulante qui limitait l'espace et entravait l'existence des autres mots, restes de la période anté-grammaticale. Il faut ajouter que les mots nouvellement formés avaient l'avantage de la clarté puisqu'ils contenaient une racine devenue agissante. On ne sera donc pas étonné que les quatre ou cinq cents racines (1) qui ont formé les mots nouveaux de notre famille de langues, aient pu dévorer, en quelque sorte, ce qui, à côté d'elles, restait de la période antérieure, sauf un certain nombre de mots qui, grâce à des circonstances particulières, ont su se défendre et se maintenir. En effet, si étendue que soit l'influence des révolutions en linguistique, il reste ordinairement quelques témoins de l'âge antérieur : tous les anciens appellatifs n'ont sans doute pas été changés en racines verbales ni effacés de la mémoire des hommes. Je prends, par exemple, le mot *ap* ou *âp* qui désigne l'eau ; comme il n'existe pas de racine verbale qui puisse expliquer ce

---

(1) Il y en avait probablement un plus grand nombre à l'origine. Mais la lutte pour l'existence, qui est une loi constante en linguistique comme en histoire naturelle, a dû en faire disparaître une partie. Je rappelle ce que j'ai dit, au commencement de ce travail, de certains mots comme *agni*, feu; *garu*, lourd.

substantif, on doit croire que nous avons ici le représentant plus ou moins altéré d'un ancien nom ; on en peut dire autant pour *ghmâ*, la terre. Il est possible qu'une partie des mots que nous avons cités en commençant, comme *nar*, l'homme ; *râ*, la propriété, soient des appellatifs déjà employés comme tels dans la période monosyllabique.

Quant aux ressources de grammaire et de syntaxe qui ont pu être en usage dans cette période reculée, elles ont dû se perdre quand notre système grammatical a été créé. Il y a place ici pour toutes les hypothèses, depuis celle d'une langue à modulations, comme le chinois ou le siamois, jusqu'à celle d'une langue polysynthétique comme les idiomes américains. Certains phénomènes de changement de voyelle, comme ce que nous observons dans les pronoms *na, ni, nu ; dva, dvi ; ka, ki, ku ; ta, ti*, pourraient donner lieu à d'autres hypothèses et faire chercher des affinités avec d'autres familles d'idiomes. Mais c'est là un domaine trop évidemment voué aux constructions de l'imagination pour que nous y arrêtions le lecteur. Nous voulons seulement faire observer qu'il serait hardi d'affirmer, comme le fait par exemple M. Curtius, qu'aucune grammaire n'existait dans l'âge monosyllabique, et que l'esprit devait suppléer les idées de subordination et de rapport qu'avaient entre eux ces mots invariables.

Nous bornons ici ces considérations, qui ont été suggérées par la lecture d'un certain nombre d'ouvrages où les enseignements nouveaux fournis par la grammaire comparée nous paraissent avoir conduit à des conclusions excessives. Une appréciation plus vraie doit à la fois limiter notre ambition philologique et étendre notre horizon intellectuel. La création du système grammatical dont nous nous servons fut une révolution qui plia à des usages nouveaux la matière transmise par des âges antérieurs. S'il est impossible de dire ce qui précéda, on peut du moins affirmer que de longs siècles de parole se trouvent par delà notre horizon linguistique. Il n'y a aucune information directe à tirer des racines pour la question de l'origine du langage (1). Si c'est une entreprise vaine de chercher dans ces syllabes une imitation des bruits de la nature, il n'est pas moins déplacé de triompher parce que ces racines ne sont pas des onomatopées, ou de développer des considérations sur la supériorité native de l'intelligence humaine, parce que la plupart des racines expriment des idées verbales. Les premiers balbutiements de l'homme n'ont rien de commun avec des types phonétiques aussi arrêtés dans leur forme et aussi abstraits dans leur signification que *dhâ*, poser; *vid*, voir, savoir; *man*, penser. L'erreur serait à peu près la même que si l'on voulait présenter

---

(1) J'ai déjà indiqué ces idées à propos d'un travail de M. Frédéric Müller, dans la *Revue critique* du 18 mai 1872. On trouvera quelques aperçus d'une grande pénétration dans un article de M. Benfey, dans le recueil *Orient und Occident*, II, p. 744.

les anciennes monnaies de la Grèce, d'un modelé si pur, comme le premier moyen d'échange inventé par les hommes.

Il est dans la nature des sciences d'observation de devenir tous les jours plus exigeantes pour elles-mêmes. Nous apercevons des difficultés là où n'en voyaient point nos devanciers : nous distinguons des séries successives de faits où tout leur semblait du même temps. En linguistique comme ailleurs, nous apprenons à voir que le monde n'a point commencé là où expire le champ de notre regard.

FIN

INDEX ANALYTIQUE

A

Actif et passif. Les noms sont étrangers à cette distinction, p. 306.
Adjectif : En quoi il diffère du substantif, 316.
Adverbe (l') donne naissance aux prépositions et aux conjonctions, 320.
Ahi, le démon de l'orage, 96.
Ahriman est le développement de l'idée de Vritra, 114, 119.
Airyana-vaéja, pays fabuleux, 190.
Allégorie (L'interprétation allégorique en mythologie), 23.
Altération phonétique (Exemples d'), 250. N'est pas la seule cause de la transformation des langues, 257. A dû se faire sentir antérieurement à la formation de la langue indo-européenne, 399.
Anquetil-Duperron. Sa *Vie de Zoroastre*, 201.
Argus (Origine du mythe d'), 15.
Asmodée, démon de la Bible, d'origine iranienne, 123.
Athéné Sa naissance, 16.
Augias (Origine du mythe d'), 15.
Avesta (Géographie mythique de l'), 188. Incorrection du texte, 208. Style qui sent l'école, 209. Fanatisme, 210. Traces d'un état social relativement avancé, 212.
Azdehâk, roi de l'Iran, personnification du serpent, 121.

B

Bailly (Grammaire grecque de M.), 335.
Benfey (M.). Ses travaux étymologiques, 269.
Bopp (François). Sa mort, 267. Caractère de ses travaux étymologiques, 270.

C

Cacus, forme altérée pour Cæcius, 57, 100.
Cas (Les flexions des). Pourquoi elles se sont perdues dans les langues romanes, 257. Pourquoi il y en a plusieurs pour exprimer un seul et même rapport, 388. C'est un système où tout n'est pas du même temps, 390.
Cerbère se retrouve dans la mythologie indienne, 111.
Chassang (Grammaire grecque de M.), 335.
Chavée (M. H.). Sa lexiologie indo-européenne, 402.
Chimère (La), 106.
Clamare (étymologie du verbe), 270.
Comparetti (Le professeur). Son explication de l'histoire d'Œdipe, 184.
Composés (Mots). Ce qui caractérise la vraie composition, 308.
Corssen (M.). Qualités et défauts de ses écrits, 286.
Cuncti (Etymologie du mot), 274.
Curtius (M. G.). Ses travaux sur la langue grecque, 286. Sur la langue mère indo-européenne, 293. Ses vues sur l'âge de la déclinaison, 393. Son idée d'une période dépourvue de grammaire et de syntaxe, 409.

D

Déclinaison. A probablement contenu à l'origine plus de huit cas, 386. Est le résultat d'essais successifs, 389. C'est la portion la plus obscure de nos idiomes, 393.
Dérivation des mots. Comment elle devrait être enseignée au lycée, 330. Dans quelle mesure elle peut être enseignée à l'école, 368.
Donar, dieu germanique, 128.
Dualisme perse sorti du mythe du serpent, 114, 120.
Dragons gardant des trésors, 129, 131.
Dyaus, personnification du ciel, 7. Devient un nom propre pour les Grecs, 10. Etymologie, 92.

E

Echidna, 97.
Ellipse intérieure. V. Idées latentes.

Enéide (L'épisode d'Hercule et Cacus dans l'), 145.
Étymologie (Conditions d'une bonne), 274. Deux sortes de mots en chaque langue, 290, 379.
Étymologie populaire. A produit des mythes, 16.
Évhémérisme, 21, 137.
Exceptions. Importance des exceptions dans l'enseignement, 360.

F

Fables. Les fables primitives ne sont ni des faits historiques déguisés, ni des allégories, ni des symboles, 3.
Femina (Étymologie), 231.
Feridoun, forme moderne de Thraêtaona, 121.
Fick (M. Auguste). Son dictionnaire de la langue mère indo-européenne, 375. Essaie de classer les racines par couches, 402.
Fonction des mots, partie importante de la grammaire, 213. Moins étudiée jusqu'à présent que la forme des mots, 248.
Française (Grammaire). Son enseignement à l'école, 348, 355.
Française (Langue). A moins de liberté que l'italien, 364. Ses rapports avec les patois, 370. L'enseignement de la langue se confondant avec l'éducation générale, 372.
Futur (Formation du) en grec et en latin et dans les langues romanes, 230.

G

Géographie mythique de l'Avesta, 188.
Germanique (Mythologie), 127.
Geryon, 65.
Grammaire comparée (La) permet de mieux apprécier les qualités de chaque idiome, 233. Décompose les mots, 238. Fournit des renseignements à l'histoire, 239. Directions différentes en grammaire comparée, 270, 284, 293. Quelle place elle doit tenir dans l'enseignement des lycées, 324. Son utilité pour l'intelligence de la syntaxe, 332. Ne doit pas être enseignée comme une science à part, 337. Sa place dans l'enseignement supérieur, 343.
Grammaire historique. Son objet, 247.
Grammaire générale. Ne peut être en contradiction avec la grammaire comparée, 299.
Grimm (Jacob). Son étymologie de l'allemand *name*, 289. Sa grammaire allemande, 296.

H

Hase (M.) Son cours de grammaire comparée à la Sorbonne, 218.
Héraclès, divinité grecque, 59, 64.
Hercules, dieu latin, confondu avec l'Héraclès grec, 41, 48. A pris la place de Jupiter dans le mythe de Cacus, 50.
Hermès, 111.
Hespérides (Origine du mythe des), 105.

I

Idées latentes du langage. Ce que c'est, 300. Dans la formation des mots, 301, dans les composés, 308. Dans les verbes, 312. Nécessité d'en tenir compte, 322.
Indo-européenne (Race). Ses premiers dieux, 7.
Indo-européenne (Langue mère). Couches successives distinguées dans cette langue, 293. Travaux récents relatifs à la langue mère indo-européenne, 375. Elle ne peut servir à expliquer nos idiomes, 376. N'a pas dû être d'une parfaite régularité, 377. Ni d'une complète transparence, 379. Contient des parties qui sont un héritage des temps antérieurs, 385.
Indra. 79, 91.
Iran-vej. (V. Airyana-vaêja).
Ixion (Interprétation du mythe d'), 169.

J

Jocaste, 180.

K

Karshavare ou *keshvar* (Les sept), division astronomique avant d'être une division terrestre, 195.
Kuhn (Adalbert). Ses travaux en mythologie, 29.

L

Laios, 177.
Langage. Son influence sur la pensée, 8. Auteur des mythes, 10.

Liber (Le dieu), confondu avec Bacchus, 36.
Locatif (Restes du), en latin, 232.
Logique (Analyse). A été poussée trop loin, 361.

M

Méthode comparative. Quel secours elle tire du sanscrit, 224. Est la même pour les langues anciennes que pour les langues néo-latines, 229. A fait des progrès en exactitude, 270.
Minerva (Etymologie), 35.
Mitra et Varuna représentent le jour et la nuit, 7.
Modes (L'infinitif et le participe sont-ils des), 328.
Monosyllabique (Période), 397, 409.
Montagnes personnifiant les nuées, 108.
Müller (Max). Ses travaux en mythologie, 29. Son classement des racines, 402. Sa théorie sur le sens des racines, 404.
Mythes. L'origine des mythes est liée à l'origine du langage, 6. Les mythes se rattachent à des locutions populaires, 167.

N

Nibelungen (Eléments mythiques contenus dans les), 129.
Nom. En quoi il diffère du verbe, 312.
Nombre (Noms de). Ils sont probablement antérieurs à notre système grammatical, 381.
Nymphes célestes personnifiant les nuées, 107, 180.

O

Œdipe, un héros solaire, 172. Jeu de mots fait sur son nom, 177. Epouse Jocaste, 180. Perd les yeux, 181. Crimes attribués à Œdipe, 183.
Onomatopées. D'une période antérieure à notre système grammatical, 400.
Orthographe française, est fixée dans son ensemble, 366. Subtilités d'orthographe, 366.
Orthros, 95.

P

Paradis, en zend *pairidaëza*, mot d'origine iranienne, 125, 197.

Patois. Leur utilité pour l'enseignement du français, 370.
Pluriel. N'a pas d'expression spéciale dans la déclinaison, 391.
Pott (M.). Ses travaux étymologiques, 269. Essaie de décomposer les racines, 282.
Prépositions (Les) ont détruit les flexions casuelles, 262.
Prétérit germanique formé par l'auxiliaire *haban*, 256.
Prométhée (Le mythe de), 15, 133.
Pronoms. Caractère archaïque de la déclinaison pronominale, 393. Abondance des pronoms personnels dans certaines langues, 394.
Prophétie (Don de) attribué au serpent mythique, 103.
Propriété des termes, partie importante de l'enseignement, 367.
Polyonymie. A produit des mythes, 14.

R

Racines (Essais qui ont été faits pour décomposer les), 282, 402. Jusqu'à quel point a-t-on le droit de parler de racines latines, grecques, sanscrites, 396. L'expression de *racines indo-européennes* est employée par les linguistes en deux sens différents, 397. D'où il vient qu'elles ont un sens abstrait, 404. Anciens substantifs cachés derrière les racines, 406. Ne représentent pas les commencements de la parole, 410.
Recaranus, surnom de Jupiter, 55.
Regnier (M. Adolphe), 217, 309.
Remaniement que les peuples font subir à leur langage, 276.
Romains (caractères de leur religion), 31.

S

Sancus, surnom de Jupiter, 51.
Sanscrit. De quelle nature est le secours qu'il a apporté à l'étude des langues classiques, 220. N'est pas la langue mère du latin et du grec, 223. Abus qui a été fait du sanscrit, 279.
Sâraméya, 111.
Satan prend dans la Bible le rôle d'Ahriman, 125.
Schlegel (A.-G.) a reçu de Bopp ses premières leçons de sanscrit, 267.
Schleicher. Sa méthode déductive, 342, 375. Sa formule des racines indo-européennes, 401.

Serpent personnifiant le démon de l'orage, 96, 103. Le serpent de la Bible, 123. V. *Ahi, Azdehâk, Ahriman*.

Signification des mots (La) n'est pas atteinte par l'altération phonique, 250. Elle gagne quelquefois à l'altération phonique, 254.

Sphinx, 174.

Siegfried, héros de l'épopée germanique, 129.

Soleil (Mythes se rapportant au), 163.

Substantifs (Les) sont d'anciens adjectifs pris substantivement, 316.

Suffixes (Les) ont un sens vague par eux-mêmes, 303. Sont une des causes de la richesse de nos langues, 306. Substantifs passés à l'état de suffixes, 307. Ne peuvent pas toujours être réduits à leurs éléments, 396.

Suffixes latins: *mentum*, 277; *tura*, 319; *ber*, 280.

Suffixe grec, ος, 304.

Suffixe français, *ier*, 301.

Synonymie. A multiplié les fables, 12.

Syntaxe (La) reçoit de la grammaire comparée des éclaircissements, 332. La syntaxe indo-européenne a pu être précédée d'une autre syntaxe, 409.

Syntaxe intérieure, 309.

Symboles. N'ont existé qu'aux époques de réflexion, 5.

Symbolique (Ecole), 25.

T

Tchengrénghâtchâh. (Le brahmane) est le philosophe védantiste Çankara, 204.

Terra (Etymologie), 317.

Testa (Etymologie), 318.

Théologie. Interprétation théologique des mythes dans l'Inde, 138.

Thraêtaona, héros iranien, 118.

Tôt (L'adverbe). Etymologie, 318.

Tritogéneia, Triton, Amphitrite,

Tritopator. Origine de ces noms, 16.

Typhon, 95.

U

Ut (sens primitif de la conjonction,) 332.

V

Vaches (Les vaches célestes), 85. Explication du mythe, 88, 98.

Var (Le) de Yima ou Vardjemguerd, pays fabuleux, figure dans le Bundehesch comme nom de province, 194.

Védique (Caractères de la religion), 71. Spécimens d'hymnes védiques, 80. Caractère de la langue des védas, 235.

Verbe. En quoi il diffère essentiellement du nom, 312. Origine des verbes grecs en ευω, 279. Toutes les désinences verbales ne s'expliquent pas par les pronoms restés en usage, 393.

Viande (Etymologie), 231.

Vritra, démon de l'orage, 84.

W

Westphal (M. R.). Son idée des commencements de la grammaire, 403.

Y

Yima (Le paradis de), sa ressemblance avec l'Airyanavaêja, 193.

Z

Zend (Le) a continué d'être cultivé après l'époque des Achéménides, 207.

Zeus, répond au *Dyâus* védique, 10. Etymologie, 92.

Zio, dieu germanique, répond au Dyâus védique, 128.

Zohâk. (V. *Azdehâk*.)

FIN DE L'INDEX ANALYTIQUE.

www.ingramcontent.com/pod-product-compliance
Lightning Source LLC
Chambersburg PA
CBHW051831230426
43671CB00008B/916